MÉMOIRES

SUR L'ANCIENNE

CHEVALERIE

PAR

La Curne de Sainte-Palaye

AVEC UNE INTRODUCTION ET DES NOTES HISTORIQUES

PAR

M. CH. NODIER.

Nouvelle Édition.

PARIS

GIRARD, LIBRAIRE-ÉDITEUR,
RUE MAZARINE, N.° 22.

1826

IMPRIMERIE DE J. TASTU.

MÉMOIRES

SUR

L'ANCIENNE CHEVALERIE.

IMPRIMERIE DE J. TASTU,
RUE DE VAUGIRARD, N. 36.

Chevalier en prières.

(Tome II)

MÉMOIRES

SUR L'ANCIENNE

CHEVALERIE,

PAR

LA CURNE DE SAINTE-PALAYE;

AVEC UNE INTRODUCTION ET DES NOTES HISTORIQUES,

PAR M. CH. NODIER.

Nouvelle Édition.

TOME SECOND.

PARIS.
GIRARD, LIBRAIRE-ÉDITEUR,
RUE MAZARINE, N. 22.

M DCCC XXVI

MÉMOIRES

SUR

L'ANCIENNE CHEVALERIE.

LE VŒU DU HÉRON,

EXTRAIT D'UN ANCIEN POÈME FRANÇOIS COMPOSÉ EN 1338[*].

Au printemps de l'année 1338, Édouard III, roi d'Angleterre [1], tenoit cour plénière, assis au milieu de tous ses barons; il avoit l'air distrait et rêveur; sa tête étoit penchée sur sa poitrine; mais les pensées qui occupoient son esprit, n'étoient que des pensées d'amour [2].

Dans le même temps ou environ, Robert d'Artois [3], banni de France et réfugié à Londres, voulut prendre le divertissement de la

---

[*] Les curieux qui désireront lire l'original de ce poëme, le trouveront à la suite des notes relatives à cet extrait.

chasse. Son émouchet, qu'il tenoit sur le poing, aperçoit dans les airs un héron; aussitôt il s'élance, saisit sa proie, et l'apporte à son maître.

Robert rougit d'abord d'une si vile capture; puis ayant réfléchi un moment, il se propose de la faire servir à ses projets de vengeance. Il détache le héron des serres de son oiseau; il le donne aux officiers de la bouche, pour le faire plumer et rôtir; l'ayant mis ensuite entre deux plats d'argent, il le porte en grande pompe au palais, suivi de deux joueurs de vielle, d'un joueur de guitare et de deux nobles damoiselles qui joignoient les accents de leur voix à la symphonie. Entrant avec ce cortége dans la salle : « Ouvrez les rangs, dit-
» il, et laissez passer les braves chevaliers que
» l'amour rassemble ici. » Il s'adresse aux chevaliers mêmes, et ajoute : « Je viens vous in-
» viter à faire sur ce héron des vœux dignes
» de votre vaillance. C'est le plus vil, comme
» vous savez, et le plus craintif des animaux,
» puisqu'il a peur de son ombre. Aussi est-ce
» au plus lâche des hommes que je veux
» d'abord l'offrir. » Alors le comte se tourne vers Édouard, et lui présente le héron comme le prix de son indifférence pour une couronne

qu'il abandonne lâchement au pouvoir de son rival. Piqué de ce reproche, le prince frémit de rage : il proteste que l'année ne se passera point sans que Philippe [4] le voie sur les terres de France, le fer et le feu à la main, venger l'affront qu'on lui faisoit, dussent les François lui opposer une armée dix fois plus nombreuse que la sienne.

Robert dissimule sa joie, sourit malignement, et s'applaudit en lui-même de ce premier succès. Se plaignant ensuite d'avoir été si indignement traité par Philippe, après tant de services qu'il lui a rendus, il promet d'entrer à main armée sur les terres de France, et de s'y faire justice des injures et des torts qu'il a essuyés.

Il reprend ses deux plats d'argent, suivi de ses ménétriers. Ces musiciens accompagnoient du son de leurs instruments la voix des deux damoiselles qui chantoient une chanson commençant ainsi : *Je vois à la verdure, car amour me l'apprend.* Il traverse la salle, et s'adresse au comte de Salisbery [5], qui aimoit éperdument la fille du comte d'Erby, et étoit assis auprès d'elle. Il l'invite, comme le plus brave et le plus amoureux de l'assemblée, à donner l'exemple aux autres, en prononçant son vœu

sur le héron. « De tout mon cœur, répond
» Salisbery. Si la vierge Marie se trouvoit ici
» en personne; si elle consentoit à se dé-
» pouiller de sa divinité pour disputer le prix
» de la beauté à celle que j'aime, je ne saurois
» à laquelle donner la préférence, et je crain-
» drois de les prendre l'une pour l'autre. Hé!
» où pourrois-je trouver le motif le plus fort
» pour m'élever au comble de la valeur, si ce
» n'est dans les yeux de la belle dont je ferai
» toujours gloire de porter les fers? Impatient
» d'obtenir le don de merci qu'elle me refuse
» impitoyablement, je lui demande aujour-
» d'hui pour unique grâce, qu'elle me prête
» un doigt de sa belle main, et qu'elle daigne
» l'appliquer sur mon œil droit, de manière
» qu'il soit entièrement fermé. »

La damoiselle, au lieu d'un doigt, lui en
accorde deux, et lui ferme si bien l'œil, qu'il
ne peut en faire aucun usage. Aussitôt le chevalier jure de ne point l'ouvrir jusqu'à ce qu'il
soit entré sur les terres de France, et que, pour
venger les droits d'Édouard, il ait combattu
l'armée de Philippe en bataille rangée. En
effet, pendant tout le temps que dura la
guerre, le comte ne se permit pas de voir de
cet œil. Toute l'armée, témoin de ses exploits,

le fut aussi de sa fidélité à remplir son engagement.

Le comte d'Artois, sans différer, appelle la fille du généreux d'Erby, et l'invite à concourir au vœu fait sur le héron pour la défense des droits du roi d'Angleterre. La noble damoiselle promet aussitôt de n'écouter aucun seigneur, quel qu'il puisse être, jusqu'à ce que le vœu de son amant soit accompli. « Alors,
» dit-elle, s'il est encore vivant, je lui fais
» don pour toujours et sans réserve de toute
» ma personne. » A ce mot, le cœur de l'amoureux chevalier, transporté de joie, se sent animé d'un nouveau courage.

Impatient de satisfaire sa vengeance, Robert reprend son héron, et le présente à Gautier de Mauny. Ce brave chevalier, pour remplir les devoirs de l'honneur, et se montrer digne des héros qui lui donnoient de si beaux exemples, « promet à la sainte Vierge de réduire
» en cendres une ville renfermée dans des
» marais, défendue par de bonnes tours, dont
» Goddemars du Fay [6] étoit depuis long-temps
» le gardien. Elle sera renversée et la garnison
» égorgée. Je prétends bien en revenir sain et
» sauf, sans la moindre blessure, et ramener
» de même les vaillants guerriers qui y seront

» entrés avec moi. Du reste, je me jette entre
» les bras de Dieu; de lui seul peut venir le
» succès de mes efforts pour remplir ma pro-
» messe. »

Robert appelle ensuite le comte d'Erby [7], et le prie de proférer son vœu comme les autres. Celui-ci prenant la parole : « Si le roi
» d'Angleterre, dit-il, nous mène sur les terres
» de France au-delà des mers, nous y verrons
» ce terrible Louis, comte de Flandre [8],
» puisque c'est ainsi que le nomment les gens
» de Philippe de Valois, usurpateur du titre
» de roi de France, en dépit des droits de
» notre monarque : nous le verrons ce formi-
» dable comte de Flandre; car je fais vœu de
» le chercher partout, et de le joindre d'assez
» près pour lui proposer une joute; si je ne
» puis l'y forcer, je me vengerai du moins en
» brûlant sous ses yeux le pays où il osera se
» montrer. »

Ce nouveau serment enchante Robert; il se promet de voir enfin un terme à ses malheurs, et d'obtenir la délivrance de sa famille. Aussitôt il relève les deux bassins d'argent, et les porte devant le comte de Suffort (peut-être Suffolk) [9], pour l'inviter à faire tel vœu qu'il lui plaira.

Suffort jure à son tour que si le roi d'Angleterre le mène sur les terres de France, il poursuivra partout le roi de Bohême [10], fils de l'empereur; et que s'il peut le rencontrer corps à corps, il le combattra la lance au poing ou l'épée à la main; qu'il lui fera éprouver la force de son bras, le renversera par terre, ou lui prendra son cheval, soit de gré, soit de force.

Alors Jean de Beaumont pousse un grand soupir. Cet outrage fait à un prince son parent, qui avoit conquis tant d'États, le transporte de colère. « Il a beau me haïr, s'écrie-t-il, je sens
» que je l'aime encore, et je ne l'abandon-
» nerai jamais tant qu'il aura besoin de mon
» service. Suffort, si vous ne renoncez à vos
» extravagants projets, je m'engage à vous
» faire prisonnier : oui, je vous enfermerai
» dans les prisons du roi de Bohême, d'où
» nulle puissance ne vous retirera. La réso-
» lution en est prise; je n'y changerai rien. »

Suffort craignit qu'on ne s'échauffât. « Atten-
» dons, dit-il, que la guerre ouvrant les che-
» mins de l'honneur, nous permette de donner
» un libre essor à notre courage : chacun
» pourra faire alors ce que lui inspirera l'a-
» mour de la gloire et des dames. Les appro-
» ches seront fières entre les combattants,

» mais le grand point est de savoir quel en
» sera le succès. »

Le comte d'Artois fait redoubler les sons éclatants de ses ménétriers, et les damoiselles se mettent à danser pour exciter encore l'ardeur des héros.

Reprenant alors le héron enfermé entre les bassins, Robert appelle l'intrépide aventurier Fauquemont [11], et l'invite à jurer sur cet oiseau de se couvrir d'une gloire nouvelle dans la querelle des deux rois. « Hé! à quoi m'en-
» gagerois-je, répondit-il ? Je ne possède
» rien au monde. Tout ce que je puis faire
» pour vous marquer mon attachement, pour
» me montrer fidèle à mon honneur, c'est
» de promettre, et je le jure, que si le roi
» anglois passe la mer pour entrer en France
» par le Cambrésis, on me verra toujours le
» premier à la tête de son avant-garde, affron-
» tant l'ennemi, portant le ravage, l'incendie,
» le meurtre, sans épargner ni femmes en-
» ceintes, ni enfants, ni vieillards, ni églises,
» ni autels. » A ces fières menaces, chacun lui donne à l'envi les applaudissements que méritoit tant de zèle pour l'honneur de son maître.

Aussitôt les deux bassins sont relevés, et les damoiselles chantent à pleine voix cette chanson : *Loyaux amours nous mènent, qui nous vont encanter*, etc.

Tous les regards se tournèrent sur l'oncle du noble comte de Hainaut; c'étoit Jean de Beaumont [1], célèbre par ses conquêtes. Robert le somme de faire aussi son vœu sur le héron. Fatigué peut-être de tant de promesses, Jean avertit gravement l'assemblée de l'inutilité de ces tumultueuses fanfaronnades. Il les exhorte à réserver leur audace pour le temps de l'action. « Rien ne coûte, dit-il, en
» présence de ces belles dames à qui nous
» nous empressons de plaire. Je veux croire
» qu'il y aura parmi vous des Olivier et des
» Roland, qui terrasseront les Aquilan et les
» Yaumont. Mais souvenez-vous que ces hé-
» ros furent vaincus à leur tour par d'autres
» guerriers. Le beau spectacle de voir des
» chevaliers bien armés et bien montés, faire
» parade de leur bravoure, tant qu'ils n'a-
» perçoivent l'ennemi que de loin ! attendons
» qu'il se montre de plus près. Combien de
» nos fanfarons alors aimeroient mieux voir
» ces vastes caveaux, qu'ils trouveroient en-
» core trop petits pour se cacher ! Encore une
» fois, tant de fanfaronnades ne servent à rien.
» Et ne croyez pas qu'en parlant ainsi je cher-

» che à me dispenser du vœu qu'on demande.
» Je m'explique : si le roi d'Angleterre péné-
» tre dans le Hainaut, traverse le Brabant et
» le Cambrésis, et met le pied sur les terres
» de France, on me verra, comme maréchal
» de son armée, fidèlement attaché à son
» parti, et je ferai la plus forte guerre contre
» Philippe. Je m'expose sans doute à perdre
» ma terre et le peu de bien que je pos-
» sède. N'importe, je me soumets aux événe-
» ments; mais je vous préviens que si Phi-
» lippe, de plein gré, et par un heureux re-
» tour sur lui-même, vouloit révoquer mon
» bannissement, et me rappeler en France,
» je me détacherois alors du roi d'Angleterre.
» Et qu'auroit-on en ce cas à me reprocher?
» Si le roi de France au contraire persiste à
» m'exiler de son pays, j'assisterai le roi d'An-
» gleterre de toutes mes forces; je comman-
» derai toujours son armée ou son avant-
» garde. » Le monarque répondit à ce discours par les plus affectueux témoignages de
reconnoissance.

Robert, ses deux bassins d'argent à la main, s'avance encore, accompagné de ses ménétriers et des deux pucelles qui s'en alloient chantant. Enfin il s'approche de la reine[13], s'agenouille devant elle, et lui dit qu'il ne reste plus qu'à faire le partage du héron, qu'il n'attend que le moment où elle voudra bien déclarer ce que son cœur lui dictera.

« Vassal, répondit-elle, enchaînée par les
» liens sacrés du mariage, je ne saurois pren-
» dre aucun engagement sans l'autorité et le
» commandement exprès de mon seigneur qui
» peut le confirmer ou l'annuler à son gré.
» Qu'à cela ne tienne, dit Edouard; faites tel
» vœu qu'il vous plaira, je le ratifie d'avance;
» je l'accomplirai autant qu'il me sera possi-
» ble, et Dieu vous soit en aide. »

Alors la reine ajouta d'une voix ferme: « Je
» suis enceinte, je n'en puis douter; j'ai senti
» remuer mon enfant. Je voue donc à Dieu
» et à la sainte Vierge que ce précieux fruit
» de notre union ne sortira pas de mon sein,
» jusqu'à ce que vous m'ayez conduite par-
» delà les mers, pour accomplir incessamment
» votre vœu. Si l'enfant vouloit naître avant
» le terme que je me prescris, je me plonge-
» rois plutôt dans le flanc ce couteau dont je
» suis armée : je perdrois ainsi d'un seul coup
» mon ame et mon fruit. » Saisi d'horreur à ces paroles, Edouard défendit de continuer

les vœux. Le héron fut découpé et la reine en mangea.

Le roi ayant fait ses dispositions, embarqua la reine avec tous ses chevaliers, et la conduisit jusqu'à Anvers. Elle y mit au monde un bel enfant mâle, qui reçut au baptême le nom de *Lion d'Anvers*. Son vœu étoit accompli, toute l'armée angloise s'ébranle et se met en marche.

Chi fine leus Veus du Hairon.

Observations sur le sujet de ce poëme.

Le *Vœu du Héron* paroît, au premier coup-d'œil, une de ces fictions poétiques qui peuvent tout au plus donner quelque idée vague des mœurs du temps. Mais examiné de plus près, il porte des caractères frappants de vérité, qui sont prouvés par le témoignage même de l'histoire. On en jugera par quelques observations.

1°. Froissart vivoit en ce temps-là, et avoit des liaisons particulières avec les principaux acteurs de la scène. Deux faits qu'il rapporte confirment une partie essentielle du récit de notre poëte. *En la première semaine*, dit-il (tom. 1, chap. 37), *que le roi de France fut défié, messire Gautier de Mauny, sitôt comme il peut sentir que le roi de France devoit ou pouvoit étre défié, print et cueillit environ quarante lances de bons compaignons, si chevaucha parmi Brabant, que de jour que de nuit, tant qu'il vint en Haynaut, et se bouta dedans le bois de Blaton, et encores ne savoit-on qu'il devoit faire : mais il dit à aucuns de ses plus privés, qu'il avoit promis en Angleterre, devant les dames et seigneurs, qu'il seroit le premier qui entreroit en France, et qu'il y prendroit châtel ou forte ville, et y feroit aucunes apertises d'armes, et étoit en son entente de chevaucher jusqu'à Mortaigne, et de surprendre la ville qui est du royaume de France.* L'historien raconte ensuite l'expédition de Mauny qui mit le feu à Mortaigne, et s'empara du château de Thin ou Thui, appartenant à l'évêque de Cambrai.

2°. Au chapitre 29, Froissart parle des ambassadeurs envoyés par le roi d'Angleterre à Valenciennes, pour faire ratifier les alliances que le comte de Hainaut lui avoit ménagées dans l'empire. Ils y parurent avec la plus grande magnificence, accompagnés d'un grand nombre de chevaliers. *Et si avoit entre eux plusieurs jeunes bacheliers qui avoient chacun un œil couvert de drap, afin qu'ils n'en pussent voir ; et disoit-on que ceux-là avoient voué entre dames de leur pays, que jamais ne verroient que d'un œil jusqu'à ce qu'ils auroient fait aucunes prouesses de leurs corps au royaume de France; lesquels n'en vouloient rien congnoître* (rien déclarer) *à ceux qui leur en demandoient. Si en avoit chacun grant merveille.*

Le vœu bizarre et téméraire de ces jeunes bacheliers fit sans doute du bruit en France, où le vieux roi de Bohême se trouvoit alors. Ne peut-on pas conjecturer avec raison que le désir de surpasser l'audace des Anglois engagea ce prince, privé de la vue, à se précipiter dans les périls à la bataille de Crécy ? Il y fut tué en combattant. Telle étoit la manie des entreprises extraordinaires, ou plutôt insensées, par lesquelles on aspiroit souvent à la gloire.

3°. Rien ne paroit moins vraisemblable dans notre poëme que le vœu de la reine d'Angleterre. Sa promesse de se tuer avec son enfant, si elle ne prend part à l'expédition du roi, est d'une atrocité qui révolte la nature et la raison. Mais les mœurs antiques étoient atroces, et inspiroient des idées ou des sentiments qui aujourd'hui nous feroient frémir d'horreur. Parmi beaucoup d'exemples qu'on pourroit citer, en voici deux qui paroissent très-propres à dissiper tous les doutes.

La pieuse reine Marguerite, femme de saint Louis, étant sur le point d'accoucher à Damiette, apprit que le roi venoit de tomber entre les mains des Sarrasins. Elle en fut si effrayée, selon Joinville, que toutes les fois qu'elle dormoit dans son lit, il lui sembloit que sa chambre étoit pleine d'ennemis, et s'écrioit, *au secours, au secours.* Un chevalier de quatre-vingts ans, qui ne la quittoit point, lui disoit alors : *Madame, n'ayez pas peur, je suis ici.* Avant d'accoucher, elle fit sortir tout le monde, excepté ce chevalier. Elle s'agenouilla devant lui, et lui requit un don. Il le promit avec serment. *Je vous demande,* dit-elle, *par la foi que vous m'avez donnée, que si les Sarrasins s'emparent de cette ville, vous me coupiez la tête avant qu'ils me prennent.* Le chevalier répondit : *Soyez sûre que je le ferai volontiers ; car c'étoit déjà bien mon intention de vous tuer avant qu'ils vous prissent.*

Le siècle suivant nous fournit encore un

exemple de ces mœurs féroces, qui étoient communes aux femmes comme aux guerriers.

Marguerite de Flandre, veuve de Philippe de Rouvre, duc de Bourgogne, fut recherchée en 1369 par le roi d'Angleterre, pour son fils Edmond. L'aïeule de cette princesse, fille de Philippe-le-Long et mère de Charles V, s'opposa sans ménagement à une alliance qu'elle abhorroit, et s'emporta jusqu'à dire au roi lui-même qu'elle *s'arracheroit les mamelles dont elle l'avoit allaité, plutôt que de souffrir que sa petite-fille épousât un roi d'Angleterre.*

Ainsi les mœurs du temps concourent avec les faits historiques, pour donner au *Vœu du Héron* un degré de probabilité qui approche de la certitude. Le poëte a travaillé sans doute sur un fond vrai, et la broderie qu'il peut y avoir mise n'en altère que foiblement la vérité.

VIE

DE GAUTIER DE MAUNY,

Général des armées angloises, et l'un des héros du Vœu du Héron.

Gautier de Mauny est un des héros de l'ancienne Chevalerie qui mérite le plus d'être connu. Ses talents militaires et politiques, toutes les vertus qui pouvoient exciter l'admiration ou l'amour, l'élevèrent au-dessus de tous ses contemporains, et la guerre fameuse où deux grands monarques se disputèrent la couronne de France, lui ouvrit une carrière dans laquelle il acquit une gloire immortelle. C'est de Froissart que nous emprunterons les particularités les plus intéressantes de sa vie.

Le père de ce grand homme fut un chevalier du Hainaut, dont la fin tragique peut donner une idée des mœurs du temps. Dans un tournoi indiqué à Cambrai, et où se trouvèrent cinq cents chevaliers, il jouta contre un gentilhomme gascon, parent de l'évêque ; il le poussa si vigoureusement qu'il lui fit plusieurs blessures, dont cet infortuné champion mourut peu de temps après. L'évêque de Cambrai et les autres parents du défunt, irrités de cet accident, poursuivirent le vainqueur en justice comme assassin ; quelques années après, ils consentirent à s'accommoder avec lui, mais aux conditions qu'il iroit faire un pélerinage à Saint-Jacques. Notre chevalier, après avoir accompli sa pénitence, se mit en route pour revenir dans sa patrie ; il passa par la *Réole*, dont le comte de Valois, frère de Philippe-le-Bel, faisoit alors le siège. Il montre les certificats de son absolution à ce prince qui le reçoit favorablement ; mais ses ennemis respiroient encore la vengeance et ne le perdoient pas de vue ; le trouvant un jour hors du quartier qu'occupoit le comte de Valois, ils se jettent sur lui et l'assassinent. Ils étoient puissants, et ce meurtre ne fut point puni.

Le comte de Valois fit enterrer le chevalier dans une chapelle qui fut depuis enclavée dans l'enceinte de la Réole. Long-temps après, Gautier de Mauny étant sur les lieux, promit cent écus au moins de récompense à quiconque lui découvriroit la sépulture de son père. Un vieillard le conduisit sur le tombeau. Il se fit lire par son chapelain ou son secrétaire l'épitaphe latine qu'on y avoit mise. Convaincu par ce témoignage, il recueillit les ossements de son père, les enferma dans un cercueil, et ordonna de les transporter à Valenciennes, où ils furent inhumés solemnellement près du chœur des Franciscains. Si le père avoit eu un fils moins illustre, son nom seroit probablement resté enseveli dans l'oubli.

Il n'appartient qu'aux hommes extraordinaires, non-seulement de fixer les regards de leurs contemporains, mais encore d'exciter l'admiration des siècles suivants; la gloire de Gautier de Mauny fut son propre ouvrage. Le mérite a toujours besoin, pour se développer, d'occasions favorables : il en trouva bientôt et sut les saisir.

Philippe de Hainaut épousa le roi d'Angleterre. Elle passa en 1327 à Londres [*], accompagnée de son oncle Jean de Hainaut, un des plus célèbres capitaines de son temps. Le jeune Mauny eut le bonheur de suivre la princesse. Jean de Hainaut, en quittant l'Angleterre, le

---

[*] Froissard, t. I, ch. 20.

laissa auprès de la nouvelle reine, qu'il devoit servir en qualité d'écuyer tranchant. La cour fut sans doute pour lui une école où il se forma dans les principes de cette galanterie raffinée dont on faisoit alors tant de cas. Un seul trait prouve combien la reine s'étoit elle-même rendue habile dans cette science. S'apercevant que Froissart, son chapelain ou secrétaire, encore à la fleur de l'âge, devenoit triste et rêveur, elle en devina la cause; elle le questionna, lui fit avouer qu'il avoit laissé une maîtresse dans le Hainaut, lui ordonna d'y retourner sans délai, et lui procura par ces ordres obligeants les moyens d'apporter quelque adoucissement à son chagrin.

En un mot, la cour de Londres, sous Edouard III, offroit à la Chevalerie tous les genres de modèles. Personne ne désiroit avec plus d'ardeur que Mauny de se distinguer. Le roi, trop éclairé pour ne pas voir tout ce qu'on pouvoit attendre de ses services, se l'attacha par ces distinctions honorables qu'une ame noble préfère toujours à la fortune. Lorsqu'il alla rendre hommage pour la Guienne à Philippe de Valois, Mauny eut l'honneur de l'accompagner en qualité d'un de ses barons, honneur qu'il ne partagea qu'avec cinq autres seigneurs. Le titre de chevalier lui manquoit encore : il falloit le mériter par des exploits militaires. Le jeune courtisan suivit Edouard dans une expédition en Ecosse (1333), où il acquit tant de gloire, qu'après avoir reçu la Chevalerie des mains même de ce prince, il fut, dit Froissart, *retenu du plus privé conseil du roi, et moult avancé en sa cour.*

Les troubles qui s'élevèrent en Flandre, et qui furent le funeste prélude de la guerre entre les Anglois et les François, ranimèrent l'ambition du roi d'Angleterre, qui, en reconnoissant la suzeraineté de Philippe, n'avoit pas renoncé au dessein de lui enlever sa couronne. Robert d'Artois, banni de France pour crime de faux, s'étoit réfugié chez les Flamands : ce peuple enrichi par le commerce, turbulent par caractère, conduit et excité par le fougueux d'Artevelle, se livroit aux suggestions séditieuses du prince fugitif. Ils se révoltèrent contre leur comte ; ils entrèrent dans toutes les vues d'Edouard contre Philippe. L'élite de la noblesse, presque seule fidèle au souverain, se défendoit dans l'île de *Cadesan.* Les armateurs de cette île rompoient la communication des émissaires anglois avec les rebelles, et le peuple n'osoit encore se déclarer ouvertement pour Edouard, qui dès-lors entreprit de forcer un poste si essentiel.

Il équipa une flotte considérable (1337), et leva une armée de cinq ou six cents hommes d'armes, et de deux mille archers, dont il donna le commandement au comte d'Erby, son cousin-germain, qui avoit sous ses ordres *messire Gautier de Mauny*. La flotte part, les Anglois abordent à l'île de Cadesan. Gui de Flandre y commandoit, *bon et sûr chevalier, mais bâtard étoit*, dit Froissart. On attaque, on se défend avec valeur : la victoire est long-temps disputée. Enfin les ennemis l'emportent; ils prennent et saccagent la ville, y mettent le feu, se rembarquent avec un butin immense, et emmènent Gui de Flandre prisonnier. Erby avoit été renversé à la première charge : il eût même été pris, si le brave Mauny ne l'eût dégagé et sauvé.

Ces actes d'hostilités n'eurent pas de suite. Edouard, profitant de la trêve qui les fit suspendre, alla négocier lui-même dans les Pays-Bas. L'empereur Louis de Bavière, irrité contre la France, le créa vicaire de l'empire, pour lui procurer un titre qui devoit le rendre respectable à tous les princes de l'Allemagne; enfin Edouard déclara la guerre à Philippe de Valois, et lui envoya les *défiances* ou défis d'usage.

Mauny avoit juré en Angleterre, devant les dames et les seigneurs, qu'il entreroit le premier sur les terres de France. Impatient de combattre, il part aussitôt à la tête d'une troupe choisie, marche jour et nuit, traverse le Brabant, entre dans le Hainaut, et porte la terreur jusqu'aux portes de Cambrai qu'il assiége. On s'attendoit à une bataille décisive. Les deux armées étoient en présence (1339). Edouard, accompagné de Robert d'Artois et de Mauny, parcourt les rangs pour enflammer le courage de ses soldats. Vaines espérances ! Il se voyoit trop foible pour attaquer les François, et même pour se défendre contre eux. Il crut qu'il étoit prudent de se retirer.

Mauny essuya un nouveau malheur, qui augmenta beaucoup le chagrin que dut lui causer cette retraite humiliante. Il avoit laissé le commandement de Thun-l'Evêque, forteresse dont il s'étoit emparé, à un de ses frères nommé Gilles Gaignart. Celui-ci faisoit de fréquentes excursions dans le voisinage, et rentroit dans sa forteresse chargé de butin. Devenu chaque jour plus entreprenant, il s'avança jusqu'aux barrières de Cambrai, et voulut forcer une des portes de la ville ; mais un jeune écuyer gascon le renversa d'un coup de lance, et il mourut le lendemain.

Cependant le roi d'Angleterre faisoit de nouveaux préparatifs. En 1340, il s'embarque pour rentrer dans le Hainaut : une flotte françoise qui portoit quarante mille combattants l'attendoit près de l'Ecluse. Edouard l'attaque avec intrépidité et remporte une victoire complète, d'autant plus glorieuse, qu'il fut blessé dans l'action, et qu'il trouva le moyen de suppléer par ses savantes manœuvres au petit nombre de ses vaisseaux et à l'infériorité de ses forces. Les princes, les seigneurs du parti anglois se signalèrent à l'exemple d'Edouard dans ce combat mémorable, et Mauny plus qu'aucun d'eux.

Ce brave guerrier va briller sur un nouveau théâtre. La fameuse guerre de Bretagne lui donnera lieu de développer ces sublimes talents, qui lui ont mérité d'être placé au nombre des plus grands héros de son siècle. Charles de Blois avoit épousé l'héritière de ce duché. Le comte de Montfort, frère du dernier duc, mais né d'un second mariage, prétendit à la succession, quoiqu'il eût reconnu les droits de sa nièce. On prit les armes. Charles de Blois fut soutenu par le roi de France ; le comte de Montfort par le roi d'Angleterre. Montfort ayant été fait prisonnier, la comtesse sa femme se mit à la tête des affaires et même des armées: elle porta son fils, encore enfant, de ville en ville, conjurant les Bretons de la secourir. Ses représentations furent inutiles, aucun ne voulut ou n'osa lui donner du secours. Bientôt elle se vit assiégée dans le château d'Hennebon, sans presque aucune espérance de pouvoir échapper à l'ennemi.

Edouard envoya une flotte commandée par Mauny (1342). Jamais entreprise ne dut intéresser davantage un chevalier que celle où il s'agissoit de la défense d'une princesse, digne elle-même d'être citée comme un modèle de Chevalerie. De furieuses tempêtes retardèrent l'arrivée du héros. Tandis qu'il luttoit contre les vents et les vagues, les assiégeants réduisoient la place à l'extrémité. Déjà la garnison capitule. On tremble, on gémit dans la chambre du conseil. L'impatience saisit la princesse : elle s'élance vers une fenêtre, aperçoit quelques vaisseaux, et s'écrie : *Voilà le secours tant désiré.*

C'étoit effectivement Mauny, son libérateur. Il fut bientôt sur le rivage. La comtesse le reçut avec des transports de joie. Comme les ennemis s'avançoient encore et vouloient faire quelque résistance : *Que je ne sois jamais baisé*, lui dit-il, *de dame ni de chère amie, si je rentre en aucun château avant d'avoir étendu par terre un de ces gens-là.* A l'instant, suivi de ses chevaliers, il fond sur eux, les renverse, les dissipe. La comtesse descendit alors de la forteresse, *et vint baiser messire Gautier de Mauny et ses compagnons, les uns après les autres, deux fois ou trois, comme vaillante dame.* Ces expressions naïves de Froissart peignent bien les mœurs de son temps.

Charles de Blois et Louis d'Espagne, maréchal de l'armée, s'étant réunis pour continuer la guerre, la comtesse et Mauny eurent de nouvelles occasions de se signaler. Les ennemis s'emparent du château de Conquest par le moyen d'une brêche souterraine faite en donnant l'assaut. L'héroïne conjure aussitôt le chevalier et ses compagnons de la suivre : elle fait prendre les armes à la garnison d'Hennebon, elle marche à leur tête ; Mauny dirige l'entreprise et l'exécute : le même souterrain dont les ennemis ont tiré tant d'avantage lui sert pour leur enlever la place conquise.

Les attaques imprévues, les surprises, les

coups de main, les violences et le pillage, étoient alors les actions par lesquelles on se distinguoit davantage à la guerre. Louis d'Espagne, par des irruptions subites, infestoit les côtes voisines d'Hennebon; ses vaisseaux étoient chargés de richesses, fruits de ses terribles brigandages. Mauny, Clisson et les autres chevaliers, résolus d'en tirer vengeance, s'embarquent et surprennent les vaisseaux ennemis dans le port qui leur servoit de retraite. Louis d'Espagne, suivant son usage, dévastoit les campagnes. Ils marchent en trois corps pour l'attaquer. Louis ayant réuni toutes ses forces, et s'en retournant vers sa flotte, rencontre Mauny, le charge d'abord avec avantage; mais tandis qu'il se croit vainqueur, les deux autres détachements arrivent, et il est défait; son neveu Alphonse, qu'il venoit de créer chevalier, resta sur le champ de bataille. Blessé lui-même dangereusement, il eut beaucoup de peine à gagner le bord de la mer avec trois cents hommes, reste infortuné de trois mille qui composoient son armée. On s'étoit emparé de ses vaisseaux. Il en saisit un, et se sauva à toutes voiles. Mauny se mit à sa poursuite, mais Louis eut le bonheur de lui échapper et de se réfugier dans le port de Redon, d'où il partit précipitamment pour Rennes.

N'ayant plus d'ennemis à combattre, Mauny et ses compagnons brûloient d'impatience de retourner auprès de la comtesse. Le vent contraire les força de débarquer. Ils allèrent jusqu'à la Rocheperion, montés sur des chevaux tels que le hasard les leur fit rencontrer, les uns sans brides, les autres sans selles. A la vue de ce château, le courage de Mauny se ranime, quoiqu'excédé de fatigue : *Seigneurs, dit-il, j'irois volontiers essayer si nous ne pourrions pas ici faire une conquête. Sire, allez-y hardiment,* répondent tous les chevaliers, *nous vous suivrons jusqu'à la mort.* On gravit la montagne, on livre l'assaut à la forteresse. Girard de Maulain qui la défendoit fait une vigoureuse résistance. Deux des principaux chevaliers, le Bouteiller et du Fresnoi, sont blessés et mis hors de combat.

René de Maulain, frère de Girard, commandoit dans le château de Faouet, à une lieue de la Rocheperion. Il vole au secours de son frère. Il rencontre les deux chevaliers blessés, les enlève et les fait conduire comme prisonniers à Faouet. Mauny, instruit de la prise des deux chevaliers, veut les délivrer; aussitôt il abandonne son entreprise pour aller à la poursuite de René; il ne peut l'atteindre : enfin il attaque son château ; mais Girard, voulant rendre à son frère le service qu'il en avoit reçu, monte aussitôt à cheval, court implorer le secours de la bourgeoisie de Dinant, dont six mille hommes l'accompagnèrent. Mauny, pour n'être point enveloppé, s'éloigne de Faouet. En faisant sa retraite, il prend d'assaut un fort qui se trouve sur son passage, et il rentre dans Hennebon avec sa troupe.

Telles étoient la force et l'intrépidité de ces héros, souvent téméraires, toujours jaloux de se surpasser les uns les autres, et de mériter, par des prodiges de valeur, l'estime ou l'amour de leurs dames. La comtesse de Montfort accourut pour les recevoir, *les festoya, baisa et accola, et donna à dîner moult noblement aux chevaliers et écuyers de renom.* C'étoit le moyen de leur faire oublier en un moment toutes les fatigues, tous les dangers.

Cependant l'ennemi avoit des forces supérieures, et l'on ne recevoit de l'Angleterre que de foibles secours. Charles de Blois, avec la plus grosse artillerie qu'on eût vue jusqu'alors, tenta le siége d'Hennebon. Louis d'Espagne vint encore le renforcer, après avoir

langui pendant six semaines de ses blessures.
Malgré le courage de la princesse et de Mauny,
on commençoit à perdre toute espérance,
quand une querelle imprévue entre les généraux qui attaquoient la place fit naître l'occasion de les vaincre.

Les deux chevaliers pris à la Rocheperion
avoient été envoyés à Charles de Blois. Louis
d'Espagne le pressa de les lui remettre. Par
un excès de ressentiment digne de l'ancienne
barbarie, il vouloit les faire mourir. Il se
croyoit en droit de les immoler comme des
victimes réservées à sa vengeance. C'étoient
eux, disoit-il, qui l'avoient chassé, poursuivi,
blessé, qui avoient tué son neveu Alphonse.
Il menaçoit Charles, en cas de refus, de l'abandonner pour jamais, et de le regarder
comme son ennemi personnel. Les représentations de ce prince, loin de l'adoucir, ne faisoient que l'aigrir : sa résolution étoit prise ;
il vouloit faire couper la tête aux deux prisonniers après son dîner. Croiroit-on que sous
le règne de la Chevalerie, il ait pu se trouver
des guerriers capables d'une pareille inhumanité ?

Heureusement pour les prisonniers, Gautier
de Mauny et Amaury de Clisson, informés du

sort dont ils étoient ménacés, conçurent un projet aussi généreux que le dessein de Louis étoit atroce. Protecteurs de la justice et de l'innocence, ils se crurent obligés de faire les plus grands efforts pour la délivrance de ces infortunés. L'exécution suivit de près leur projet.

A l'heure du diner, Clisson avec mille archers et trois cents hommes d'armes sort de la place, attire sur lui tous les efforts des assiégeants, les harcelle d'abord par des escarmouches, et ensuite leur livre des attaques plus vives et plus sérieuses. Ayant, par ses manœuvres étudiées, déterminé l'armée françoise à marcher contre lui, il se retire en bon ordre jusqu'aux barrières, et ne rentre dans la ville qu'après avoir tué beaucoup de monde aux ennemis. Pendant cette attaque, Mauny étoit sorti de l'autre côté par une poterne, à la tête d'une troupe moins nombreuse; il s'étoit jeté sur la partie du camp où se trouvoient les tentes des seigneurs ; il y avoit pénétré sans peine, et ayant mis en liberté les deux chevaliers, il les emmenoit à toute bride. On le vit arriver lorsque Clisson combattoit encore sous les remparts. La comtesse partagea le triomphe de ces héros, et les combla de caresses qui valoient pour eux la plus magnifique récompense.

Une entreprise si étonnante, exécutée avec tant de promptitude et de succès, fit soupçonner que Charles de Blois y avoit donné les mains par quelques intelligences secrètes. Louis d'Espagne le crut peut-être ; car il abandonna l'armée, et son exemple fut contagieux. Charles continua cependant les attaques ; mais les assiégés, encouragés par les regards d'une princesse si intrépide et d'un général tel que Mauny, s'étoient tellement familiarisés avec tous les dangers, que les décharges de l'artillerie qui foudroyoit leurs remparts, devenoient pour eux un sujet de raillerie. A chaque coup ils alloient sans précaution effacer la marque du boulet sur la muraille.

On s'attaquoit de part et d'autre avec un égal acharnement. Des négociateurs zélés ne purent inspirer aux contendants le désir de la paix. Ils ne réussirent qu'à suspendre pour un temps les hostilités par une trêve, dont les deux partis ne profitèrent que pour se préparer à une campagne encore plus sanglante.

La comtesse de Montfort alla en Angleterre solliciter elle-même des secours. Elle y arriva dans des conjonctures très-favorables. Cette cour galante étoit alors dans ces premiers moments d'enthousiasme qu'excitoient les charmes de la comtesse de Salisbery. Les tournois et les fêtes qui se célébroient en son honneur avoient échauffé la nation. Une princesse également célèbre par ses infortunes et par ses exploits, paroissant alors comme suppliante, ne pouvoit manquer de trouver tous les esprits disposés en sa faveur. Édouard étoit d'ailleurs intéressé à la soutenir contre les efforts de la France; en la secourant, il allioit les intérêts de la politique avec la générosité : non-seulement il lui accorda des troupes, mais il en donna le commandement au comte d'Artois, ennemi implacable du roi Philippe.

Les Anglois étoient à peine en mer (1343), qu'ils rencontrèrent, à la hauteur de l'île de Guernesey, une flotte nombreuse commandée par Louis d'Espagne; elle étoit formidable, surtout par la grosseur de ses vaisseaux : le combat s'engagea au même instant; bientôt on en vint à l'abordage, et la comtesse de Montfort *y valut bien un homme, dit l'historien, car elle avoit cœur de lion, et avoit un glaive moult roide et tranchant dont fièrement elle se combattoit.*

Tous les efforts de l'ennemi ne purent empêcher Robert d'Artois de faire sa descente près de Vannes. Les François occupoient cette place. Il entreprit de l'assiéger, et Mauny, qui commandoit à Hennebon, ne tarda guère à se joindre à lui. Ce fut à qui se signaleroit davantage par sa bravoure. Robert et le comte de Salisbery osèrent attaquer les deux postes sans prendre aucune précaution pour se couvrir; ils sembloient vouloir se jouer du péril. Mauny se porta d'un autre côté, attacha ses échelles de cordes au rempart, et s'empara de la ville où la comtesse, qui partageoit le danger et la gloire de toutes les expéditions, entra bientôt en triomphe.

Les vainqueurs ne conservèrent pas longtemps cette conquête. Le comte d'Artois, qui restoit seul pour la défendre, ne tarda pas à être attaqué par Beaumanoir, maréchal de Bretagne. Il fut dangereusement blessé, et n'échappa à l'ennemi que pour aller à Londres mourir de ses blessures.

Édouard passa lui-même en Bretagne, et entreprit quatre siéges à la fois. Celui de Vannes fut remarquable par des prouesses de Chevalerie, qui étoient plus propres à illustrer les champions, qu'à décider le succès des armes. Les assiégeants et les assiégés signalèrent également leur témérité et leur adresse, par des combats singuliers où l'on observoit toutes les formalités en usage dans les tournois. Six chevaliers choisis gardoient les portes de la ville, et du haut des remparts étoient spectateurs de l'action. Les barrières s'ouvroient si imprudemment, et se refermoient si précipitamment, qu'il en résultoit un désordre qui quelquefois coûtoit la liberté aux plus braves des deux partis.

On a vu dans les Mémoires sur l'ancienne Chevalerie, que les joutes, les tournois, les *pas d'armes*, *castilles* et autres *jeux de plaisance*, étoient une imitation de ce qui se pratiquoit à la guerre. L'imitation influa sans doute avec le temps sur la guerre même, et fut souvent cause que les combattants étoient moins jaloux de procurer un avantage réel à leur parti, que de se signaler personnellement, par le dangereux éclat de ces actions surprenantes qui les faisoient admirer. Mauny, malgré ses grandes qualités, n'étoit point exempt du préjugé de son siècle. Quoiqu'il dirigeât tout, quoiqu'il se montrât et qu'il combattît partout, le siége n'en avançoit pas davantage. Édouard et le duc de Normandie, fils du roi Philippe, après avoir été long-temps à se harceler sous les murs et aux environs de Vannes, finirent la campagne par une suspension d'armes qui fut conclue pour trois ans, entre les maisons de Blois et de Montfort.

Les Anglois, devenus libres par cette trève, portèrent la guerre en Gascogne (1344). Le comte d'Erby, parent d'Édouard, les commandoit en chef. Mauny fut un de ses deux maréchaux chargés de conduire l'avant-garde. On arrive dans un château à une lieue de Bergerac. Les coureurs s'avancent jusqu'aux barrières de cette ville, et rapportent que la garde s'y fait négligemment. Le lendemain, Mauny étant à table chez le comte, lui propose d'aller boire le vin des seigneurs françois qui formoient la garnison de Bergerac. *Il ne tiendra pas à moi*, répond Erby. On fait aussitôt les dispositions pour cette entreprise. La place est attaquée le surlendemain. Les Anglois s'emparent du pont et des barrières; la garnison se retire en désordre dans les faubourgs. Mauny l'y poursuit, et son ardeur l'emporte si loin, qu'il peut à peine se retirer d'entre les mains des ennemis. Enfin les Anglois s'emparent des faubourgs, et la ville se rend : les vins françois et les provisions qu'ils y trouvent en abondance leur font oublier les fatigues de l'expédition.

Erby fait subir à plusieurs autres places le même sort, et va se reposer à Bordeaux. Il y reçoit la nouvelle que les François, sous les ordres du comte de l'Isle, lieutenant du roi en Gascogne, ont attaqué Auberoche, belle et forte place de l'archevêché de Toulouse, et que la garnison est réduite à la dernière extrémité; il marche toute la nuit; il arrive dans un bois à deux lieues d'Auberoche, là il s'arrête pour attendre de nouvelles troupes : car avec trois cents hommes et six cents archers seulement, que pouvoit-il contre une armée françoise de dix ou douze mille hommes?

Cependant le renfort n'arrivoit point. Mauny, impatient d'attendre, proposa de cotoyer la forêt, et de fondre à l'improviste sur l'ennemi vers l'heure du souper. Le conseil fut applaudi; on l'exécuta. Les François étant à table, ou au moment de s'y mettre, furent attaqués si brusquement qu'ils prirent la fuite. Le comte de l'Isle, dangereusement blessé, tomba entre les mains des vainqueurs avec huit comtes ou vicomtes, et un si grand nombre de barons, de chevaliers et d'écuyers, que chaque gendarme anglois en eut deux ou trois pour sa part. Après cette expédition nocturne, les

Anglois, maîtres d'Auberoche, se retirèrent à Bordeaux, emmenant avec eux la plupart de leurs prisonniers.

Le comte d'Erby, toujours secondé par Mauny, étendit ses conquêtes dans la Guienne. Le détail des siéges et des diverses autres expéditions qui eurent lieu dans ces circonstances, seroit aussi inutile qu'ennuyeux. Bornons-nous à certaines particularités qui peuvent donner quelques connoissances sur les manœuvres et les opérations militaires en usage dans ces temps de Chevalerie.

Foudroyés par une grosse et nombreuse artillerie, les habitants de Monségur se défendoient avec un courage opiniâtre. Le comte leur fait déclarer qu'il leur pardonnera s'ils se rendent, mais qu'il ne leur fera aucun quartier s'ils font une plus longue résistance. La crainte de la mort les décide; ils parlent de se rendre. Hugues de Bastefol, qui commandoit dans la place, refuse de se prêter à leur dessein; ils l'emprisonnent et le forcent de consentir à une capitulation. Alors il s'avance vers les barrières, et fait signe qu'il veut parler au général des assiégeants. Mauny se présente pour le comte. Bastefol excuse les bourgeois du refus qu'ils font d'ouvrir leurs portes; il insiste sur la fidélité qu'ils doivent au roi de France; il demande que les hostilités soient suspendues pour un mois : si avant l'expiration de ce terme le roi ou le duc de Normandie viennent au secours de la place, on continuera de se défendre; sinon, il faudra se soumettre au roi d'Angleterre. Cette proposition est acceptée, à condition que les habitants ne fortifieront point la ville, et que les Anglois pourront en tirer, à un prix raisonnable, tout ce dont ils auront besoin, et à condition encore que douze des principaux bourgeois seront envoyés en otage à Bordeaux.

Les Anglois, sans entrer dans Monségur, s'y fournirent de toutes les provisions qui leur étoient nécessaires. Ils se répandirent néanmoins au dehors pour fourrager les campagnes. Le châtelain d'Aiguillon leur rendit lâchement cette place. Tout le canton s'étonna, suivant notre historien, qu'*un des plus forts châteaux du monde et le moins prenable*, eût été livré de la sorte. Aussi le châtelain fut-il accusé à Toulouse et pendu comme traître. Le château de la Réole soutint au contraire un siége de onze semaines. Le gouverneur, réduit enfin à capituler, déclara qu'il n'entendoit pas livrer aux ennemis le moindre de ses compagnons;

et les Anglois consentirent à les laisser sortir tous, pourvu qu'ils n'emportassent que leurs armes.

Plus la perte du château d'Aiguillon avoit causé d'indignation et de regrets, plus la cour de France avoit à cœur de la réparer. Le duc de Normandie assiégea cette place, l'année suivante, avec une armée de cent mille hommes, ou, selon d'autres historiens, de cinquante mille. On commença par jeter un pont sur la Garonne; mais les assiégés, ayant Mauny à leur tête, détruisoient l'ouvrage à mesure qu'il avançoit. Pendant six jours entiers, les François ne cessèrent leurs attaques, et cependant ils ne purent faire presqu'aucun progrès. Douze grosses pièces d'artillerie, amenées de Toulouse, produisirent peu d'effet, parce qu'on leur en opposoit d'autres aussi fortes. Mauny sortoit hardiment du château d'Aiguillon, et fourrageoit, sous les yeux même de l'ennemi, les campagnes d'alentour. Charles de Montmorency, maréchal de l'armée françoise, l'attaqua un jour avec tant de supériorité, qu'il fut renversé du choc et enveloppé de toutes parts; il étoit perdu si les Anglois n'eussent volé à son secours. Montmorency fut repoussé et poursuivi; à peine eut-il le temps de se mettre en sûreté par une prompte retraite.

Le duc de Normandie, qui s'étoit vanté d'emporter le château et de faire la garnison prisonnière, déchu de ses espérances, dépêche le connétable vers le roi son père, pour l'instruire de l'état des choses. La réponse du monarque fut qu'on réduisît Aiguillon par famine, puisqu'on ne pouvoit le faire autrement. Cependant le roi d'Angleterre venoit en personne au secours de la place; mais les vents contraires l'ayant empêché de continuer sa route, le célèbre comte d'Harcourt, seigneur normand, réfugié auprès de ce prince, et ennemi de la France, encore plus dangereux que ne l'avoit été le comte d'Artois, lui donna le fatal conseil d'attaquer la Normandie, tandis que l'armée françoise étoit en Guienne. En conséquence Édouard prit terre dans le Cotentin; Philippe rappela aussitôt son fils et ses troupes. Le duc avoit promis de prendre Aiguillon; il ne voulut lever le siége qu'après que les seigneurs eurent décidé qu'il le pouvoit *sans forfait*, puisque le roi l'ordonnoit expressément. Les François furent attaqués dans leur retraite : Mauny en tua plusieurs et en fit plusieurs autres prisonniers. Ces derniers lui annoncent les succès d'Édouard, la victoire qu'il a remportée à Créci, et lui apprennent en même temps que ce prince vient de mettre le siége devant Calais.

A cette nouvelle Mauny est impatient d'aller joindre son maître; il demande à l'un de ses prisonniers, chevalier normand, parent et favori du duc de Normandie, combien il donneroit pour sa rançon? Trois mille écus, répond le prisonnier. « Hé bien! réplique Mauny,
» soyez libre, mais à une condition : c'est que
» vous irez trouver le roi ou votre duc, et me
» procurerez un sauf-conduit pour traverser la
» France, moi vingtième, jusqu'à Calais, en
» payant partout ma dépense. Si vous me
» l'obtenez, je vous quitte de votre rançon;
» je vous aurai même une obligation éter-
» nelle; car je ne désire rien tant que de revoir
» le roi d'Angleterre, et je ne m'arrêterai
» qu'une seule nuit dans tous les lieux où je
» serai obligé de coucher en route. Si vous ne
» l'obtenez pas, engagez-vous à revenir vous
» constituer mon prisonnier. » Le chevalier y consent, part aussitôt, se rend auprès du duc, obtient le sauf-conduit, le rapporte à Aiguillon, et reçoit gratuitement sa liberté.

Sans perdre un instant, Mauny se met en route avec ses compagnons. Partout il se nomme; il présente sa lettre, et on le laisse passer. Il gagne ainsi Orléans; mais dans cette ville, on l'arrête; on le conduit à Paris, et on l'enferme au Châtelet. Le duc de Normandie, qui avoit donné le sauf-conduit, indigné de cette violence dont il craignoit d'être lui-même soupçonné, se hâte d'en porter ses plaintes au roi, et lui demande l'élargissement du prisonnier. Philippe répond que loin d'élargir un homme qu'il regarde comme son ennemi mortel, il veut lui faire couper la tête. A ces mots, le duc s'emporte jusqu'à menacer, non-seulement de ne reprendre jamais les armes contre Édouard, mais de détourner ceux qui voudroient servir contre lui; il jure en sortant qu'il ne reviendra de sa vie à l'armée du roi. Quelque blâmable que fût cette vivacité dans un fils et un sujet, le motif en étoit noble, et le roi méritoit peut-être encore plus que lui d'être blâmé.

Un chevalier du Hainaut sollicita long-temps la délivrance du prisonnier. Elle fut enfin accordée. Philippe répara même son injustice envers Mauny. Il le remboursa de tous ses frais; il voulut le voir, l'admit à sa table, et lui fit encore *présenter dons et joyaux* de la valeur de mille florins. Mauny ne les accepta qu'à condition que le roi d'Angleterre lui permettroit de les garder, sans quoi il déclara qu'il les renverroit. Ce procédé ne déplut point à Philippe ni au duc de Normandie : ils convinrent que c'étoit agir en loyal chevalier.

Édouard reçut Mauny dans son camp avec tous les témoignages de considération dus à tant de mérite, et aux services signalés que ce grand guerrier ne cessoit de rendre à sa couronne. Quand il fut question des présents du roi de France : « Vous nous avez toujours » servi loyaument, lui dit-il, et vous le ferez » encore ainsi que nous l'espérons. Renvoyez » au roi Philippe ses présents, nous avons » assez, dieu merci, pour vous et pour nous, » et nous sommes très-résolus de vous faire » du bien, selon les services que vous nous » avez rendus. » Mauny renvoya les présents par son cousin messire de Mansac, s'excusant de son refus sur les ordres d'Édouard.

Toute l'Europe avoit les yeux fixés sur Calais. Cette ville étant la clef de la France, si Édouard réussissoit à s'en emparer, alors son ambition pouvoit triompher de tous les obstacles et ne plus connoître de bornes. Mauny, après avoir défendu Aiguillon pendant plus d'un an, et l'avoir enfin sauvé ; après avoir pris tant de places, et remporté tant de victoires, instruit d'ailleurs par une longue expérience et par ses observations sur l'art militaire, paroissoit l'homme le plus capable de diriger une entreprise de cette importance. Édouard crut ne pouvoir mieux faire que de lui confier la conduite du siége. Les comtes de Warwick et de Stanfort furent nommés pour servir sous lui en qualité de maréchaux.

Philippe de Valois, avec une armée d'environ deux cent mille hommes, vint pour secourir la place qui étoit serrée de près. Mais, désespérant bientôt de pouvoir réussir, parce que le camp de l'ennemi se trouvoit défendu par des marais impraticables, il envoya offrir la bataille au roi d'Angleterre, qui n'avoit garde de sacrifier un avantage certain aux risques d'une action dont le succès ne pouvoit être que très-douteux. Deux légats médiateurs travaillèrent en vain à ménager une suspension d'armes. Philippe eut le chagrin de se retirer sans avoir pu rien faire ni par la force ni par les négociations.

Le siége duroit depuis près d'un an. Les braves Calésiens avoient résisté courageusement aux armes d'Édouard; mais, vaincus par la famine, ils se voyoient réduits à implorer la clémence du monarque anglois. Jean de Vienne, chevalier bourguignon, qui commandoit dans la place, consentit à subir la loi de la nécessité. On offrit de se rendre. Édouard vouloit que ce fût à discrétion, et paroissoit altéré du sang de ces généreux François dont il auroit dû louer le zèle et le courage. L'humanité de Mauny fut leur unique ressource. *Monseigneur*, dit-il au roi, avec une sage et noble franchise; *vous pourriez bien avoir tort : car vous nous donnez un très-mauvais exemple. Si vous faites mourir ces gens-là, et que vous nous envoyiez dans quelqu'une de vos places, nous ne pourrions y aller si volontiers, puisqu'en pareil cas on nous traiteroit de même.* Plusieurs autres barons, encouragés par un si bel exemple, plaidèrent la cause des Calésiens. *Je ne veux pas être seul contre tous*, répondit Édouard. Mais il ne céda qu'à condition que six des plus notables bourgeois viendroient, la corde au cou, apporter les clefs de la ville et subir la peine pour les autres.

Le dévouement héroïque d'Eustache de Saint-Pierre et de ses cinq compagnons, sera toujours cité comme un trait digne de l'ancienne Rome.

Malgré les sentiments d'admiration et de pitié qu'inspiroient les six victimes, leur mort étoit

résolue. Mauny conjura inutilement Édouard de ne pas souiller sa gloire par cette cruauté. La reine Philippe de Hainaut, un des ornements de ce siècle d'héroïsme, et célèbre par une victoire qu'elle avoit remportée en personne sur le roi d'Écosse, pouvoit seule désarmer la vengeance de son époux. Déjà le signal de l'exécution étoit donné ; la généreuse princesse, enceinte et prête d'accoucher, se jette aux pieds du roi, et lui dit dans le langage du temps : *Haa! gentil sire, depuis que je repassai la mer en grand péril, je ne vous ai rien requis. Or vous prie humblement un don, que pour le fils de sainte Marie, et pour l'amour de moi, vous veuillez avoir de ces six hommes merci.* Édouard la regarde, et après quelques moments de silence : « Madame, ré-
» pondit-il, j'aimerois mieux que vous fussiez
» autre part qu'ici. Vous me priez de façon
» que je ne puis vous refuser. Ainsi je vous les
» donne à votre plaisir. »

Tel fut le dénouement d'une scène mémorable, sur la réalité de laquelle il est difficile d'avoir des doutes, quoique les historiens anglois n'en fassent point mention. Le monarque vainqueur se livrant aux transports d'une colère injuste, y joue un rôle bien moins glorieux que les six bourgeois qui dévouent leur vie pour le salut de leurs malheureux compatriotes.

Après avoir pris possession de Calais, et en avoir donné les plus belles maisons à Mauny et à quelques autres seigneurs, ce prince repassa en Angleterre, méditant de nouvelles entreprises. Une trève entre les deux couronnes sembloit devoir suspendre toute hostilité. Mais Geoffroi de Charni, gouverneur de Saint-Omer, souffroit trop impatiemment de voir les ennemis de la France maîtres de Calais, pour ne pas saisir l'occasion de leur enlever une conquête si importante. La garde en étoit confiée à Aimeri de Pavie, avide d'argent, qui avoit l'ame assez basse pour trahir par intérêt un roi qui l'honoroit de sa faveur. Charni le fait tenter par une offre de vingt mille écus. Le perfide Lombard accepte ses propositions. Il promet de livrer à ce prix la ville et le château de Calais.

Édouard, promptement informé de la trahison, mande aussitôt le gouverneur. « Tu
» sais, lui dit-il, que je t'ai donné en garde
» ce que j'aime le mieux au monde après ma
» femme et mes enfants; tu l'as vendu aux
» François, et tu mérites bien la mort. » Aimeri,

se voyant découvert, tombe aux pieds du roi, lui demande grâce, avoue le fait humblement; « mais, ajoute-t-il, le marché peut se rompre » encore, car je n'ai pas reçu un denier. » Édouard, qui savoit profiter de tout, lui ordonne de continuer son marché, et de l'avertir du jour dont il seroit convenu pour livrer la place : à cette condition il promet de lui pardonner.

Le moment de l'exécution arrivé, Édouard s'embarque à l'entrée de la nuit et en silence, avec une troupe d'élite; il arrive à Calais : il donne à Mauny la plus grande preuve d'estime que peut donner un souverain accoutumé à la victoire. « Messire Gautier, lui dit-il, je » veux que vous soyez de cette besogne le » chef, car moi et mon fils nous combattrons » sous votre bannière. »

Charni ne se défioit de rien. Il s'approche avec confiance de la place pour en prendre possession. Quelques barons françois étoient seuls dans le secret. Le roi Philippe ignoroit probablement l'entreprise; selon Froissart, il ne l'eût jamais conseillée à cause de la trève. (Cette remarque de l'historien fait honneur à la bonne foi du prince.) Édouard se tient caché dans la tour, jusqu'à ce que le gouverneur ait touché les vingt mille écus ; sortant alors avec son fils et deux cents hommes armés seulement d'épées et de haches, ils s'écrient tous ensemble : *Mauny*, *Mauny*, *à la recousse*.

Les Anglois accourent, fondent sur les François et les forcent de s'éloigner. Eustache de Ribaumont, également brave et vigoureux, eut l'honneur d'abattre deux fois Edouard qui combattoit toujours inconnu sous la bannière de Mauny ; mais cet honneur tourna bientôt à la gloire même du roi : Ribaumont fut contraint de se rendre prisonnier. Son vainqueur le combla de caresses, le remit bientôt en liberté, et se montra plus grand alors que quand il vouloit exterminer les Calésiens.

On perd de vue Mauny pendant quelques années. La guerre fut suspendue ; mais un autre fléau non moins redoutable désoloit l'Angleterre, et surtout la ville de Londres. Une cruelle peste emportoit chaque jour un grand nombre de citoyens. Mauny craignit que si la contagion duroit encore quelque temps, les églises et les cimetières ne pussent suffire pour enterrer les morts ; afin d'y suppléer, il acheta du supérieur des frères de Saint-Barthélemy de *Spittle* un terrain situé hors de l'enceinte de la ville. Il le fit clore de murs et consacrer par l'évêque de Londres. L'année suivante l'utilité de ce funèbre établissement ne se fit que trop sentir. On enterra dans le nouveau cimetière plus de cinquante mille personnes.

Cependant la mort de Philippe de Valois, arrivée en 1350, ayant fait passer sa couronne à Jean son fils, prince violent et téméraire, Édouard crut la circonstance favorable à l'exécution de ses desseins ambitieux. On reprit les armes de part et d'autre. Jean succomba et perdit la liberté à la bataille de Poitiers qu'il devoit infailliblement gagner s'il se fût conduit avec plus de prudence. Le dauphin Charles fut le jouet des plus terribles factions, avant de pouvoir déployer cette profonde sagesse qui le rendit un des plus parfaits modèles qu'on puisse proposer aux rois. Ce prince gouvernoit en qualité de régent; il avoit repris l'ascendant sur les factieux, et dirigeoit le timon de la France avec autant de sagesse que d'autorité, lorsque Édouard, irrité du refus que firent les états-généraux de souscrire au traité honteux que le monarque françois, son captif, avoit eu la foiblesse de signer, vint attaquer de nouveau le royaume avec une armée de près de cent mille hommes.

Le dauphin étoit trop prudent pour hasarder une bataille dont les suites auroient pu entraîner la ruine de l'État. Il avoit pourvu à la sûreté des places. Enfermé dans Paris, il abandonna les campagnes au hasard des événements. Le roi d'Angleterre, après avoir tenté inutilement le siége de Reims, inonda de ses troupes les environs de la capitale. Ce fut en vain qu'il envoya défier l'ennemi; jamais il ne put l'attirer au combat. Alors Mauny lui demande la permission de faire du moins une course jusqu'aux barrières de Paris. Édouard y consent, nomme les seigneurs qui doivent l'accompagner, et confère même à plusieurs l'ordre de Chevalerie.

Si le régent n'eût pas mis un frein à l'impétuosité françoise, toute la noblesse alloit se précipiter hors de la ville; et peut-être auroit-on vu se renouveler de nouveaux désastres semblables à ceux qu'une aveugle témérité avoit déjà fait naître tant de fois. Une escarmouche très-vive, où il y eut beaucoup de blessés de part et d'autre, ne servit qu'à faire éclater la bravoure des combattants. Le roi d'Angleterre se retira le lendemain par Montlhéri. Le fameux traité de Bretigny, conclu en 1360, arrêta enfin le cours des hostilités.

Mauny est nommé dans l'acte avec les principaux seigneurs anglois qui le signèrent. Les chroniques de France et de Saint-Denis ont défiguré son nom; elles l'appellent *Mourry*, *Magni*, *Maigni*. Les noms ainsi dénaturés feroient de l'histoire un chaos, si la critique ne débrouilloit ce que l'ignorance a confondu.

Pendant la paix, Mauny trouva peu d'occasions d'accroître au dehors sa renommée; mais il eut l'avantage de jouir tranquillement à la cour de son prince de la plus haute considération et de toutes les distinctions dues à son mérite supérieur. Il fut nommé, avec un petit nombre d'autres seigneurs, pour accompagner dans Londres le roi de Chypre qui s'efforçoit d'armer les princes de l'Europe contre les Turcs. Il assista au conseil où Édouard prit la résolution de soutenir Pierre-le-Cruel, roi de Castille, que Henri de Transtamare, son frère naturel, avoit entrepris de détrôner, et qu'il détrôna en effet avec le secours du célèbre Duguesclin.

On sait comment se ralluma, sous le règne de Charles V, l'incendie qui avoit si longtemps désolé les deux monarchies rivales. L'appel des seigneurs de Guienne au roi de France, la sommation faite au prince de Galles de se présenter à la cour des pairs, son refus de comparoître, la confiscation des provinces qu'Édouard possédoit dans le royaume, l'habileté du monarque françois à saisir toutes les occasions de recouvrer ces provinces par la force des armes, fournissent une ample matière à la plume des historiens. Arrêtons-nous à ce qui tient à notre sujet.

Une puissante flotte sous les ordres de Philippe de Bourgogne, frère du roi, étoit sur le point de mettre à la voile pour aller porter la guerre en Angleterre, lorsqu'une armée angloise, commandée par le duc de Lancastre, fils d'Édouard, qui avoit Mauny sous ses ordres, pénétra en France par Calais, et ravagea les environs de Boulogne. A cette nouvelle, Charles fait marcher son frère, non pour combattre, mais pour arrêter l'ennemi. Ce prince occupe les hauteurs de Tournehem; les Anglois se retranchent dans le voisinage, et les deux armées demeurent long-temps en présence dans l'inaction. Le duc de Bourgogne, très-supérieur en forces, impatient de livrer bataille, honteux de paroître l'éviter, envoyoit courriers sur courriers pour solliciter la permission de donner carrière à son courage. Ne pouvant l'obtenir, tant le sage roi étoit ferme dans le plan que sa prudence lui avoit tracé, il demanda instamment qu'il lui fût du moins permis de licencier les troupes et de se retirer; Charles y consentit, parce qu'on n'avoit plus rien à craindre des Anglois.

Le duc donne ses ordres aux principaux officiers. A minuit on plie les bagages, on met le feu aux tentes et on part. Les feux qui brilloient d'espace en espace furent aperçus par les ennemis. Ils jugèrent d'abord que les François leur préparoient une *aubade* pour le lendemain. Lancastre leur fit prendre les armes, et ils se mirent en bataille.

Après avoir inutilement attendu deux heures, et chacun raisonnant à sa manière sur le parti qu'on devoit prendre, le prince demanda à Mauny ce qu'il en pensoit. « Je ne sais, ré-
» pond le chevalier, mais si j'en étois cru, je
» ferois marcher tous mes gendarmes et mes
» archers en ordre de bataille, et j'irois tou-
» jours petit à petit; car le jour approche:
» ainsi on verra bien devant soi. » Lancastre étoit du même avis. D'autres soutenoient qu'il ne falloit rien hasarder. On envoya quelques cavaliers à la découverte. Avant leur retour, Mauny dit encore au duc : *Sire, ne me croyez jamais, si ces François ne s'enfuient. Montez*

et faites monter vos gens, et les poursuivez âprement, et vous aurez une belle journée. Le duc ne pouvoit se persuader que tant de braves guerriers se retirassent de la sorte : il soupçonnoit que les feux qu'on voyoit dans leur camp étoient un piége pour l'attirer ; enfin il voulut attendre les coureurs. Ceux-ci arrivent et rapportent qu'en effet l'ennemi a disparu. *Là eut messire Gautier de Mauny grand honneur,* ajoute l'historien. Le duc de Bourgogne gagna tranquillement Saint-Omer ; le duc de Lancastre retourna de son côté à Calais.

Les suites de la guerre furent d'autant plus malheureuses pour Édouard, que ses troupes, en ravageant diverses provinces de France, ne firent qu'augmenter dans le cœur des François leur aversion pour lui. La prudence de Charles V, la valeur de ses généraux et le zèle de ses sujets ne tardèrent pas à réparer les anciennes pertes. Froissart ne parle plus de Mauny que pour annoncer sa mort en 1371. Ce grand homme mourut à Londres, *dont les barons anglois furent moult courroucés, pour la loyauté et bon conseil qu'on lui avoit toujours vu et trouvé.* Le roi d'Angleterre et ses enfants, les seigneurs, les prélats assistèrent à ses funérailles dans un monastère de chartreux qu'il avoit fondé hors de la ville, et où il fut inhumé. Il ne laissa qu'une fille mariée au comte de Pembrock, qui hérita de tous ses biens. Le sire de Mauny avoit été honoré par Édouard du cordon de l'ordre de la Jarretière que ce prince avoit créé en l'honneur de la belle et vertueuse comtesse de Salisbery.

On pourroit soupçonner Froissart de prévention en faveur de Mauny, son bienfaiteur. Il parle dans ses poésies manuscrites des bienfaits qu'il en a reçus, ainsi que du comte de Pembrock. Mais la candeur fait le caractère de cet historien, et ses liaisons intimes avec son héros semblent au contraire ajouter un nouveau poids à son récit.

NOTES HISTORIQUES

SUR

LES PRINCIPAUX PERSONNAGES CITÉS DANS LE POËME DU
VOEU DU HÉRON.

(1) ÉDOUARD III. Personne n'ignore l'histoire de ce vaillant prince qui mit la France à deux doigts de sa perte. Cependant, comme il est le héros de ce poëme, je ne puis me dispenser de rappeler ici ceux des principaux traits de sa vie qui sont liés à l'événement mémorable auquel le terrible Vœu du Héron donna lieu. Il étoit fils d'Édouard II et d'Isabelle de France, sœur de Charles-le-Bel. Ce dernier prince, ainsi que ses deux frères, Louis-Hutin et Philippe-le-Long, étoit mort sur le trône sans laisser d'enfants mâles pour lui succéder.

Les douze pairs et les barons de France s'assemblèrent à Paris pour décider à qui la couronne seroit déférée. Après bien des débats ils la placèrent sur la tête de Philippe de Valois qui, étant neveu de Philippe-le-Bel, se trouvoit être le plus proche héritier du trône. Sa sœur Isabelle, reine d'Angleterre, s'étoit déclarée sa rivale; mais les prétentions de cette princesse furent rejetées d'après cette maxime fondamentale : « Que le royaume
» de France est bien si noble qu'il ne doit mie aller à
» femelle. » (Froissart, vol. I, c. 4.)

Cependant il s'étoit trouvé dans l'assemblée, des seigneurs, ou assez mauvais François, ou assez mauvais raisonneurs pour soutenir que si la loi salique empêchoit Isabelle de monter sur le trône, parce qu'elle étoit une femme, au moins cette loi n'en excluoit pas le roi d'Angleterre, son fils, puisqu'il étoit un homme. Ceux qui argumentoient ainsi ne vouloient pas faire attention qu'Isabelle ne pouvoit communiquer à personne des droits que, de leur propre aveu, elle n'avoit pas elle-même.

Quoi qu'il en soit, Édouard prit ou parut prendre son parti assez paisiblement. Il consentit même à rendre foi et hommage à Philippe de Valois, pour les domaines qu'il possédoit en France. Il est vrai qu'il refusa de mettre ses mains, selon l'usage, entre celles du roi. Mais lorsqu'il fut de retour à Londres, il envoya à Philippe de Valois un acte en bonne forme et muni de son sceau, par lequel il avouoit que l'hommage qu'il lui avoit rendu étoit un *hommage-lige*. C'étoit assurément reconnoître Philippe de Valois pour légitime possesseur de la couronne de France (Froissart, vol. I, c. 25). Il y a toute apparence qu'il n'avoit pas encore formé alors le dessein de lui disputer la couronne; il vécut même assez pacifiquement avec le monarque françois jusqu'en 1338. Mais Robert d'Artois, qui ne respiroit que la vengeance contre sa patrie, vint troubler cette bonne intelligence, au moins apparente; il entreprit de persuader à Édouard qu'il avoit des droits réels sur la couronne de France, et de l'engager à les faire valoir. Édouard qui sentoit toute la difficulté de l'entreprise, en délibéra, et souvent et pendant long-temps, avec son conseil. Robert d'Artois, voyant que le roi d'Angleterre ne pouvoit se décider, s'avisa, pour forcer son irrésolution, de l'attaquer par l'endroit le plus sensible à un héros. Il taxa de lâcheté l'indifférence qu'Édouard montroit pour un trône qui lui appartenoit, et il osa l'exposer à la censure publique en le comparant, au milieu même de sa cour, à cet oiseau méprisable qui a peur de son ombre. Le roi ne put supporter l'idée d'un pareil reproche ; et ce stratagème qui, suivant nos idées, auroit dû l'indigner contre Robert, eut tout le succès que ce dernier s'en étoit promis. Édouard, se livrant à l'emportement de sa passion pour la gloire, s'engagea par le vœu fatal à porter le fer et le feu dans le sein de la France. Nous ne rappellerons pas ici les détails de cette guerre désastreuse, parce qu'ils appartiennent à l'histoire ; et il nous suffira d'en avoir montré la cause, de remarquer qu'elle ne fut dans le fond que l'effet terrible de cet enthousiasme chevaleresque qui ne respiroit que le sang et le carnage, et de cette frénésie guerrière que toutes les horreurs des croisades n'avoient encore pu ralentir.

Guillaume, comte de Hainaut, ayant été un des alliés d'Édouard le plus ardent à le seconder dans son entreprise contre la France, il nous est indispensable d'en faire mention ici. Quoiqu'il ne se trouve pas au nombre de ceux qui prononcèrent le serment redoutable sur le Héron, il n'est pas douteux que s'il eût assisté à cette assemblée fameuse, il n'eût fait aussi le même vœu que les autres.

Guillaume, comte de Hainaut, surnommé le Bon, étoit beau-père d'Édouard III à qui il avoit marié sa fille, nommée *Philippe*. Quelque ébranlé que fût déjà le roi d'Angleterre par l'éloquence de Robert d'Artois, il ne voulut cependant pas entreprendre la guerre contre la France sans avoir auparavant consulté son beau-père, et Jean de Hainaut son oncle, l'un et l'autre aussi habiles politiques que guerriers intrépides. Guillaume étoit allié de Philippe de Valois; il avoit épousé, en 1305, la princesse Jeanne, l'une des sœurs de ce monarque ; Guillaume se trouvoit dans une position assez embarrassante. Obligé de se décider, il ne balança pas à sacrifier les intérêts d'un beau-frère à ceux d'un gendre : il approuva le dessein d'Édouard, et promit de le seconder de tout son pouvoir. Il fit même des démarches pour procurer au roi d'Angleterre des alliés puissants parmi les princes de l'Empire; mais il ne vécut pas assez long-temps pour voir l'effet de ses négociations en faveur d'Édouard : il mourut le 6 juin 1337, honoré des princes ses voisins, et regretté de ses sujets. Il fut inhumé dans l'église des Cordeliers de Valenciennes, lieu de la sépulture des comtes de Hainaut. Sa veuve, Jeanne de Valois, se retira dans l'abbaye de Fontenelles, où, sans se lier par des vœux, elle vécut avec toute la régularité d'une religieuse.

Guillaume II, fils du précédent, se laissa conduire par les conseils de Jean de Hainaut, son oncle, et se prêta de même aux desseins ambitieux du roi d'Angleterre; mais il n'osa se déclarer ouvertement pour Édouard qu'après que ce prince eut été revêtu par l'empereur, Louis de Bavière, du titre de vicaire de l'Empire. Alors il se joignit au monarque anglois, qui commença ses hostilités contre la France, en 1338, par le siége de Cambrai. L'évêque de Lincoln, principal agent d'Édouard, somma, de Valenciennes où il s'étoit rendu, Guillaume d'Aussonne, évêque de Cambrai, de livrer cette place à son maître. Cette singulière sommation se faisoit d'un peu trop loin pour que Guillaume d'Aussonne pût l'entendre et y répondre. On ne sera pas fâché de trouver ici le cérémonial et les formalités avec lesquels elle se fit.

L'évêque de Lincoln montant un escalier à la suite d'Édouard, que le comte de Hainaut conduisoit par la main vers une salle préparée pour le recevoir, s'arrêta sur un des degrés, et, élevant la voix, dit : « Guillaume » d'Aussonne, évêque de Cambrai, je vous admoneste, » comme procureur de par le roi d'Angleterre, vicaire » de l'empereur de Rome, que veuillez ouvrir la cité de » Cambrai, s'autrement le faites, vous vous forfaites, » et y entrerons par force. » Il somma de même le comte de Hainaut de se joindre avec toutes ses troupes au vicaire de l'Empire, pour aller faire le siége de Cambrai. Guillaume le suivit de près avec Jean de Hainaut, son oncle, et se logea avec son armée non loin du roi. On livra de rudes attaques à la ville qui fit la plus belle défense ; Édouard, désespérant de l'emporter, leva le siége, et résolut de pénétrer en France. Ce n'étoit que par une feinte complaisance pour Louis de Bavière qu'il avoit assiégé Cambrai, et afin de persuader aux Flamands et aux Allemands, peut-être à Philippe lui-même, qu'il n'agissoit qu'au nom de l'Empire.

Cependant le comte de Hainaut, qui avoit intérêt de ménager Philippe de Valois, refusa de suivre Édouard sur les terres de France (Froissart, ch. 39); il avoit même défendu sévèrement à ses troupes, durant le siége de Cambrai, d'y faire aucune excursion, voulant prouver au roi de France, par cette conduite, que s'il avoit pris les armes en faveur du monarque anglois, ce n'étoit qu'en qualité de vassal de l'Empire. Il fit plus, il se sépara d'Édouard, et se rendit, à la tête de cinq cents lances, auprès de Philippe de Valois qui étoit campé à Vironfosse, à deux lieues de l'armée angloise. La bataille n'eut pas lieu ; mais Guillaume qui la croyoit inévitable, créa ce jour-là plusieurs chevaliers qui furent depuis appelés *chevaliers du lièvre*, par une espèce de dérision, ou peut-être pour rappeler l'époque de leur réception. Quoi qu'il en soit du motif de cette dénomination, voici le fait qui y donna lieu.

Un lièvre ayant passé par hasard devant les premiers rangs de l'armée françoise, excita de grands cris qui furent pris par les rangs suivants pour des cris de guerre. Tout le monde s'arma en conséquence, et ce fut ce moment que le comte de Hainaut choisit pour faire ses chevaliers. Il ne fut pas le seul qui créa des chevaliers en cette occasion : plusieurs autres seigneurs imitèrent son exemple. C'étoit un usage de conférer la dignité de chevalier sur le champ de bataille, et à l'instant qu'on alloit charger l'ennemi. On juge assez quel courage cet honneur devoit inspirer à ceux qui l'obtenoient, et avec quelle ardeur ils soutenoient la gloire d'un si beau titre.

Guillaume, voyant que les deux rois se retiroient sans combattre, regagna Valenciennes, d'où il envoya bientôt après défier le roi de France, à cause de quelques excursions que des troupes françoises avoient faites dans le Hainaut. Philippe, aussi surpris qu'indigné de la hardiesse du comte, dit : *que c'étoit un fou outrageux, et qu'il marchandoit bien de faire ardoir* (brûler) *son pays* (Froissart, ch. 45). Ces paroles, qui furent rendues à Guillaume, ne l'empêchèrent pas de tomber sur la Thiérache, et d'y faire tout le dégât qu'il put. Il prit d'assaut la ville d'Aubenton, la pilla et y mit le feu; il fit essuyer le même traitement à plus de quarante villages ou hameaux. Ces représailles attirèrent un nouvel orage sur le Hainaut. Philippe y envoya, en 1340, Jean, duc de Normandie, son fils, avec ordre de saccager sans pitié tout le pays. Les François assiégeoient Thin-l'Évêque. Guillaume accourut au secours de cette place avec une armée grossie de tout ce qu'il put rassembler de troupes en Flandre et en Allemagne. Elle étoit assez forte pour obliger celle de France à se retirer, si Philippe de Valois n'eût accouru en personne pour la renforcer.

On vit dans cette occasion un exemple singulier des détours et des artifices auxquels on avoit recours alors pour éluder ses engagements, et pour concilier avec sa religion la violation des traités les plus solemnels. Le roi de France ne pouvant, par ses conventions avec l'empereur, entrer à titre de général sur les terres de l'Empire, se rendit dans l'armée de son fils, comme simple *soudoyer*, et ne fit pas difficulté d'y servir, pour ainsi dire, sous ses ordres (Froissart, ch. 50). Le duc de Normandie étoit censé faire le siége en son propre nom. Qu'on juge quel fond on pouvoit faire sur les traités du quatorzième siècle ! Le moindre prétexte, l'interprétation la plus forcée, suffisoient pour autoriser les souverains et leurs vassaux à les enfreindre.

Au reste Philippe n'étoit pas le seul à qui on pût reprocher de pareilles supercheries; Édouard s'étoit fait revêtir, comme on l'a déjà dit, du vain titre de vicaire de l'Empire, afin de pouvoir, à la faveur de ce titre, déclarer à la France une guerre dans laquelle on supposoit que les intérêts de l'empereur entroient pour quelque chose.

Les Flamands, révoltés contre leur comte par la séduction de Jacquemart Artevelle, s'étoient engagés avant leur défection à payer une somme considérable au Saint-Siége, dans le cas où ils manqueroient à la fidélité qu'ils avoient jurée au roi de France; que font-ils? Pour se dispenser de leur serment et de leur obligation envers le Pape, ils déclarent Édouard roi de France, prennent les armes pour lui, et croient leur conscience en sûreté. Ainsi dans tous les temps les hommes ont eu l'art de trahir leurs devoirs en feignant de les respecter, et l'intérêt a toujours trouvé le moyen d'étouffer les scrupules.

L'armée françoise et celle de Guillaume, campées sous les murs de Thin-l'Évêque, n'étoient séparées que par l'Escaut. Le comte, brûlant du désir de se venger du duc de Normandie, lui envoya demander une suspension d'armes de trois jours seulement, pendant lesquels il offroit de faire construire un pont sur la rivière pour faciliter aux deux armées le moyen de se joindre et d'en venir aux mains. Si la bataille avoit eu lieu, on auroit vu un roi de France combattre en simple chevalier sous l'étendard de son fils. Ce fut peut-être par égard pour le roi son père que Jean refusa le défi de Guillaume. Cette foule de seigneurs qui composoient les deux armées ne respiroit sans doute que le combat. Un événement fatal à la France obligea le duc de Normandie de lever le siége de Thin-l'Évêque. Ce fut la prise de l'Écluse par les Anglois, la veille de la Saint-Jean 1340, et la défaite totale de la flotte qui défendoit cette place. Édouard, après cette victoire, alla mettre le siége devant Tournai, ville de la domination françoise; Guillaume II s'y rendit avec son armée. Cependant la comtesse de Hainaut, sa mère, négocioit une trêve entre les deux rois. Une pareille médiatrice ne pouvoit manquer de réussir dans un siècle où l'on ne savoit rien refuser aux dames.

(2) *Ses pensées n'étoient que des pensées d'amour.* C'étoit l'amour dont Édouard brûloit pour la comtesse de Salisbery qui l'avoit jeté dans cette profonde rêverie où il parut plongé tant que dura la fête qu'il donnoit à sa cour. Cette dame, dit Froissart, étoit non-seulement la plus belle, mais encore la plus sage du royaume d'Angleterre. On peut la mettre aussi au nombre des héroïnes de ce siècle. Tandis que son mari faisoit la guerre en Flandre, elle signaloit son courage en défendant vaillamment le château de Salisbery, dont David, roi d'Écosse, faisoit le siége. Elle l'obligea, par la vigoureuse résistance qu'elle opposa aux efforts de ce prince, à renoncer à son entreprise. Édouard, voulant profiter de la trêve qu'il avoit conclue avec Philippe de Valois pendant le siége de Tournai, pour revoler en Écosse, étoit repassé en Angleterre avec toute son armée. Il arriva devant le château de Salisbery le jour même que les Écossois en levèrent le siége. Il voulut voir l'illustre héroïne qui avoit si bien défendu cette place. Il prend dix ou douze chevaliers avec lui, se présente aux portes du château qui lui sont aussitôt ouvertes. La comtesse vint au-devant de lui dans sa plus riche parure. Tous ceux qui accompagnoient le roi furent frappés de l'éclat de sa beauté, de l'air de dignité et de noblesse qui se faisoit remarquer dans toute sa personne; ses manières affables et engageantes lui gagnèrent tous les cœurs; il n'étoit personne qui ne lui fît secrètement hommage du sien. Édouard qui ne l'avoit

point vue depuis le moment où il la maria au comte de Montaigu, et qui dès-lors sentit du penchant pour elle, fut si transporté à la vue de l'aimable comtesse, qu'il ne put s'empêcher de lui déclarer sa passion. Il faut voir dans Froissart (vol. I, ch. 78) toutes les particularités de cette déclaration. La comtesse y répondit avec autant de politesse que d'adresse. « Haa, dit-elle à Édouard,
» cher sire, ne me veuilliez mie mocquer, ne tenter, je
» ne pourrois cuider que ce fût à certes, ce que vous
» dites, ne que si noble et gentil prince, comme vous
» estes, eût pensé à déshonorer moi et mon mari, qui
» est si vaillant chevalier et qui tant vous a servi, et
» encore gist pour vous en prison *. La vertu de la comtesse ne fit qu'accroître l'amour d'Édouard; mais, retenu par la crainte d'offenser un seigneur qui se dévouoit pour lui, il n'osa la presser davantage. Il la quitta et se mit à poursuivre les Écossois. A son retour à Londres, comme la trève avec la France duroit encore, il fit publier une joute ou tournoi, auquel il invita tous les seigneurs et toutes les nobles dames et damoiselles d'Angleterre; son intention étoit d'y attirer la comtesse de Salisbery, dont il étoit plus amoureux que jamais. Le comte son mari, qui venoit tout récemment d'être échangé contre d'autres prisonniers françois, fut aussi invité à cette fête. Édouard lui recommanda surtout d'y amener sa femme. Le comte qui ignoroit le motif secret de son maître, amena donc à la cour, sans avoir le plus léger soupçon, la belle comtesse son épouse; cette dame, qui

* Le comte de Salisbery étoit en effet alors prisonnier en France avec le comte de Suffolk, comme on le verra à la note de ce dernier.

étoit fort éloignée de vouloir nourrir la passion du roi, se rendit à la joute dans la parure la plus simple et la plus modeste; mais elle n'en fut pas moins pour Édouard la reine du tournoi. Cette fête dura quinze jours, et fut une des plus brillantes et des plus magnifiques qu'on eût vues depuis long-temps ; chaque jour fut marqué par des danses ou des joutes. Dans un des derniers combats à la barrière, Jean, fils aîné du vicomte de Beaumont, périt malheureusement ; il étoit rare de voir ces spectacles se terminer sans que quelque seigneur n'y perdît la vie. Mais ces tragiques événemens n'altéroient en rien la joie et les plaisirs qui régnoient dans ces fêtes. La mort qu'y recevoit un chevalier étoit aussi glorieuse pour lui que s'il l'eût reçue dans un combat contre l'ennemi : c'étoit des fleurs et non des larmes qu'on répandoit sur son cercueil. Les principaux seigneurs qui assistèrent à ce tournoi furent, outre le roi d'Angleterre, Guillaume II, comte de Hainaut, Jean de Hainaut son oncle, Robert d'Artois, les comtes d'Erby, de Salisbery, de Gloeestre, de Varwick, de Cornouailles, de Suffolk, et un grand nombre d'autres (Froiss., vol. I, c. 91). La bravoure et la galanterie animoient cette assemblée auguste. Quoiqu'Édouard ne l'eût convoquée d'abord que pour y attirer la comtesse de Salisbery, afin de la voir et de l'entretenir de sa flamme, il ne laissa pas que d'en profiter pour former avec ces seigneurs de nouveaux projets contre la France. La comtesse de Montfort, qui s'étoit rendue aussi au célèbre tournoi de Londres, sut profiter de la circonstance pour engager le roi et toute sa noblesse à embrasser sa querelle contre Charles de Blois qui lui disputoit la Bretagne. Elle n'eut pas de peine à obtenir l'effet de ses demandes. Ce fut par cette province qu'Édouard résolut de pénétrer dans le royaume en personne; ce qu'il exécuta en 1343, confondant en quelque sorte ses intérêts avec ceux de l'héroïne bretonne, et saisissant tous les prétextes de nuire à un rival qu'il désespéroit de vaincre. On ne peut lire sans horreur les dégâts qu'il fit en Bretagne, soit pour défendre la comtesse de Montfort, soit pour satisfaire son animosité contre des peuples qu'il regardoit comme autant de rebelles, parce qu'ils refusoient de le reconnoître pour roi de France. Mais au milieu de tous ses exploits guerriers, l'image de la belle comtesse de Salisbery lui revenoit toujours à l'esprit. On peut voir dans la plupart de nos historiens les suites de la passion qu'il conçut pour cette femme vertueuse; on se contentera de rappeler ici que ce fut pour elle qu'il institua cet ordre de Chevalerie si connu sous le nom d'*ordre de la Jarretière*: institution dont la devise prouve tout à la fois et le respect de l'amant et la vertu de l'amante.

(3) *Robert d'Artois.* Il n'est personne assez peu instruit de notre histoire pour ignorer la défection de ce seigneur, l'un des plus hauts barons de France, comme dit Froissart (liv. I, c. 26), et *le mieux enlignagé*, puisqu'il étoit du sang royal; il descendoit de Robert, l'un des fils de saint Louis. Il avoit épousé la sœur de Philippe de Valois, et il ne contribua pas peu à faire poser sur la tête de ce prince la couronne de France que les pairs et les grands du royaume avoient tenue, pour ainsi dire, suspendue entre lui et Édouard, dans un moment où ils paroissoient encore incertains auquel des deux elle devoit appartenir. Philippe, reconnu roi de France, traita Robert non-seulement comme un

beau-frère, mais comme un bienfaiteur auquel il étoit redevable du trône. Robert jouit pendant trois ans de toute la faveur du prince; il en partageoit même en quelque sorte l'autorité, puisque, comme ajoute l'auteur que nous avons déjà cité, *en France étoit tout par lui fait, et sans lui n'étoit rien fait.* Mais son excessive ambition le précipita bientôt dans un abîme de malheurs, en le rendant rebelle à son souverain et traître à sa patrie.

Robert, sous les règnes précédents, avoit revendiqué le comté d'Artois sur la comtesse Mahaud, sa tante. Cette contestation avoit été déjà jugée deux fois à son désavantage dans la cour des pairs. Se voyant si fort en crédit sous le nouveau roi, il crut l'occasion favorable pour recommencer le procès. Il ne douta point que Philippe de Valois n'appuyât ses prétentions de toute sa puissance: il fut trompé. Philippe ne jugea pas à propos d'interrompre le cours de la justice; les pairs examinèrent de nouveau l'affaire avec la plus sérieuse attention. Robert, voyant que la faveur ne faisoit rien pour lui, crut qu'il falloit entraîner les suffrages par le nombre et le poids des titres. Il en produisit de faux. L'imposture fut découverte, et en conséquence les pairs le condamnèrent au bannissement comme faussaire.

Robert, furieux, s'emporta indiscrètement contre le roi; il s'oublia jusqu'à lui faire des reproches et même des menaces. Le roi fut indigné et l'auroit fait mourir, dit Froissart, s'il l'eût eu en sa puissance. Mais ce seigneur se sauva, laissant sa femme et ses deux fils, Jean et Charles, exposés à tout le ressentiment de Philippe. Ce prince en effet les fit mettre en prison, où ils demeurèrent tant qu'il vécut : punition trop rigoureuse pour une faute qui ne leur étoit pas personnelle. *Le roi*, continue notre auteur, *en fut moult blâmé en derrière.*

Robert, fugitif de France, après avoir erré pendant quelques mois en Flandre et dans le Hainaut, passa à Londres, déguisé en marchand. Il s'y plaignit, avec cette éloquence qui lui étoit naturelle, des mauvais traitemens qu'il essuyoit de la part du monarque françois.

Il n'eut pas de peine à se concilier tous les esprits. Le roi d'Angleterre, qui sentit combien les talents et la valeur de Robert pourroient lui être utiles un jour, s'empressa de l'admettre à son conseil ; et, pour se l'attacher encore davantage, il lui donna le comté de Richemont. Il l'emmena avec lui au siége de Barvick, et ce fut durant ce siége que Robert, toujours animé du plus violent désir de se venger, s'efforça de prouver à Édouard la légitimité de ses droits sur la couronne de France ; il oublioit alors avec quel zèle et quel avantage il avoit soutenu autrefois le contraire dans l'assemblée des barons françois. Quoi qu'il en soit, il réussit à persuader au monarque anglois d'interrompre ses conquêtes, pour tourner ses armes contre la France. On peut donc regarder, à juste titre, Robert d'Artois comme le premier moteur de cette guerre sanglante qui s'alluma entre Philippe de Valois et Edouard : guerre à jamais mémorable, où les François donnèrent les preuves les plus éclatantes de leur amour pour leur roi, et de leur zèle à défendre une loi qui, depuis cette époque surtout, a toujours été regardée comme loi fondamentale de notre monarchie. Le comte d'Artois qui avoit été l'instigateur de cette guerre, en fut aussi un des acteurs les plus redoutables. Il accompagna le roi d'Angleterre dans toutes ses expéditions en France, et y signala son courage ; mais il périt, comme on l'a vu dans la vie de Mauny, avant d'avoir pu assouvir toute sa haine contre Philippe. Il mourut à Londres, en 1343, des blessures qu'il avoit reçues à la défense de la ville de Vannes, que les Bretons du parti de Charles de Blois reprirent cette année-là sur les Anglois. Édouard lui fit faire les plus magnifiques obsèques : son corps fut inhumé dans l'église de Saint-Paul. Robert joignoit la valeur à la courtoisie, mais jamais ame ne fut plus vindicative que la sienne. Il sacrifia tout à son ressentiment, sa famille, son roi, sa patrie. Quelqu'injuste que fût sa vengeance, son nom, son sang, les services qu'il avoit rendus à Philippe, sembloient la légitimer à ses yeux ; il se persuadoit qu'un prince dont il avoit épousé la sœur, et qui lui devoit sa couronne, n'étoit plus en droit de lui rien refuser; et s'il passoit pour un traître dans l'esprit de son roi, ce dernier lui paroissoit sans doute un ingrat; mais rien ne peut excuser sa fureur, et c'est à regret que la France met au nombre de ses ennemis les plus mortels cet illustre rejeton du sang de ses rois. Heureuse encore s'il étoit le seul de ses princes dont elle ait eu à déplorer la valeur !

(4) *Sans que Philippe le voie sur ses terres.* Philippe VI, dit de Valois, étant parvenu au trône selon l'esprit de la loi salique (Froissart, vol. I, c. 22), interprétée par les douze pairs de France et les barons du royaume, qui s'étoient assemblés à Paris après la mort de Charles-le-Bel, signala les commencements de son règne par une victoire complète qu'il remporta la même année de son couronnement, en 1338, sur les Flamands révoltés contre leur comte. Il avoit trop d'obligation aux grands vassaux de la couronne, parmi lesquels Louis, comte de

Flandre, tenoit un rang distingué, pour négliger les occasions de leur marquer sa reconnoissance en les défendant contre leurs sujets rebelles. Après cet acte éclatant de justice et de protection envers les soutiens de son trône, il songea à se faire rendre les hommages accoutumés par tous ceux qui lui en devoient à cause de leurs fiefs mouvants de sa couronne. Le roi d'Angleterre fut obligé, comme les autres grands vassaux de la couronne, de remplir ce devoir.

Philippe, jaloux d'établir le bon ordre dans tout son royaume, en faisoit la visite. « Il se partit de Paris, dit
» Froissart (ch. 28), en grand arroy, et le roi de Be-
» haigne (de Bohême) et le roi de Navarre en sa com-
» paignie, et foison de ducs, comtes et seigneurs (car
» il tenoit grand estat et noble, et faisoit grans livrées
» et grans dépens), et alla visiter son royaume parmi
» Bourgogne. » Il se rendit de-là à Avignon où le pape Jean XXII tenoit sa cour.

La fureur des croisades n'étoit point encore éteinte. Jean, se voyant entouré de ces trois monarques auxquels s'étoit joint aussi le roi d'Aragon, crut l'occasion favorable pour rallumer leur zèle en faveur des chrétiens persécutés en Asie. Il leur peignit les maux de toute espèce que les fidèles souffroient en Palestine pour la religion. Son éloquence, aussi animée que touchante, fit la plus forte impression sur les princes, et les remplit d'indignation contre les Sarrasins. Philippe de Valois demande la croix le premier au souverain pontife. Les rois de Bohême, de Navarre et d'Aragon en font autant. Leur exemple est imité de tous les princes et seigneurs qui les avoient suivis à Avignon; bientôt une nouvelle croisade est prêchée dans tous les royaumes catholiques, excepté en Angleterre où il s'en préparoit une autre bien différente contre la France; car dans le même temps que Philippe prenoit la croix à Avignon avec ses plus fidèles vassaux, Édouard et les siens se liguoient contre lui à Londres par les vœux fanatiques du Héron.

Le roi de France prit congé du Pape, et continua la visite de ses villes et châteaux, *dont il avoit sans nombre,* dit Froissart, *faisant petites journées et grandes dépenses.* Il prit sa route par Montpellier, traversa l'Auvergne, le Berri, la Beausse, le Gastinois, et se rendit à Paris. *Le royaume de France,* continue le même écrivain; *étoit à donc gras, dru, et plain, et les gens riches et puissants de grand avoir.* Quelle douce satisfaction pour les rois de parcourir leurs États quand ils sont assurés de n'y trouver que des sujets heureux!

Philippe ne fut pas long-temps sans être instruit de la terrible conspiration tramée contre lui. La guerre qu'il songeoit à porter en Asie n'eut pas lieu; mais les grands préparatifs qu'il avoit déjà faits à ce dessein ne lui furent pas inutiles : ils servirent à défendre son propre royaume. Ainsi Philippe ne fut pas pris au dépourvu, et quelque funeste qu'ait été la querelle que lui suscita le roi d'Angleterre, la France doit peut-être s'en applaudir, puisqu'elle lui épargna les malheurs d'une croisade.

Les deux rois rivaux se joignirent à *Vironfosse,* chacun à la tête de son armée. Tout ce que les deux nations ennemies avoient pu rassembler de plus braves combattants et de plus nobles chevaliers, se trouvoit réuni dans les deux camps. Tout sembloit annoncer la bataille la plus terrible et la plus sanglante qui se fût peut-être jamais donnée. On peut voir dans Froissart (chap. 42) de quels hommes les deux armées étoient composées. Il y avoit dans celle de France quatre rois, six dues, vingt-six comtes et plus de quatre mille chevaliers; elle étoit divisée en trois corps de quinze mille hommes d'armes et de vingt mille hommes de pied chacun. Celle d'Édouard n'étoit pas moins nombreuse. Mais ces deux formidables armées se séparèrent sans en venir aux mains, soit que les deux rois eussent horreur du sang qu'ils alloient répandre, soit qu'ils se craignissent également; peut-être aussi que la superstition qui avoit alors tant d'empire sur les esprits empêcha les François de livrer bataille aux Anglois. Il eût fallu la donner un vendredi, jour qu'ils regardoient comme malheureux pour leurs armes. De plus, Robert, roi de Sicile, qui passoit pour un grand astrologue, avoit fait courir dans l'armée françoise des lettres par lesquelles il prédisoit à Philippe une déroute certaine toutes les fois qu'il attaqueroit les Anglois lorsqu'ils seroient commandés par Édouard en personne. Le roi de France, n'écoutant que son courage et son ressentiment, eût passé sur ces considérations toujours méprisables pour l'homme qui pense, mais aussi toujours trop puissantes sur la multitude, si son conseil ne lui eût représenté vivement les suites funestes que pouvoit entraîner après elle la perte de la bataille. En effet, il risquoit sa couronne, et Édouard n'exposoit point la sienne. Ce dernier pouvoit être battu sans perdre un pouce de ses possessions au-delà de la mer. Il n'auroit pas sans doute refusé le combat si on le lui avoit présenté; mais il n'osa l'engager le premier, et Philippe, cédant aux avis de la prudence, jugea à propos de ne pas tenter la fortune. Il congédia son armée le lendemain, et le roi d'Angleterre rentra avec la sienne dans le Brabant, ce qui fit dire aux seigneurs françois, « qu'il

» conviendroit à Édouard faire moult de telles chevau-
» chées avant qu'il eût conquis le royaume de France. »
Ce ne fut pas en effet sous le règne de Philippe de Valois
que la France courut les plus grands risques, malgré les
fréquentes incursions des Anglois dans nos provinces,
et malgré la malheureuse bataille de Créci. J'ai rappelé
dans la vie de Mauny avec quel héroïsme les Calésiens
défendirent leur ville. Cet exemple seul auroit dû apprendre à Édouard qu'un roi qui avoit de pareils sujets
étoit presque invincible, et qu'on ne soumet jamais à un
nouveau joug des peuples dont les cœurs ne sont point
aigris par le mécontentement, ou flétris par la misère :
or, nous avons vu que du temps de Philippe VI l'ai-
sance régnoit dans tout le royaume.

(5) *Salisbery* (le comte de). Il avoit accompagné
Edouard III à Amiens en 1328, lorsque ce prince s'y
rendit pour faire à Philippe de Valois hommage des terres et comtés qu'il possédoit en France. Il ne fut pas un
des moins ardents à remplir son vœu pour la cause du
roi d'Angleterre.

Le comte de Salisbery portoit d'abord le nom de
Guillaume de Montaigu. Ce fut à cause de ses hauts faits
d'armes dans la guerre d'Écosse qu'Édouard le gratifia
du comté de Salisbery, dont il prit le nom. Il le maria
aussi à Catherine, fille de milord Granfton, originaire
de Bourgogne, l'une des plus belles femmes de son siècle ; et dont le roi d'Angleterre devint amoureux peu de
temps après, comme on l'a déjà remarqué.

Ce seigneur fut fait prisonnier, en 1339, avec le comte
de Suffolk, dans une entreprise que Jacquemart d'Artevelle tenta contre les habitants de Lille qui tenoient pour

le roi de France. Ces deux illustres guerriers furent envoyés à Philippe par la garnison de Lille qui s'étoit saisie d'eux. On les enferma au Châtelet de Paris, où ils demeurèrent jusqu'en 1341 (Froissart, liv. I, ch. 47 et 76), que le roi échangea le comte de Salisbery contre le comte de Moray, qui avoit été pris par les Anglois en Écosse. Froissart ne dit point ce que devint le comte de Suffolk.

(6) *Dont Godemar du Fay étoit depuis long-temps le gardien.*

Godemar du Fay, écuyer du Tournesis selon Froissart, et gentilhomme de Bourgogne selon le P. Daniel, étoit un officier distingué, en qui Philippe de Valois avoit la plus grande confiance. Il s'en montra toujours digne jusqu'au moment de l'affaire de la *Blanche-Taque*, dont je parlerai plus bas. Lorsque les deux armées campées à *Vironfosse* se furent retirées, le roi de France, qui prévoyoit les tentatives que les alliés ne manqueroient pas de faire sur celles des villes de Flandre qui étoient de sa domination, envoya Godemar à Tournai, non-seulement pour garder cette place, mais pour défendre aussi Lille et Douai, et en même temps il le déclara souverain capitaine et régent de tout le pays des environs. Du Fay remplit avec gloire cette commission honorable, qui ne pouvoit être que la récompense d'une fidélité à toute épreuve, d'une intelligence et d'une bravoure reconnues. Jamais Édouard ne put entamer le pays qui fut confié à du Fay. Ce dernier fit même des courses dans le Hainaut, où il alla prêter main forte aux troupes que Philippe y avoit envoyées pour châtier Jean de Beaumont. Après ces expéditions, il tomba plusieurs fois sur les Flamands, et leur causa des dommages considérables par les fréquents partis qu'il détachoit contre eux. Lorsque le roi d'Angleterre forma le dessein d'assiéger Tournai, du Fay s'y enferma, le pourvut d'armes, de soldats et de vivres, et, par sa longue et vigoureuse résistance, il donna le temps à Philippe de Valois de venir le secourir. Ce fut pendant le siége de cette place que se conclut la trève d'Arras, et du Fay eut l'honneur d'avoir sauvé Tournai. Après des preuves si éclatantes de zèle et de courage, le roi crut ne pouvoir agir plus sagement que de lui confier le passage important de la *Blanche-Taque;* c'étoit le seul endroit où l'armée d'Édouard pouvoit hasarder de traverser la Somme. En choisissant tout autre passage, elle se seroit exposée au danger presque évident de se faire tailler en pièces. Du Fay arriva à ce gué assez tôt et avec beaucoup plus de monde qu'il n'en falloit pour le garder; il avoit avec lui plus de douze mille hommes bien disposés à faire leur devoir. Il les rangea en ordre de bataille sur le bord de la rivière; mais soit que sa bravoure l'abandonnât en cette occasion, soit qu'il eût pris des engagements secrets avec l'ennemi, il ne se comporta pas comme on avoit lieu de l'attendre du conservateur de Tournai. Après une assez foible résistance, il lâcha honteusement le pied, et à son exemple tous ses gens prirent la fuite. La perte de ce poste fut de la plus funeste conséquence pour les François. Édouard se retrancha de l'autre côté de la Somme, y attendit Philippe et le défit complètement. Alors se vérifia malheureusement la prédiction du roi de Sicile, qui avoit annoncé au roi de France qu'il seroit battu s'il attaquoit Édouard en personne. Philippe fut tellement irrité contre Godemar du Fay, qu'il avoit résolu de le faire pendre comme un traître. Mais Jean de Hainaut apaisa la colère de ce prince en lui représentant que toute la fleur de la noblesse françoise même n'eût pas arrêté Édouard (Froissart, premier vol., chap. 43., 45, 47, 52 et 127).

(7) *Robert appelle ensuite le comte d'Erby.* La Guienne et la Gascogue furent les deux principaux théâtres où le comte d'Erby signala sa valeur, comme on l'a vu dans la vie de Mauny. Il étoit neveu du comte de Lancastre *au tort-col*, et cousin du roi d'Angleterre. Ce monarque donna en 1343 un tournoi à Vindsor, pour célébrer la fête de Saint-Georges. Quelques seigneurs gascons du parti des Anglois s'y rendirent pour prier ce prince d'envoyer de nouveaux renforts capables de garantir de l'attaque des François les places de leur province qui appartenoient à la couronne d'Angleterre, et qui étoient situées sur les frontières de la Guienne. Le comte d'Erby fut chargé par Édouard d'y mener une armée, ce qui fut exécuté avec la plus grande célérité. Le comte, débarqué en Guienne, ne se contenta pas de s'y tenir sur la défensive, il pénétra dans la Gascogne, et le nombre des places qu'il y soumit, malgré tous les efforts du comte de l'Isle, pour s'opposer à la rapidité de ses conquêtes, est incroyable ; mais le général anglois ne les garda pas long-temps. Philippe de Valois y envoya, en 1345, le duc de Normandie, son fils, qui les reprit presque toutes, à l'exception d'Aiguillon, dont il fut obligé de lever le siège pour voler au secours de la Normandie, où Édouard avoit fait une descente avec une nombreuse armée. Le dessein de ce prince avoit d'abord été de la conduire en

Gascogne, pour empêcher la prise de la forte place d'Aiguillon que les François pressoient vivement; mais les vents contraires ne lui permirent pas d'y aborder, et pour faire diversion, il se jeta sur la Normandie, par le conseil du perfide Geoffroy d'Harcourt, conseil qui ne fut que trop utile au roi d'Angleterre.

C'est ici naturellement le lieu de parler de Geoffroy d'Harcourt, quoique sa révolte contre la France n'ait éclaté qu'en 1345; il eut trop de part à la guerre funeste qui fut la suite du vœu du Héron, pour que je n'en fasse pas mention.

Geoffroy d'Harcourt, grand baron de Normandie, sire de Saint-Sauveur-le-Vicomte, et de plusieurs autres villes et seigneuries dans le Cotentin, tomba dans la disgrâce de Philippe de Valois; l'histoire ne dit pas pour quel sujet. Quoi qu'il en soit, il sortit du royaume, et se retira d'abord auprès du duc de Brabant, son cousin, qui tâcha en vain de le faire rentrer dans son devoir. Il passa ensuite en Angleterre, et, à l'exemple de Robert d'Artois, il alla offrir ses services à Édouard. Ce fut lui, comme on vient de le dire, qui engagea ce monarque à tomber sur la Normandie. Édouard partagea son armée en trois corps; Geoffroy d'Harcourt eut le commandement d'une de ces trois divisions. A la tête de cette troupe, il se rendit maître de la ville de Caen, et s'avança ensuite presque jusqu'aux portes de Paris, comme pour y braver son souverain; il défit un parti d'Amiénois qu'il rencontra, et se réunit à Édouard. Ce fut après sa jonction que se donna la bataille de Créci.

Son frère le comte d'Harcourt, gouverneur de Rouen, étoit dans l'armée de Philippe de Valois, et réparoit par sa fidélité et par sa bravoure le crime de ce rebelle. Il effaça de son sang la honte que son frère sembloit s'efforcer d'attacher à un nom si digne d'ailleurs de passer avec gloire à la postérité. Ce brave comte fut tué dans le combat. Il avoit été envoyé à Londres pour exiger d'Édouard l'hommage de la Guienne, tel que le roi de France le désiroit ; il s'étoit trouvé au camp de Vironfosse et au siége de Tournai, et avoit partout donné des preuves de son attachement à la France. Geoffroy d'Harcourt, son frère, continua à servir les ennemis de sa patrie jusqu'en 1356 qu'il fut tué à la bataille de Coutances en Normandie (Froissart, vol. I, c. 172). Si l'on en croit la Chronique de Saint-Denis, il quitta les Anglois après la bataille de Créci, et, par un généreux repentir, il vint se livrer à Philippe de Valois et implorer sa clémence. « En ce même an (1346), y est-il dit, » se présenta au roi de France monseigneur Geoffroy de » Harcourt, chevalier normand, la touaille mise au col » de ses propres mains, double, disant telles paroles : » J'ai été traistre envers le roi et le royaulme, si en re- » quiers miséricorde et paix ; laquelle miséricorde et » paix le roi lui ottroya de sa bénigne grâce. » Mais ce récit est formellement démenti par celui de Froissart.

(8) Louis de Nevers, comte de Flandre, eut le malheur d'être toute sa vie en guerre avec ses sujets. Il implora contre eux le secours de Philippe de Valois. Ce monarque remporta sur les rebelles une victoire complète à Cassel, et se rendit maître de cette ville malgré la bravade qu'ils avoient faite de mettre sur leurs remparts la figure d'un coq, avec ces mots :

Quand ce coq chanté aura,
Le roi Cassel conquerrera.

Leur capitaine, nommé Colin Dannequin, perdit la vie dans le combat. Ce châtiment les contint pendant quelque temps, mais ne les rendit pas plus affectionnés à leur comte. Ce n'est point par la force des armes qu'on ramène des cœurs aliénés. Les Flamands se révoltèrent de nouveau, et trouvèrent un chef plus redoutable que le premier dans la personne de Jacquemart Artevelle, brasseur de bière. Édouard, le fier Édouard, ne rougit pas de faire alliance avec ce rebelle ; ce fut même de lui qu'il reçut le titre stérile de roi de France qu'il porta toujours depuis, et dont ses successeurs sont encore de nos jours dans l'usage de se décorer. Le comte de Flandre eut besoin de toute la puissance de Philippe de Valois pour ne pas succomber, et mourut avant d'avoir réduit entièrement ses sujets. Il fut tué à la bataille de Créci, où il combattit vaillamment, et où il fit les plus grands efforts pour empêcher la déroute des François.

(9) Le comte Suffort, ou plutôt de Suffolck, étoit un des principaux seigneurs de l'armée qu'Édouard conduisit en France, après qu'il eut été forcé de lever le siége de Cambrai. Il n'eut pas le temps d'accomplir le vœu téméraire qu'il avoit fait contre le roi de Bohême. Il fut pris avec le comte de Salisbery par ceux des Flamands qui étoient restés fidèles au roi de France et à leur comte. Voici quelle en fut l'occasion.

Philippe de Valois, informé que les Flamands avoient fait hommage au roi d'Angleterre, et poussé la félonie jusqu'à lui décerner le titre de *roi de France*, employa d'abord la médiation du Pape auprès d'eux pour les faire revenir à leur devoir, et en même temps il leur fit faire les promesses les plus magnifiques; mais ils s'en moquèrent. Clément VI les excommunia et leur interdit tout service divin jusqu'à ce qu'ils fussent rentrés sous l'obéissance qu'ils devoient à leur prince. Cet anathême les effraya d'abord; mais Édouard, moins scrupuleux, les rassura en leur mandant qu'il repasseroit bientôt la mer, et leur amèneroit des prêtres tant qu'ils en voudroient pour leur chanter la messe, *voulsit le Pape ou non*, dit Froissart (vol. I, c. 47); *car il estoit bien privilégié de ce faire*. Philippe, voyant que les promesses et les menaces ne produisoient aucun effet sur les Flamands, reprit la voie des armes. Il les fit attaquer par les habitants de Tournai, de Lille et de Douai. Ces bourgeois, bien armés, font une excursion jusqu'aux portes de Courtrai, et ramènent chez eux un butin immense. Artevelle, qui faisoit sa résidence à Gand, instruit de cet acte d'hostilité, jure d'en tirer vengeance. Il assemble aussitôt une armée, et envoie prier les comtes de Suffolk et de Salisbery de venir se joindre à lui avec leurs troupes. Les deux comtes se mettent en marche, et, ne connoissant pas les chemins, ils prennent pour leur servir de guide un certain messire Vanflart de la Croix. Ceux de Lille, ayant appris qu'un détachement anglois devoit passer dans leur voisinage, sortent de leur ville, se mettent en embuscade et l'enlèvent. Vanflart avoit prédit aux deux comtes que cet accident leur arriveroit s'ils s'obstinoient à s'engager dans un défilé qu'ils voulurent absolument suivre pour arriver plus tôt au rendez-vous. Il les exhorta à revenir sur leurs pas; voyant

qu'il ne pouvoit rien gagner sur eux, il leur tint, suivant Froissart, ce langage : « Messeigneurs, vrai est que pour
» guide en ce voyage vous m'avez prins, et que tout cet
» hiver me suis tenu avec vous à Ypres, et de vous et de
» votre compaignie me loue grandement ; mais s'il ad-
» vient que ceux de Lille issent sur nous, n'ayez nulle
» fiance que je les doive attendre, mais me sauverai
» plutôt que je pourrai, car se j'étois prins par aucune
» adventure, ce seroit sur ma tête, que j'ai plus chère
» que votre compaignie. » Les deux généraux anglois rirent de cette naïveté et continuèrent leur route. Ils ne marchèrent pas long-temps sans se voir en effet environnés par un corps de plus de quinze cents Lillois, auxquels, malgré leur belle défense, ils furent obligés de se rendre. Leur guide tint parole ; il se sauva et les laissa se tirer d'affaire comme ils pourroient. Les Lillois envoyèrent leurs prisonniers à Philippe de Valois. Les deux comtes anglois furent mis dans les prisons du Châtelet, et on les échangea dans la suite contre des prisonniers françois. Ainsi se vérifia, en partie pour le comte de Suffolk, la menace que lui avoit faite Jean de Beaumont ; ce ne fut pas lui à la vérité qui l'exécuta, mais elle n'en eut pas moins son effet.

(10) Le roi de Bohême, que le comte de Suffolk se proposoit d'attaquer et de combattre corps à corps, se nommoit Jean, et étoit fils de l'empereur Henri VII, qui mourut en 1313. Il disputa la couronne impériale à Louis de Bavière qui l'emporta. Se sentant trop foible pour la lui enlever de vive force, il s'étoit retiré en France dans le dessein d'y attendre le moment favorable pour faire valoir ses droits. Il fut toujours étroitement attaché à Philippe de

Valois, et il l'aida de ses conseils et de son épée dans toutes les occasions. Il avoit assisté à la cérémonie de l'hommage que le roi d'Angleterre vint rendre à Amiens au monarque françois. Il s'étoit aussi trouvé à la cour des pairs lorsqu'ils s'assemblèrent pour prononcer contre Robert d'Artois l'arrêt qui le bannissoit du royaume. Il avoit accompagné Philippe à Avignon, et s'y étoit croisé avec lui : cette démarche, quoiqu'elle n'eût pas de suite, ne nuisit point à ses affaires auprès du Saint Père, qui prodigua les excommunications à Louis de Bavière; excommunications qui opérèrent, en 1346, et la déposition de Louis, et l'élévation de Charles, fils du roi de Bohême dont je parle, au trône impérial. Le roi de Bohême avoit marié sa fille Bonne de Luxembourg à Jean, duc de Normandie, fils de Philippe de Valois. Il étoit dans l'armée françoise à Vironfosse ; ce prince avoit déjà accompagné auparavant le roi de France à la fameuse bataille de Cassel, où il fit des prodiges de valeur. Enfin, pour donner une dernière preuve d'attachement à Philippe, il voulut, tout vieux et tout aveugle qu'il étoit, combattre encore pour lui à la malheureuse journée de Créci. « Vous êtes, dit-il aux seigneurs qui
» l'environnoient, mes compagnons et mes amis à la
» journée d'hui, je vous requiers que vous me menez si
» avant que je puisse férir un coup d'espée. » (Froissart, vol. I, ch. 130.) Ces braves chevaliers, pour ne pas perdre ce prince dans la mêlée, le mettent au milieu d'eux et attachent même son cheval aux leurs. Ils le conduisent si avant sur les Anglois, que non-seulement il
« férit un coup d'espée, voire plus de quatre, et se
» combattit moult vigoureusement, et aussi firent ceux
» de sa compaignie, et si avant si boutèrent, que tous

» y demourèrent et furent lendemain trouvés sur la place
» autour du roi, et tous leurs chevaux liés ensemble. »
Charles, fils du roi de Bohême, se trouva aussi à cette
bataille, et y reçut trois blessures, selon les historiens
étrangers; mais si l'on en croit Froissart, il se retira
quand il vit que la chose alloit mal pour les François.
Rien ne peint mieux la bravoure chevaleresque que le
trait du vieux roi de Bohême, qu'on vient de rapporter.

(11) Nos armées étoient jadis, comme aujourd'hui,
composées d'une espèce de cavalerie légère; mais cette
cavalerie n'observoit aucune discipline. Ceux qui s'enrôloient dans cette milice étoient pour l'ordinaire des
hommes sans ressources et accablés de dettes; un désespoir aveugle les précipitoit au milieu des combats. Ils
se donnoient un chef sous lequel ils vivoient indépendants de toute autre puissance. En temps de guerre ils
se vendoient aux princes qui les payoient le mieux :
aussi ne les ménageoit-on guère ; dans les batailles ils
étoient toujours placés aux endroits les plus périlleux ;
dans les marches ils alloient en avant et battoient la
campagne. Ces farouches guerriers répandoient partout
la terreur et la désolation, partout ils portoient le fer
et la flamme, et des traces de sang marquoient leur passage dans tous les lieux où ils dirigeoient leur marche.
En temps de paix ils vivoient de ce qu'ils enlevoient aux
gens de la campagne dont ils étoient perpétuellement le
fléau. Ils se répandoient tantôt dans une province et
tantôt dans une autre. Ils étoient continuellement en
armes, et s'honoroient du titre d'*aventuriers*.

C'étoit à la tête de pareilles troupes que se trouvoit le
sire de Fauquemont. Le vœu horrible qu'il fit sur le

Héron prouve qu'il étoit digne de les commander. Philippe de Valois s'étoit servi de ce partisan pour punir le duc de Brabant d'avoir donné retraite à Robert d'Artois. Fauquemont fit en effet essuyer à ce duc des pertes considérables par ses brigandages. Édouard, qui sentoit de quelle ressource ces aventuriers pouvoient lui être contre la France, se les attacha à force d'argent : ils entrèrent parfaitement dans ses vues.

Quoique Fauquemont ne possédât rien, ainsi qu'il le dit lui-même, et qu'il n'eût pour tout bien que la troupe qu'il commandoit, il falloit cependant qu'il fût d'une famille distinguée, puisque Froissart le qualifie toujours de *sire*, et qu'il traita en personne avec Édouard dans l'assemblée tenue à Malines en 1339; il paroît même qu'il y alloit de pair avec les princes de l'Empire. Il fut à la solde des Anglois jusqu'à la trève d'Arras, et s'étant joint au comte de Hainaut et à Jean de Beaumont, il porta avec eux le dégât dans la Thiérache et la Picardie. Il les aida à prendre la ville d'Aubenton et à forcer le duc de Normandie de lever le siége de Thun-l'Evêque. Mais depuis la trève d'Arras, conclue pendant le siége de Tournai, il n'est plus fait mention de cet aventurier dans les armées du roi d'Angleterre. Il se retira sans doute de son service pour aller exercer son métier ailleurs. On trouve dans *Petit-Jehan de Saintré*, t. II, p. 474, un sire de Fauquemont qui alla à une croisade en Prusse. Ce fut apparemment le même dont nous parlons, qui, selon la superstition de ces temps-là, voulut expier par une guerre sainte tous les excès que sa valeur avoit à se reprocher. Il ne faisoit qu'y mettre le comble.

(12) Ce seigneur étoit frère de Guillaume I, dit *le Bon*,

comte de Hainaut, qui mourut en 1337, dans le cours de ses négociations avec les princes de l'Empire, en faveur d'Édouard. Jean de Hainaut, désigné indifféremment par les historiens sous les noms de Jean, ou de sire de Beaumont, inspira à Guillaume II, son neveu, comte de Hainaut et de Hollande, les mêmes sentiments que Guillaume-le-Bon, son père, avoit eus pour le roi d'Angleterre. Jean de Beaumont étoit un des plus vaillants chevaliers de son temps. Il débuta dans la carrière des armes par un trait de hardiesse, capable seul de l'immortaliser : ce fut de reconduire en Angleterre Isabelle, femme d'Édouard II, que les violences de Hue-le-Dépensier, ministre et favori de ce prince, avoient forcée d'en sortir, accompagnée du jeune Édouard, son fils, et de quelques seigneurs anglois ; cette princesse infortunée n'avoit pas même trouvé auprès de Charles-le-Bel, son frère, l'appui qu'elle devoit naturellement en attendre. Après l'avoir gardée trois ans à sa cour, Charles vouloit qu'elle retournât auprès du roi son mari, sur la simple parole de ce prince. Mais elle connoissoit trop l'acharnement de ses ennemis contre elle, et la foiblesse d'Édouard II, pour se remettre entre leurs mains sans autre assurance. Jean de Hainaut, plus généreux que Charles-le-Bel, offrit de l'y reconduire à la tête d'une armée : ce qu'il exécuta avec tant de bravoure et d'intelligence, qu'il mit le roi et ses favoris à la discrétion d'Isabelle. Elle fit déposer son mari et couronner son fils Édouard III. Jean de Hainaut repassa la mer après cette glorieuse expédition. Peu de temps après il revint en Angleterre pour secourir le jeune monarque contre le roi d'Écosse qui lui avoit déclaré la guerre. Ce fut sans doute pour reconnoître tant et de si grands ser-

vices, qu'Édouard voulut épouser la nièce du sire de
Beaumont. Il n'est donc pas étonnant après cela de voir
ce seigneur se dévouer entièrement au roi d'Angleterre,
et protester, en faisant son serment sur le Héron, d'être
toujours le premier à attaquer ses ennemis. Quel que
fût son attachement pour Édouard, il paroît cependant
qu'il se seroit volontiers raccommodé avec Philippe de
Valois, dont il avoit encouru la disgrâce, peut-être
pour avoir fait la guerre au roi d'Écosse, allié de la
France, peut-être aussi pour avoir été trop favorable à
Robert d'Artois. Quoi qu'il en soit, il ne fut que trop
fidèle à son vœu. Il étoit en effet du premier corps de
bataille à l'armée du roi d'Angleterre, campée à Vironfosse, tandis que le comte de Hainaut servoit dans l'armée françoise ; ainsi on auroit vu l'oncle combattre
contre le neveu si l'action se fût engagée. Depuis cette
époque, Guillaume entra tout-à-fait dans le parti d'É-
douard, et Jean de Beaumont, son oncle, le seconda
avec beaucoup de chaleur dans toutes ses expéditions
contre la France. Jean de Hainaut demeura attaché à
l'Angleterre jusqu'à la mort de son neveu, qui fut tué
dans la guerre contre les Frisons. Philippe de Valois
chercha alors à le détacher des Anglois. Il connoissoit
sa valeur et le prix de ses talents militaires. Il n'auroit
pas dû, s'il eût été plus politique, différer si long-temps
à enlever à son ennemi un homme de ce mérite ; mais
quelquefois la France n'achète les héros qu'après qu'ils
lui ont fait tout le mal qu'ils ont pu, et lorsqu'ils ne sont
presque plus en état de lui être utiles. Philippe offrit à
Jean de Beaumont des avantages beaucoup plus considérables que ceux que lui faisoit Édouard : il les accepta
en 1345. Son bras, affoibli par l'âge et par les travaux,

n'étoit plus guère capable de se signaler dans les combats; aussi le roi ne l'attira-t-il auprès de lui que pour profiter de ses conseils. Jean de Beaumont donna encore des preuves de son ancienne bravoure à Blanche-Taque, où il tomba sur les Anglois qui passoient la Somme en cet endroit, et en prit ou en tua un grand nombre. Il se trouva aussi à la bataille de Créci, et combattit toujours à côté de Philippe de Valois qu'il n'abandonna point pendant toute l'action. Ce prince ayant eu son cheval tué sous lui, Jean de Beaumont lui donna le sien, et continua de combattre vaillamment tant qu'il y eut espérance de rétablir les affaires; mais voyant la déroute des François inévitable, et ce monarque qui n'avoit plus qu'une quarantaine de chevaliers autour de sa personne, en danger d'être pris, il lui conseilla de se retirer. « Sire, lui dit-il, retrayez-vous, ne vous per-
» dez mie si simplement; si vous avez perdu à cette
» fois, vous recouvrerez à une autre. » Aussitôt il prend le cheval du roi par la bride et l'entraîne hors du combat. Ainsi on peut dire que si la valeur de Jean de Beaumont fut dans un temps funeste à la France, la prudence de ce héros la sauva dans un autre. (Voyez Froissart, premier volume, chap. 9, 10, 11, 12, 13, 14, 15, 16, 17, 20, 29, 33, 39, 42, 45, 46, 50, 107, 108, 127, 130.)

Comme Jean III, duc de Brabant, a joué aussi un grand rôle dans cette guerre, je crois qu'il convient de le faire connoître en peu de mots.

Jean III, duc de Brabant, succéda à son père, Jean II, en 1312. Il n'avoit que seize ans. Il y eut pendant sa minorité, dans ses États, des soulèvements à la faveur desquels plusieurs villes étendirent leur liberté et leurs privilèges. Robert d'Artois s'étant réfugié auprès de ce seigneur, qui étoit son cousin, en fut très-bien accueilli;

Cette conduite du duc de Brabant envers le comte d'Artois, déplut fort à Philippe de Valois, qui, pour s'en venger, suscita contre lui le roi de Bohême, Jean de Luxembourg et plusieurs autres princes. Le duc de Brabant ne fut point alarmé des menaces de ses ennemis. Il fit toujours devant eux si bonne contenance, que jamais ils n'osèrent en venir aux mains avec lui. Philippe ne put s'empêcher d'admirer sa bravoure et sa fermeté. Il le fit venir à Compiègne, et voulut le réconcilier avec ceux qu'il avoit engagés à lui déclarer la guerre; et même il conclut avec lui un traité particulier. Cette réconciliation ne fut pas de longue durée. Le duc de Brabant se ligua peu de temps après avec Édouard. Il se laissa engager dans cette ligue par les sollicitations du comte de Hainaut et de Jean son frère, qui avoient eux-mêmes embrassé la cause du roi d'Angleterre. « Mais politique aussi
» habile que guerrier courageux, le duc de Brabant
» amusa long-temps les envoyés du roi d'Angleterre
» avant de se décider (voy. Art de vérifier les dates).
» Son cœur penchoit pour Édouard, mais son honneur
» et son intérêt le retenoient dans le parti de Philippe.
» Il avoit tout à craindre du ressentiment de ce prince,
» en violant la foi qu'il venoit de lui jurer. D'un autre
» côté toutes les forces d'Edouard et des princes ses
» alliés étoient déjà rassemblées sur les frontières de ses
» États; on pouvoit les envahir avant que la France eût
» le temps de lui prêter main-forte. On n'attendoit plus
» que sa déclaration pour agir. Il la donna en feignant
» de céder à la nécessité. Il envoyoit messages sur mes-
» sages à la cour de France, pour la rassurer sur sa con-
» duite avec le roi d'Angleterre; enfin il y fit demeurer
» le seigneur de Travehen, comme un otage et un garant

» de sa bonne foi. » Ce seigneur employa toutes les ressources de son éloquence pour tâcher d'excuser son maître, mais il ne convainquit personne. Le duc de Brabant démentoit par ses actions les discours de son ministre qui en mourut de dépit. En effet le duc alla se joindre à l'armée anglo-impériale qui faisoit le siége de Cambrai; il commandoit le second corps de bataille à l'armée d'Édouard à Vironfosse, il fut au siége de Tournai. En un mot il servit les Anglois comme leur allié le plus fidèle.

Ce prince mourut le 5 décembre de l'année 1355, à l'âge de cinquante-neuf ans. Son corps fut porté à l'abbaye de Villiers.

(13) C'étoit Philippe, fille de Guillaume-le-Bon, comte de Hainaut, et de Jeanne de Valois, sœur du roi de France. Si on jugeoit du caractère de cette princesse par les expressions dont elle se servit en faisant son vœu sur le héron, on ne pourroit s'empêcher de la regarder comme une femme cruelle et barbare. Mais quand on considère quel étoit l'esprit de l'ancienne Chevalerie, et l'espèce de fanatisme qu'il inspiroit à tous ceux qui s'y livroient, on est disposé à penser d'elle plus favorablement. Ces expressions ne furent peut-être que l'effet du trouble dont son ame étoit violemment agitée, en voyant la malheureuse nécessité où l'on mettoit son mari de prendre les armes contre un oncle qu'elle ne pouvoit ni ne devoit haïr. Peut-être aussi lui furent-elles dictées par la politique, afin d'éloigner d'elle les soupçons que sa qualité de nièce du roi de France auroit pu faire naître. Elle avoit certainement l'ame sensible; les représentations vives et touchantes qu'elle fit au roi Édouard son mari, en faveur des

citoyens de Calais qui s'étoient généreusement dévoués
à la mort pour sauver leurs compatriotes, en sont une
preuve éclatante.

Quoi qu'il en soit, elle passa en effet la mer et se rendit
en Flandre avant que l'année 1338 fût révolue. Édouard
l'y avoit précédée, et il venoit de terminer heureusement ses négociations avec les princes de l'Empire,
quand elle arriva. Elle établit d'abord sa cour à Louvain,
puis à Anvers où elle accoucha de l'enfant sur lequel
elle avoit osé faire ces imprécations dont il est parlé dans
le *Vœu du Héron*.

Cette princesse doit être mise au rang des reines qui
ont honoré davantage le trône d'Angleterre; elle eut
non-seulement les vertus propres à son sexe, mais encore
ces qualités brillantes qui excitent l'admiration, et que
la renommée se plaît à célébrer. On se rappelle qu'elle
soutint avec gloire la guerre en Écosse, et qu'elle déploya dans cette expédition tous les talents du capitaine
le plus expérimenté au métier des armes.

Presque toujours dans les camps, cette reine goûta
peu ces agréments, ces douceurs de la vie, qui sont
l'apanage ordinaire des épouses des rois. Souvent elle
partagea avec son mari les travaux et les dangers de la
guerre, et rarement put-elle partager avec lui la joie de
ses triomphes, ou du moins cette joie ne dut jamais être
bien pure pour elle, puisque les succès de son mari faisoient le malheur de son oncle. L'attachement d'Édouard
pour la belle comtesse de Salisbery, ses assiduités auprès
de cet objet de ses complaisances, durent verser dans
son cœur beaucoup d'amertume, et répandre la tristesse
sur ses derniers jours. Cependant il paroît que le roi son
époux la traita toujours avec des égards. Il lui avoit

donné souvent des marques de sa tendresse; douze enfants dont il la rendit mère, en furent la preuve et le fruit. On assure même qu'il la regretta beaucoup lorsqu'elle mourut. La mort de cette princesse arriva le 16 août 1369.

TEXTE

DU POËME

DU VŒU DU HÉRON[*].

Ens el mois de setembre, qu'estés va à declin,
Que cil oisillon gay ont perdu lou latin [1],
Et si sekent [2] les vignes, et meurent [3] li rosin,
Et despoillent li arbre, et cœuvrent li chemin ;
L'an M. CCC. XXXVIII ; ainsi le vous affi,
Fu Édouars à Londres, en son palais marbrin ;
Avecques lui séoient duc, conte, et palasin,
Et dames, et pucheles, et maint autre méchin [4].

---

[*] Nous avons cru qu'en faveur des amateurs du vieux langage, il étoit convenable d'ajouter aux notes qu'on vient de lire, le texte du Poëme du Vœu du Héron. Cette pièce est conservée en manuscrit dans la bibliothèque de Berne, n° 323, entre la Chronique de Guillaume de Nangis et la Chronique de Flandre ; je dois à M. Sinner, bibliothécaire de Berne, la connoissance et la communication de ce monument de l'ancienne Chevalerie. Pour en faciliter l'intelligence, j'ai rendu en françois plus moderne les mots qui m'ont paru pouvoir embarrasser quelquefois le lecteur. (Le texte de ce poème a été de nouveau collationné sur l'original.)

[1] Leur langage, jargon. — [2] Sèchent. — [3] Mûrissent. — [4] Jeunes gens.

Édouart, Loéys [1] l'apèlent si voisin;
Li rois séoit à table, sans penser mal engin;
En pensées d'amours, tenant le chef enclin;
Du gentil roi de Franche s'apeloit-il cousin,
Et le tint en chiertée [2], com son loiel voisin :
Envers li ne pensoit bataille, ne hustin [3];
Mais quant fortune tourne, ensi com je devin [4],
Tost movent ces paroles dont il aist grant venin :
Ensi en avint-il, en che propre termin,
Par un gentil vassal, qui étoit de grant lin [5] :
Robers d'Artois ot non, ce dient palasin :
Chil [6] comencha la guerre, et l'orible hustin,
Dont meint bon chevalier fu jeté mort souvin [7],
Mainte dame en fu vesve, et main povre orfelin,
Et maint bon maronier acourchiet son termin [8],
Et mainte preude femme mise à divers destin,
Et tante belle église fu arse, et mise à fin;
Et encore sera, se Jhesus n'i met fin.

Signour, à ichel temps de coy je vous devis,
Quant li airs se reffroide, apprès le douch tamps prin [9],
Et nature esvoisie [10] dékiét [11] de ses délis [12],
Et chil bos [13] se deffoeillent, et prés sont défflouris;
Fu Édouars à Londres, avec lui ses marchis;
Moult y ot asanlé [14] de gens de son pays.
Là fu Robers d'Artois, un hons de moult grant pris :
Bannis estoit de Franche, le nobile pays,
Escachiés [15] de la terre roi Philippe, o cler vis [16];

1 Roi de France. — 2 Amitié. — 3 Débat, démêlé. — 4 Je pense, j'imagine. — 5 Lignage. — 6 Celui-là. — 7 Renversé. — 8 Abrégea sa vie. — 9 Printemps. — 10 Joyeuse. — 11 Déchoit. — 12 Plaisirs. — 13 Bois. — 14 Assemblée. — 15 Chasse. — 16 Visage.

Et n'osoit demourer de cha mer, ou païs,
N'en Flandres, n'en Namur, n'en Auvergne autressi,
Et li falirent tout, et parens, et amis,
Pour l'amour du bon roy qui tenoit Saint-Denis [1],
Fors le roi d'Engleterre, dont bien fu recoeillis;
Chieux [2] le print à tenser [3] contre ses anemis :
Moult le tint en chierté, qu'il estoit ses amis,
Extrait de son lignage, de per les fleurs de lis :
Che jour, estoit à Londres, quens Robers li marchis,
Et d'aler en gibier envie l'ot souspris,
Pour ce qu'il li souvint du très gentil païs
De Franche l'alosée [4], dont il estoit ravis [5].
Che jour, ala voler par camps, et par larris [6].
Un petit faucon porte, qui de lui fu nourris :
Un faucon muskadin [7], l'apellent où païs,
Tant vola par rivière qu'il a un Héron pris;
Si tôt com il le prinst, si li rougi li vis,
Et dist qu'il le donra Édouart Loéys,
S'en fera faire veus à chiaux de son païs :
A Londres s'en repaire, avec lui ses soubgis.
En la quisine [8] entra, là fu li Hairons mis,
Et là fu-il moult bien, et plumés et farsis,
Et si fu quis [9] en rost, ensi com si devis.
Entre deux plats d'argent fut li Hairons assis;
Deux maîtres de viéle a quens Robers saisis,
Avoec un Quistreneus [10], accordant par devis [11];
Deux Puchelles apele, filles de deux Marchis;
Le Hairon aportèrent ens où palais vautis [12] :

---

1 La France. — 2 Celui-ci. — 3 Défendre, protéger. — 4 Louée.
— 5 Privé, banni. — 6 Friches, landes. — 7 Emouchet. — 8 Cuisine. — 9 Cuit. — 10 Joueur de guitare. — 11 A souhait. — 12 Voûté.

Les deux Puchelles cantent aussi com par devis [1],
Et chil Robers s'escrie hautement, à haut cris,
Voidiés les rens [2], voidiés, mauvaise gens salis,
Laissiés passer les preus cui amours ont souspris :
Véchi viande as Preux, à chiaux qui sont soubgis
As dames amoureuses, qui tant ont cler le vis.
Seigneur, j'ai un Hairon que mes faucons a pris,
Et chi ne doit mangier nuls coüars, ce m'est vis ;
Fors li preu amoureus, qui d'amours sont garnis ;
Le plus coüart oysel ay prinst, ce m'est avis,
Qui soit de tous les autres, de che soit chescuns fis,
Car li Hairons est tels, de nature, toudis [3] ;
Si tost qu'il voit son umbre, il est tous estordis :
Tant fort s'escrie, et brait, com s'il fut à mort mis.
A li dovent vouver les gens de cest païs,
Et puis que coüars est, je dis à mon avis,
C'au plus coüart qui soit, ne qui oncques fust vis,
Donerai le Hairon ; ch'est Edouart Loéis :
Deshiretés de Franche le nobile païs,
Qu'il en estoit drois hoirs ; mes cuers li est falis,
Et, por sa lasquethé [4] en morra dessaisis :
S'en dois bien au Hairon voer le sien avis [5].
Et quant li roys l'entent, tous li rousi [6] li vis,
D'ire, et de mal-talent, li est li coers frémis,
Et dist, puisque coüars est par devant moi mis,
Drois est que mieux en vaille, j'en dirai mon avis.
Et s'en verrai le fait, se longuement je vis,
Où je moray en painne de mon vœu accomplis,
Car je veu et prometh à Dieu de Paradis,

---

1 Accord. — 2 Ouvrez les rangs. — 3 Toujours. — 4 Lâcheté.
5 Pensée. — 6 Rougit.

Et à sa douche mère, de qui il fu nourris,
Que, ains que chix [1] ans soit passés, ne acomplis,
Que je deffierai le roy de Saint Denys [2],
Et passerai la mer, avec moi mes subgis ;
Et droit permi Heinau, passerai Cambresis,
Et dedans Vermendois logerai, par devis [3],
Et s'ert li fus [4] boutés par trestout le païs,
Et là atenderay mes morteus anemis,
Ch'est Philype de Valois qui porte fleur de lis,
Un mois trestout entier, tant qu'il soit acomplis :
Et s'il vient contre moi, avec lui ses subgis,
A lui me combatrai ; de chés [5] soit-il tous fis.
Se seulement n'airoie que un home contre dix :
Me cuide il dont tolir, me terre et mon païs ;
Se je li fis hommage, de coy je suis souspris,
J'estoie jovene d'ans, se ne vaut deux espis.
Je le jure, com rois, Saint-Jorge et Saint-Denis,
Que, puis le tamps Ector, Acilles, ne Paris,
Ne le roy Alexandre, qui conquist maint païs,
Ne sist [6] tel treu [7] en Franche, Damoisiaux, ne Marchis,
Que je le pense à faire, ains l'an XLVI [8],
S'en contre moi ne vient, avec lui ses subgis ;
Mès à li je renonche sois en cherteins [9], et fis,
Car je le guerreray, et en fais et en dis :
Avecque mon serment, ay je che veu pourprins [10],
Et quant Robert l'entent s'en a jeté un ris,
Et dist, tout en basset, or ai-je men avis [11] ;
Quant, par ichel Hairon, que aujourdevoi ay prins,

---

1 Six. — 2 Le roi de France. — 3 Choix. — 4 Feu — 5 Cela.
— 6 Imposer. — 7 Tribut, rançon. — 8 1346. — 9 Certain et
assuré. — 10 Entrepris, embrassé. — 11 Vœu, désir, intention.

Commenchera grant guerre, selonc le mien avis,
Je dois bien avoir joie, par Dieu de Paradis;
Car à tort du boin roi fuis sevrés, et partis,
Et banis fui de Franche, le nobile païs;
Et desevrés, à Noel, de tous mes boins amis;
Et s'estoit mes serouges ¹; et s'a ma femme prins,
Ma fille et mes enfans, et en sa prison mis;
Mès, par la foy que je doy à filles, et à fix,
Ains que muire de mort, si plaist à Jhesu-Crist,
Me logeray en Franche, car jou i ai des amis;
De l'estracion ² sui Monseigneur Saint Loys,
La vesrai-je Philipe qui crie Saint-Denys
Montjoie, au roi de Franche, qui est fors poestis
Du tamps qu'i fu régens de Franche, et récessis ³
De son conseil fu; de che soiés tous fis ⁴;
Loiaument, en tout tamps, le consilláy toudis,
Dont mauvais guerredon m'en a été méris ⁵,
Mès, par icheli Dieu qui en la crois fu mis,
Et férus de la lanche du chevalier Longis,
Je m'en irai en Franche, n'en suis mie esbahis ⁶;
Et si me combatrai, ains que soie partis:
Or, aviegne qu'aviegne, si l'ai ainsi empris.
Se je vis longuement mes veux est acomplis.
Quant chil Robert d'Artois ot voé son talent,
Les deux plas a reprins, qui tout furent d'argent,
Et le Hairon dedens, dont au roy fist présent;
Et li dois ⁷ Menestrel vièlent douchement,
Avoec le Guistreneu s'acordent ingaument ⁸,

---

1 Beau-frère. — 2 Race, extraction. — 3 Saisi. — 4 Certain, assuré. — 5 Rendu, payé. — 6 Effrayé. — 7 Deux. — 8 Egalement.

Et lès les deux pucheles contoient[1] douchement :
Je vois à la verdure, car amours le m'aprent.
La péusiés véoir moult esvoisiement[2]
De gieu, et de solas grant esbaudissement.
Qui puis se di[3] tourna à grant encombrement[4],
Et encore fera, se Dieux pité n'en prent.
Et chil Robert d'Artois n'i fist arrestement ;
La table tréssali[5] tost, et apertement :
Au conte Salebrin ala premièrement,
Qui sist[6] dalès[7] sa mie, où grant amours apent[8],
Qui fu gente et courtoise, de biau conténement[9],
Fille au conte d'Erbi, qui l'aimoit loïalement :
Et Robert li a dist moult gracieusement :
Biaux sire, vous qui estes plains de grant hardement,
El nom de Jhesu-Crist, à qui li mondes apent[10],
Voués à no Hairon le droit dévouemens[11],
Sans faire nul délay, je vous prie humblement.
Et chieux[12] li répondis ; et pour coy ? Ne comment ?
Porroie aventurer men cors si hautement ?
Que peusse akiever nul veu parfaitement ;
Car je sers la puchelle qui soit au firmament[13],
Selonc che que j'ay[14], et amours le m'aprent,
Se le Virge Marie estoit chi en présent,
Osté[15] la déité de li tant seulement,
Je ne saroie faire des deux descinrement[16] ;
D'amours li ay requis, mais elle se deffent ;

---

1 Chantoient. — 2 Joyeusement ou joie. — 3 Depuis ce jour. —
4 Adversité. — 5 Traverse. — 6 Assis. — 7 Auprès. — 8 Convient,
appartient. — 9 Maintien, contenance. — 10 Dépend ou appartient.
— 11 Vœu. — 12 Celui-ci. — 13 La plus belle. — 14 Je sais. —
15 Excepté. — 16 Séparation, distinction.

Mais gracieux espoirs me donne entendement,
Qu'encore aray merchi, se je vis longuement :
Si pri à la pucelle, de ceur dévotement,
Qu'elle me preste un doit de se main seulement,
Et methe sur mon œil destre parfaitement.
Par foy, dist la pucelle, moult feroit laskement¹
Dame qui son amant rekiert parfaitement
La forche de son cors avoir entièrement,
Se d'un doit atoukier faisoit refusement,
Et l'en presteray deux, ainsi l'ai en convent ².
Les deux dois, sur l'œil destre, li mist isnelement ³
Et se li a clos l'œil, et fremé ⁴ fermement.
Et chix ⁵ a demandé moult gracieusement :
Bele, est-il bien clos ? Oyl certainement.
A dont dist, de le bouche, du ceur le pensement;
Et je veu, et prometh à Dieu omnipotent,
Et à sa douche mère, que de beauté resplent ⁶,
Qu'il n'est jamais ouvers, pour ore ⁷, ne pour vent,
Pour mal, ne pour martire, ne pour encombrement ⁸,
Si seray dedans Franche, où il a bonne gent,
Et si aray le fu ⁹ bouté entièrement,
Et serai combatus à grand efforchement,
Contre les gens Philype, qui tant a hardement ;
Je ne sui en bataille prins, par boin ensient ¹⁰,
Bien li ederai à acomplir sont talent ¹¹ :
Or aviegne qu'aviegne, car il n'est autrement.
Adonc osta son doit la puchelle au cors gent,

1 Lâchement. — 2 Je le promets. — 3 Promptement. — 4 Fermé. — 5 Celui-ci. — 6 Brille. — 7 Temps, heure. — 8 Empêchement. — 9 Feu. — 10 A bon escient, savoir ou certitude. — 11 Edouard aiderai.

SUR L'ANCIENNE CHEVALERIE.

Et li iex [1] clos demeure, si ques virent le gent,
Et quand Robert l'entent, moult de joie l'enprent.
Quant li quens Salebrin ot voué son avis [2],
Et demoura l'œil clos en la guerre toudis.
Li bers [3] Robers d'Artois ne s'est mie alentis [4].
La puchelle apella fille au conte d'Erbi :
Damoiselle, dist-il, ou nom de Jhesu-Crist,
Car voés au Hairon le droit [5] de chest païs.
Sire, dist la puchelle, tout à vostre devis [6],
Car je veu, et prometh à Dieu de Paradis,
Que je n'arai mari pour homme qui soit vis,
Pour duc, conte, ne princhedomaine, ne marchis,
Devant que chieux vassal aura tous acomplis
Le veu que, pour m'amour, a si haut entrepris ;
Et quant il revenra, s'il en escape vis,
Le mein cors [7] li otroie, de bon coer à toudis [8].
Quant li vassaux l'entent, li coers li est souspris ;
S'en fu en son ceur plus liés [9] et plus hardis.
Quant la gentix pucelle ot faite sa pensée,
De sen ami servir, car ensi li agrée,
Li quens Robers d'Artois ni a fait demourée ;
Les plats d'argent reprent, li portères [10] li agrée,
Car serment se penoit en coer, et en pensée
De dire tel parole dont Franche fut grevée ;
Pour che qu'il ot perdu la nobile contrée,
Le païs agensi [11], dont fort li desagrée [12] ;
A Wautier de Mauny a dite sa pensée ;

---

1 OEil. — 2 Souhait ou dessein. — 3 Brave. — 4 Retardé. —
5 Le bon droit qu'avoit l'Anglois sur la couronne de France. —
6 Plaisir, volonté. — 7 Ma personne. — 8 Toujours. — 9 Plus
gai. — 10 L'action de porter. — 11 Paré, joli. — 12 Déplaît.

Sire, ce dist Robert, s'il vous plaist et agrée,
Voués à no Hairon vo plaisanche honnorée.
Et Wautiers respondi m'i a mestier chelée [1],
Ne say faire voauche [2] qui puist estre akievée [3];
Mais pour chou que chi voi une gent honorée,
Vaurai esprouver que mes honneurs soit gardée;
Car je veu, et prometh à la vierge honnerée,
Qui porta cheli Dieu qui fist chil [4] et rousée [5],
Qu'en une bonne ville, qui est de tours fremée,
Et de palus enclose, de tours avironnée,
Godemars du Fay l'a longuement gardée;
Mais, par le screment dont j'ai fait le vouée [6],
Gi bouterai le fu ens une matinée,
Et sera de par moi celle ville gastée,
Et ochise la gent gisant geule bée,
Et si m'en partirai, en ichelle journée,
Tous sains, et tous haitiés que ma char n'est navrée,
Ne ma gent, qu'avec moy est par dedans entrée :
Or me doinst Dieux pooir d'acomplir ma pensée.
Et quant Robert l'entent, moult forment li agrée,
Et dist fors [7] est la cose, s'ensi estoit passée;
Mains preudons en morra, ains ke soit akievée.
Quant Wautiers de Magny ot le sien veu voué,
Robers cheli d'Artois, dont j'ai devant parlé,
A reprins les deux plats, si les a relevés,
Et les trois menestreus ont leurs cordes tiré,
Et les deux pucelles ont en haut escrié;
Loyaux amours nous mainent, qui nous ont encanté.
Le preu conte d'Erby a li quens [8] apelé,

---

[1] Silence. — [2] Vœu. — [3] Achevée. — [4] Ciel. — [5] Rosée. — [6] Vœu. — [7] Difficile. — [8] Comte.

Et li proie pour Dieu, et pour la Trinité,
Que il veue au Hairon son voloir, et son gré :
Et li Quens respondi, par grant humilité :
Robert, je le ferai à votre volenté ;
Et je veue, et prometh, et si iert akievé,
Que, se li rois englès nous a de-là mené,
En la terre de Franche, dont on a tant parlé,
Que encontre un fort conte, que on a tant redouté,
Ch'est Loeys de Flandres, ainsi l'ont apellé
Le mainie Philype de Valois le menbré
Qui se fait roi de Franche, mès c'est contre le gré
Le bon roi Édouart, qui tant a de fierté :
Si m'aït sains Thomas, j'ai en mon ceur voué,
Tant cherqueray le conte, que je l'arai trouvé :
Demanderay lui jouste, s'il a le ceur osé,
Et s'il ne vient à mi, par très-grand poesté,
Par le foy que je doy Édouart le menbré,
Que si très-près de lui aray le fu bouté,
Que bien sera par lui véu, et esgardé.
Or aviegne qu'aviegne, je l'ai ensi voué.
Et quant Robert l'entent, forment[1] li vint à gré,
Et dist, si faite guerre me seroit amisté ;
Encore venta li termes, se Dieux l'a destiné,
Que mi enfans seront de prison delivré,
Et si porai bien nuire chiaux qui tant m'ont grevé.
Quant chiex Robert d'Artois ot dit chou qu'il pensa,
Les deux plas a reprins, et si les releva ;
Au comte de Souffort s'en vint, et dit li a :
Biaux sires, vous qui estes des Anglès per-delà,
Voés à no Hairon, et Diex vous aidera :

[1] Fortement.

MÉMOIRES

Et li quens respondi, ne vous en faurai jà,
Car je veu et prometh, et mes cors [1] le tenra
Que, si li rois englès nous amene de là,
En la terre de Franche, où maint chevalier a,
Que chertes le mien cors à toujours cachera [2]
Le fils d'un empereur, où moult de bonté a,
Ch'est le roi de Behaigne, ne sai s'il i venra [3];
Mès se mon cors l'encontre, par Dieu jà n'i faura
Qu'il n'ait bataille à mi; mon cors desiré là,
Ou de glaive [4], ou d'espée, si qu'il le sentira;
Si que il proprement à terre versera,
Et s'arai son keval, ne sais s'il me dohra [5].
Or aviegne qu'aviegne, tout ainsi en sera.
Quant Jehans l'entendit, chil qui Biaumont garda,
Par grant ire de ceur, moult fort en souspira;
Et sachiés de certain que forment l'en pesa,
Et dist outrageux veus vostre coer voué a;
Car jou qui suis parens au bon roy qui tant a
Conkis en grant noblesse, et encore fera,
S'il me het, et je l'aime, et il est par-delà,
Ne li faurai-je [6] mie, quant li besoins sera,
Que par icel seigneur qui le monde estora,
Qui nasqui de la virge, quent l'estole leva,
Je vous renderai prins, ne vous en faurai jà :
Li fors roys de Behaigne en prison vous tenra
Qui qu'en poist, ne qui non, autrement n'en ira.
Dist li quens de Souffort, or soit sans courouchier,
Amours, et hardemens, et li grant désirier
Que nous avons de Franche la terre calengier [7]

[1] Ma personne, moi. — [2] Cherchera, chassera. — [3] Viendra.
— [4] Lance. — [5] Donnera. — [6] Manquerai. — [7] Disputer, demander.

Nous en fait le grand fais enprendre, et enkerkier [1].
Chil amant par amours se doivent efforchier,
Car qui par amours aimme, il se doit avanchier ;
En parole, ou en fait, on se doit efforchier ;
Chescuns le fera bien, s'il vient à l'aprochier ;
Mais li plus fort sera du retourner arrier.
Li quens Robert d'Artois ne si vault atergier,
Il fait les menestreux de viéle efforchier [2],
Et ces dames danser, pour le proie [3] essauchier.
Les deux plas a reprins, et le Hairon arier [4].
Jehan de Faukemont emprent à arrainnier [5] ;
Li bers [6] Robers d'Artois, ni vaut plus areslcr ;
Jehan de Faukemont enpreht [7] à apeler ;
Et vous, Sire, qu'en guerre vous faites si douter,
Or voués au Hairon le droit d'aventurer [8] :
Et chil a répondu, je ne dois m'en mesler
De veu de promesse ; car je n'ai que donner;
Car je suis povres hons, si ne m'en voel mesler ;
Mais, pour l'amour de vous, et pour mes honneurs garder,
Je veu, et je prometh, et le voel affier,
Que, se li rois englois passoit delà la mer,
Et permi Cambresis voloit en Franche entrer,
Que j'iroie le fer par devant li bouter,
Et si n'espargneroie, ne moustier, ne autel,
Femme grosse, n'enfant que je peusse trouver,
Ne parent, ne amis, tant me peust-il amer,
Pour tant que il vausist roy Édouart grever;

1 Chercher. — 2 Renforcer, augmenter de son. — 3 Prise. — 4 Derechef. — 5 Parler, interpeller, adresser la parole. — 6 Brave. — 7 Entreprend, commence. — 8 Risquer, hasarder, chercher les aventures.

Por son veu acomplir, vorray mon cors pener.
Or aviegne qu'aviegne, ji voel aventurer.
Et dist li uns à l'autre, tès bons fait à amer
Qui l'onneur son seigneur voelt croistre, et amonter.
Li quens Robers d'Artois ne va plus atargant,
Les plas d'argent reprent, qui sont fort et pesant,
Et les deux Pucelles s'aloient escriant :
Loyaus amours nous mainent, qui nous vont encanter.
Robers a apellé un chevalier vaillant,
Che fu Jehan de Biaumont, un prinche conquérant,
Oncles au gentil conte de Henau le poissant :
Lors li a dit Robert moult gracieusement :
Voués au Hairon, sire, je vous envois priant.
Dist Jehan de Biaumont, Sire, à votre talent,
Mès de tant de paroles me vois moult merveillant,
Vantise ne vaut nient qui n'a achiévement [1] ;
Quant nous sommes en taverne, de ches fors vins boevant,
Et ches dames delés [2] qui nous vont regardant,
A ches gorgues polies, ches colières [3] tirant,
OEil vair, resplendissant de beauté, souriant,
Nature nous semont d'avoir ceur désirant,
De contendre, à le fin de merchi atendant ;
Adonc conquérons-nous Yaumont et Aguilant,
Et li autre conquirent Olivier et Rolant;
Mais quand sommes as camps, sur nos destriers courans,
Nos escus à nos cols, et nos lanches baissans,
Et le frodure grande nous va tous engelans,
Li membre nous effendent [4], et derrière, et devant,

---

1 Accomplissement, effet. — 2 Lorgnant de côté. — 3 Collerettes, guimpes. — 4 Mot que je n'entends pas ; peut-être signifie-t-il frémissent, ou sont morfondus.

Et nous ¹ ennemis sont envers nous approchant,
Adonc vauriémes ² estre en un chelier ³ si grant,
Que jamais ne faissions véu, ne tant ne quant ⁴ :
De si faite vantise ne donroie un besant.
Je ne dis pas pour cause ⁵ que me voise escusant,
Car je veu et prometh, au vrai cors Saint-Amant,
Que se li rois englés voloit faire aïtant,
Qu'il entrat en Hainau, et passa en Brenbant,
Et parmi Cambresis, allat en Franche entrant,
Son marisal ⁶ seroie de son ost conduissant,
Pour guerroier en Franche le riche roi poissant,
Que je ne li faurai, pour nul homme vivant,
Et en tous ses besoingues serai toudis ⁷ devant,
Pour tant ⁸ perdrai ma terre, et quanques j'ai vaillant ;
Mès se li roi de Franche voloit faire aïtant,
Que, de sa volonté, il me fust rapellant ⁹
En Franche, dont bannis sui, pour mon ensiant ¹⁰,
D'Edouart partiroie, par Dieu le tout puissant,
Isi honestement que nus, petit ne grant,
Ne me poroit monstrer que fuisse meffaisant,
Ne, par traïson nulle, je li fuisse grevant ;
Et, se che ne veut faire, j'ai Dieu en convenant ¹¹,
Qu'au boin roy Édouart serai toudis aidant,
Et parmis cette guerre serai la gent menant.
Et quant li rois l'entent, se l'en va merchiant.
Quant Jehan de Beaumont ot dit ce qu'il pensa,
Robert, celi d'Artois, gaires ne demoura ;

---

1 Nos. — 2 Voudrions. — 3 Cellier à vin. — 4 Ni peu, ni beaucoup, point du tout. — 5 Pour m'excuser. — 6 Maréchal. — 7 Toujours. — 8 Quoique. — 9 Révoquant. — 10 Comme je le sais. — 11 Promis.

Les deux plas a reprins, et si les releva,
Et les trois ménestrels il mie n'oublia :
Les deux pucelles cantent, chescuns une emmena.
Per devant la roïne, Robers s'agenouilla,
Et dist que le Hairon par tems départira [1],
Mès que [2] chou ait voué que le [3] ceur li dira.
Vassal, dist la roïne, or ne me parlés jà ;
Dame ne peut vouer, puis qu'elle Seigneur a,
Car s'elle véue riens, son mari pooir a,
Que bien puet rapeller [4] chou qu'elle voucra ;
Et honnis soit li corps que jà si pensera,
Jà que mes chiers [5] soiés commandé le m'ara.
Et dist le roy, voués, mes cors l'aquittera ;
Mès que finer en puisse, mes cors s'en penera ;
Voués hardiement, et Dieux vous aidera.
Adonc, dist la roïne, je sai bien, que piècha [6],
Que sui grosse d'enfant, que mon corps senti l'a,
Encore n'a-il gaires, qu'en mon corps se tourna,
Et je voue, et prometh à Dieu, qui me créa,
Qui nasqui de la Vierge, que ses corps n'enpira,
Et qui morut en crois, on le crucifia,
Que jà li fruis de moi, de mon corps n'istera [7],
Si m'en arès menée où païs par de-là,
Pour avanchier le veu que vo corps voué a;
Et s'il en voelh isir, quant besoins n'en sera,
D'un grand coutel d'achier li miens corps s'ochira [8] ;
Serai m'asme [9] perdue, et li fruis périra.

1 Distribuera. — 2 Dès que, pourvu que. — 3 Façon de parler encore en usage pour voudra, aura envie de faire. — 4 Révoquer, annuler. — 5 Sire. — 6 Il y a long-temps. — 7 Sortira. — 8 Je me tuerai. — 9 Mon ame.

Et quant li rois l'entent, moult forment l'en pensa,
Et dist, certainement nuls plus ne vouera;
Li Hairons fu partis ¹, la roine en mengna.
Adonc, quant che fu fait, li rois s'apareilla,
Et fit garnir les nés ², la roine i entra,
Et maint franc chevaliers avecques lui mena.
De illoec ³ en Anvers, li rois ne s'arrêta.
Quant outre sont venu, la dame délivra;
D'un biau fils gracieux la dame s'acouka ⁴;
Lyon d'Anvers ot non ⁵ quant on le baptisa.
Ensi le franque dame le sien veu aquitta;
Ains que soient tout fait, maint preudomme en morra,
Et maint bon chevalier dolent s'en clamera,
Et mainte preude femme pour lasse s'en tenra.
Adonc parti li cours des Englès par de là.

Chi finent leus Veus du Hairon.

1 Partagé, distribué. — 2 Nefs, Vaisseaux. — 3 De-là. —
4 Accoucha. — 5 Eut nom.

TRADUCTION LITTÉRALE

D'UNE

ANCIENNE PIÈCE DE VERS FRANÇOIS, INTITULÉE : DES TROIS CHEVALIERS ET DE LA CHANISE, PAR JACQUES DE BASIU, OU DE BASIN. (MANUSCRIT DE TURIN, N° G. 1. 19.)

De faux amis couvrant leur haine par beaux dehors et belles paroles, savent surprendre et décevoir les gens; mais à peine sont-ils parvenus à leurs fins, qu'ils accablent d'injures et de reproches ceux qu'ils avoient traités d'abord avec le plus de distinction. Les traîtres ne se lassent point de continuer leurs perfidies, et font tant pour décrier les honnêtes gens, qu'ils ne leur laissent ni le temps ni les moyens de faire connoître leur probité, comme on le verra dans ce conte.

Il y eut jadis une noble dame, telle que dans aucun royaume elle n'eût trouvé sa pareille en beauté, libéralité et courtoisie : comtesse n'étoit ni duchesse, mais cependant dame de haut parage : épousée l'avoit un bachelier de bonne étoffe, dont le château étoit l'hospice de tous les bons chevaliers qui trouvoient en lui un seigneur opulent et toujours prêt à faire éclater sa magnificence : s'il ne se distinguoit pas au loin dans les tournois, du moins brilloit-il dans sa maison par la bonne chère, et par les riches présents dont il combloit ceux qui le visitoient ; aussi jouissoit-il de l'estime de tous ses voisins.

Un tournoi avoit été publié dans le canton, et avoit attiré chez le seigneur dont nous parlons, trois chevaliers, dont deux étoient puissants en amis, et renommés par leur opulence, autant que par leur vertu ; mais le troisième n'étoit pas riche, à peine avoit-il douze cents livres pour aller aux tournois, et cependant il n'en eût laissé passer un seul qu'il n'allât s'y montrer ; il ne redoutoit ni bois ni acier (ni les lances ni les épées), quand une fois il avoit la tête armée.

Amoureux tous trois de la dame, ils l'avoient en vain fatiguée de leurs plaintes, aucun n'en avoit été ni écouté ni refusé. Le plus riche des trois, après lui avoir exposé ses raisons, lui avoit exprimé ainsi son martyre, en lui offrant tout ce qui dépendoit de lui :

« Ah! douce et gentille dame, je vous aban-
» donne mon cœur, mon corps, ma mort et
» ma vie ; je ne résiste à rien de ce que vous
» voudrez, et si vous ne m'estimez pas assez
» pour accepter ma tendresse et me payer de
» retour, je n'oserai vous en parler davan-
» tage. Je ne mérite pas une amie telle que
» vous, tant bonne, tant belle et tant sage.
» Si cependant votre cœur s'abaissoit jusqu'à
» moi, et daignoit m'accepter, alors je de-
» viendrois si preux en fait de courtoisie et
» de générosité, que je pourrois mériter le
» glorieux titre de votre ami. »

Les deux autres chevaliers montrèrent pareil empressement à lui déclarer de leur mieux, le désir qu'ils avoient d'obtenir sa bonne grâce, tant qu'à la fin la dame bien apprise se sépara d'eux modestement : au lendemain matin les galants se mirent en marche, car c'étoit le jour indiqué pour le tournoi, et chacun alla chez soi faire ses préparatifs suivant ses moyens.

De son côté la dame, bien instruite, alla prendre dans son armoire une *chanise* (c'est-à-dire une chemise), qu'elle donna au plus affidé de ses écuyers, en lui ordonnant de la porter de sa part à l'un de ces trois chevaliers qu'elle lui nomma : « Qu'il parte sur-le-champ

» pour se rendre au tournoi, lui dit-elle, et
» s'il veut vivre et mourir à mon service,
» comme il me l'a promis, qu'il endosse cette
» *chanise* en guise de cuirasse ; du reste qu'il
» n'ait pour sa défense que son heaume, ses
» chausses de fer, son épée et son écu. En cas
» qu'il l'accepte, ajoute-t-elle, et qu'il pro-
» mette de s'en revêtir au tournoi, comme je
» le lui mande, reviens sur-le-champ me
» rendre la réponse ; si au contraire il refuse
» ce don, va-t'en le porter à cet autre cheva-
» lier que je te désigne, et lui dis que je le lui
» envoie de la même façon et aux mêmes con-
» ditions que j'ai imposées au précédent : dans
» le cas où tu ne le trouverois pas mieux dis-
» posé, porte mon présent au troisième qui
» t'a parlé le dernier ce matin à la porte, et
» répète-lui de ma part ce que je t'ai chargé
» de dire aux deux autres. »

Le messager prend la *chanise*, rajuste son habillement, s'achemine vers le champ du tournoi où il porte son gage à sa destination, et, sans s'y méprendre en rien, exécute sa commission mot pour mot.

Le premier de nos chevaliers à qui il s'a-dressa, acceptant cette insigne faveur, promet de s'en parer au tournoi, et de se distinguer par tant de hauts faits d'armes, qu'il en sera parlé à jamais ; de ce pas baissant la tête, il s'avance pour se mettre en bataille.

Bientôt la vue de tant d'ennemis armés lui fait changer de ton et de couleur : il hésite quelque temps, mais *Prouesse* le soutient encore, et lui dit :

> Qu'on ne doit pas avoir sans peine
> Amor de dame soveraine.

Il consent qu'*Amour* le tienne pour infidèle et pour lâche s'il balance davantage à exécuter ses volontés, et s'il n'accepte sur-le-champ la noble *chanise* qui lui étoit offerte.... Vaine promesse d'un cœur mal affermi. *Poltronerie* reprend ses droits, et ne voit dans cette téméraire entreprise qu'une mort certaine qui l'empêchera infailliblement d'obéir à sa dame : félonie pour félonie, encore valoit-il mieux conserver ses jours par une désobéissance forcée, que de perdre tout à la fois la vie et l'espoir d'obtenir jamais ses bonnes grâces : la *chanise* est rendue au valet qui l'emporte, et qui s'en va comme il étoit venu.

L'écuyer, sans faire semblant de rien, s'approche tout doucement du second chevalier, et répète la même manœuvre le plus secrètement qu'il peut : nouveau refus. La *chanise* est encore repliée, et remise aussi mystérieusement entre les mains du troisième chevalier : celui-ci, tout fier de la faveur de sa dame, la saisit avec transport, et pour marquer sa reconnoissance à l'écuyer qui lui annonçoit une si bonne nouvelle, il lui fait don de son palefroi : c'étoit le seul qu'il possédât. Il conçoit les plus hautes espérances, invoque le nom de sa dame, et la conjure de prendre en gré tout ce qu'il pourra faire pour se rendre digne d'une telle armure qui lui promettoit une victoire assurée.

La nuit se passe, et le jour commence à paroître : les hérauts de crier : *Laissez aller* (lâchez, lâchez). Déjà notre jeune chevalier (bachelier) avoit mis dans ses bras la *chanise* qu'il avoit baisée plus de mille fois durant la nuit, bien se promet que le soleil va bientôt éclairer les plus beaux faits d'armes qu'on ait jamais entrepris pour la gloire d'aucune dame.

Il se complaît dans ces pensées, et, se livrant à ses transports, rend grâces à l'amour de ses bienfaits.

Un reste de timidité ne laissoit pas de lui représenter, comme aux autres, les pointes d'acier dont il aura les flancs, les épaules et les bras déchiquetés : jamais, se pensoit-il, nul chevalier ne fut mis à de plus rudes épreuves. La beauté que tu sers, dit-il en lui-même, et ta vanité ne t'égarent-elles pas? En t'exposant à perdre ton corps et ton ame, ne t'exposent-elles pas à perdre pour jamais les biens de cette vie et de l'autre?

Tout son corps frémit et tremble à cette nouvelle idée que la crainte lui suggère; mais revenu à lui, son cœur compte pour rien tout ce que son audace pourra lui coûter. Amour lui promet et l'assure que, couvert de cette *chanise*, il acquerra plus de plaisirs qu'on ne sauroit imaginer : il lui montre la charmante compagnie d'une dame et belle et bien apprise, doux regards, jolis sourires, et baiser qui n'est pas le pire de ses biens, entretiens sages et honnêtes, tendres embrassements, enfin tant de félicités qu'il ne les auroit pas trop achetées, quand son corps devroit être haché en morceaux : il en conclut que sa timidité ne lui présente que de vaines illusions.

Prouesse rallume le feu qui le dévore, et l'avertit qu'il n'a pas un moment à perdre : à quoi tient-il qu'il ne saisisse la *chanise* qu'on lui présente? Attend-il qu'une autre armure à toute épreuve lui offre un nouveau rempart impénétrable à tous les coups d'épée ou de lance qui lui seront portés? En ce cas quelle gloire lui en reviendra-t-il? Si au contraire il se présente dans la carrière en champion mal monté, mal armé, et que dans cet état il affronte les plus grands dangers, que pourra-t-il y gagner? Fera-t-il des prisonniers corps à corps, et lui sera-t-il permis d'espérer seulement qu'on se rende à lui sur parole? Non, mais du moins est-il assuré d'avoir sa part au prix des armes et aux faveurs de celle qu'il aime, pour peu que ses juges se conforment aux loix de l'honneur.

Ainsi Prouesse lui remet le *cœur au ventre*, et l'excite à bien faire. Amour triomphe enfin : il fortifie et enhardit tant et si bien notre chevalier, qu'il ne changeroit pas la *chanise* contre le plus fort haubert d'Ogier-le-Danois, quand même il sauroit qu'en le prenant il plairoit également à sa dame ; il croit avoir déjà trop différé à prendre sa *chanise* ; il en est enfin revêtu : il lace ses chausses, ceint son épée, embrasse son écu, monte à cheval, met le casque en tête, et pour éprouver ses étriers, il s'y appuie encore en partant. Il a repris tant de vigueur pour l'honneur de sa dame, qu'il ne craint ni mort ni blessure : il part au galop, s'enfonce dans son bouclier, et charge le premier qu'il rencontre, en le perçant de son bran d'acier. On en vient aux mains de toutes parts. Dans tous les rangs on ne voit qu'écus tranchés, hauberts rompus et heaumes enfoncés : les chausses de notre intrépide chevalier étoient fendues et déchirées en lambeaux, son corps étoit couvert de blessures, mais son cœur le soutenoit et le mettoit au-dessus de la crainte ; il ne sent aucun mal des coups qui lui ont été portés. En même temps il essaie si son épée est en bon état, et si son corps pouvoit encore supporter les efforts nouveaux que son cœur exigeoit de lui : il croit déjà avoir réduit tous ses adversaires à mettre les armes bas et à se rendre prisonniers.

Sans cesse mêlé dans la plus grande foule des combattants, « la *chanise* est amorcée des » coups qu'il lui fait avaler, et son épée, en » revanche, se repaît de ceux qu'il porte aux » ennemis. » (Je traduis le plus fidèlement que je puis le texte original.)

De cos mengiers son chanse anesse
Et d'autrui armes paist s'espée.

Sa chair est tellement découpée, que la *chanise* est toute trempée de sang. Tel qui s'en aperçoit le ménage et le laisse passer sans faire semblant de le voir; mais c'est bien malgré lui : la douleur que lui font ses blessures n'est rien en comparaison du dépit qu'il ressent de ne point trouver d'ennemi qui veuille le rechercher : il va de tous côtés en défier quelques-uns au combat.

A chaque pas il lui souvient de la belle et du glorieux présent qu'elle lui avoit envoyé : il se ranime, et songe au bonheur qu'il a déjà goûté en lui prodiguant des preuves non suspectes de son attachement. Accablé des efforts multipliés qu'il avoit faits pour se défendre et pour attaquer, ses forces alloient toujours diminuant, lorsque dans tout le tournoi on s'aperçut généralement qu'il n'avoit d'autre armure que sa *chanise*. Les plaies dont il étoit couvert ne l'avoient encore abattu, et toujours il combattoit sans relâche, jusqu'à ce que le temps vint enfin congédier les acteurs du tournoi.

Ce ne fut de toutes parts qu'une voix pour lui en adjuger le prix, et chacun de l'accompagner à son hôtel.

On visite ses plaies, et quelque vives que soient les douleurs qu'elles lui causent, il n'oublie pas d'ordonner que l'on garde soigneusement son armure, que pour rien au monde il ne voudroit avoir perdue : il le jure par le maître des cieux, au grand étonnement de tous les assistants.

L'écuyer qui avoit apporté la *chanise*, rajuste son habillement, et sollicite la dame de songer au loyal chevalier qui, pour l'amour d'elle, a tant fait, qu'il est sorti vainqueur du tournoi; cependant ses blessures sont si dangereuses qu'on désespère de sa vie.

Malheureuse ! dit-elle, que deviendrai-je s'il faut que je le perde ? Ce sera moi qui lui aurai donné la mort : il m'avoit prouvé sa loyauté bien autrement que les deux autres, qui m'avoient juré et fait tant de belles promesses. Dame, dit l'écuyer, ils avoient bien accepté la *chanise*, mais ils s'étoient bien gardés de la retenir.

La dame du chevalier blessé demandoit à tous moments ce qu'étoit devenu l'écuyer qui avoit fait son message : elle le retrouve enfin, et vaincue par tant d'amour, ne se contente pas de lui rembourser ses dépens, elle promet d'accorder à son maître le don de son cœur. Ce don guérit celle de ses plaies qui lui étoit la plus sensible, et peu s'en fallut qu'il ne s'élançât pour s'aller jeter à ses pieds.

Les deux autres chevaliers, désespérés d'avoir refusé la *chanise*, se reprochèrent au fond de leur cœur la faute qu'ils avoient commise ; sensibles, comme ils devoient l'être, à la perte qu'ils avoient faite d'une si sage dame, ils pouvoient encore moins supporter l'affront d'être confondus avec tant d'autres fanfarons qui s'e toient vantés d'égaler en hardiesse celui qui osa prendre la *chanise* et qui avoit trompé leur attente.

Le jeune chevalier ne se ressentoit presque plus des blessures qu'il avoit reçues dans le tournoi.

Le mari de la sage dame, accoutumé à tenir belles cours, désiroit encore faire éclater sa magnificence, et montrer qu'il n'en étoit pas appauvri ; il veut que dans tous ses fiefs et dans toutes ses terres on fasse des fêtes de joutes et d'aventures merveilleuses : elles y furent toutes plénières pendant une huitaine, sans oublier les tournois, les riches parures qui furent distribuées, et l'excessive profusion des nobles mets, et les viandes exquises dont les tables étoient couvertes. Le bachelier, mari de la dame, aimoit la magnificence *plus que Páris n'aima jamais Helène* : ainsi tint-il une cour qui ne fut *pas vilaine ;* tout le monde fut admis à manger, et l'on y eut tout ce qu'on pouvoit souhaiter : la dame de la maison servoit elle-même à boire et à manger, suivie d'un grand nombre de damoiselles.

Le chevalier grièvement blessé, apprenant que sa dame, pour plus honorer la fête, continuoit encore de servir les convives, lui renvoie sa *chanise* par son écuyer, et la conjure de la vêtir pour l'amour de lui, et de ne s'en pas dessaisir, et même de la mettre par-dessus toutes ses autres parures, jusqu'à ce qu'elle ait achevé son service, l'assurant que ce lui sera la plus grande de toutes les satisfactions.

L'écuyer prend la *chanise*, la présente à la dame, et fait sa commission de point en point sans y rien changer, en homme qui bien sait son métier. La dame tendant la main pour prendre la *chanise* toute ensanglantée qu'elle est, c'est, dit-elle, pour cela même qu'elle est trempée du sang de mon loyal ami, que je la considère comme une loyale parure : il n'est or fin, ni pierreries qui puissent m'être aussi chers que le sang dont elle est teinte, et promit de la conserver tant qu'elle distribueroit les vivres et les viandes, pour exécuter les ordres de son doux ami : alors, ayant embrassé tendrement ce précieux vêtement, elle le met sur ses épaules.

Je ne puis décider qui des deux a plus fait l'un pour l'autre. Tous ceux qu'elle avoit servis murmurent et disent qu'elle mérite d'être blâmée, car elle l'a fait pour faire honneur à quelque chevalier, et tout le monde savoit que ce n'étoit pas son mari, puisqu'il n'exerçoit point le métier des armes. Celui-ci, se montrant insensible à tant d'opprobre, faisoit compassion aux assistants : aucun ne doutoit qu'il ne fût devenu tout-à-fait imbécille.

Le festin étant terminé, et les convives ayant vidé les tables, on passe dans les jardins pour se promener; la dame replie la *chanise*, et se prend à regarder son mari, qui, couvert de confusion, ne faisoit pas semblant de s'en apercevoir. On ne le vit pas perdre contenance, ni moins parler, ni moins se taire.

Or, maintenant moi Jakes de Basiu, je prie les chevaliers et les pucelles, les dames et damoiselles, et tout le corps de Chevalerie, de rendre un jugement loyal; savoir lequel des deux a montré plus de courage, ou celui qui pour l'amour de sa dame expose sa vie aux plus grands périls, ou celle qui, surmontant la crainte d'encourir les plus honteux reproches, ne les compte pour rien en comparaison de la peine qu'elle se faisoit de lui déplaire ou de le fâcher, et n'hésita pas de se parer, pour lui faire honneur, de la *chanise* qui pouvoit lui attirer tant d'avanies. Prononcez votre jugement en bonne foi, et qu'amour vous comble de ses biens.

Observations sur le Poëme des trois Chevaliers et de la Chanise.

Rien n'est plus propre à faire connoître le caractère des nations dont nous sommes issus que la lecture de nos anciens romanciers, et particulièrement de nos fabliaux. Le premier qui contient le *Vœu du Héron*, dont nous avons déjà donné la notice, et le second qui a pour titre, *des trois Chevaliers et de la Chanise*, qu'on vient de lire, présentent des images fidèles de la férocité et de la barbarie de ces hommes de sang qui repeuplèrent l'Europe dévastée. Dix siècles entiers avoient à peine suffi pour civiliser leurs descendants, sous les règnes de Philippe de Valois et de l'inflexible Édouard. Un mélange confus de vices atroces et de vertus héroïques, n'offroit encore qu'un chaos informe qui attendoit des siècles plus heureux.

Laissons aux législateurs et aux politiques le soin de suivre les progrès lents et insensibles, lesquels font passer les hommes de l'état d'abrutissement à celui où la raison et l'humanité reprennent leurs droits et leur empire.

Nous avons reconnu dans le fabliau des vœux du Héron une conformité si exacte entre les faits, les usages, les lieux et les personnes connus par nos histoires, et particulièrement par celle de Froissart, qu'il semble ne pouvoir être regardé que comme le récit d'un événement purement historique, entremêlé de quelques circonstances merveilleuses propres à le rendre plus intéressant. Celui de la *Chanise*, au contraire, est tellement dépourvu de toute vraisemblance, qu'on ne peut le regarder que comme une pure fiction : quel qu'ait été le premier auteur *, le succès qu'il avoit eu invita sans doute d'autres poëtes à l'imiter, puisque nous le retrouvons dans un autre ro-

* Jakes de Basiu (peut-être Basile) est le nom qu'il se donne lui-même dans le poëme que nous examinons : le nom de Basiu se trouve encore dans un ou deux recueils de chansons manuscrites que nous avons rassemblées dans nos portefeuilles.

man du même temps ou environ; c'est celui d'Etéocle et de Polynice, dans lequel on lit trois événements du même genre, présentés sous des formes différentes.

Le principal but que se proposèrent nos anciens romanciers fut non-seulement d'inspirer aux chevaliers les vertus de tous les états, mais surtout de leur présenter des traits d'une valeur supérieure aux exemples dont l'histoire avoit conservé la tradition.

Tant d'exploits imaginaires et fabuleux, célébrés et consacrés dans nos romans, et répétés sans cesse dans nos anciennes cours plénières, soutenus encore par le chant, la déclamation, ou une lecture emphatique et ampoulée, familière à nos anciens jongleurs, faisoient passer de bouche en bouche chez une nation passionnée pour la gloire, outre le vrai sentiment de l'honneur, celui d'un faux honneur qu'on pourroit regarder comme une espèce de vertige épidémique. Ce fanatisme, devenu pernicieux par l'abus qu'en firent plusieurs de nos héros, parvint à un excès dont les plus funestes exemples ne purent être corrigés par les déplorables journées dont notre histoire est remplie : les femmes même n'en furent point exemptes.

Représentons-nous encore ces illustres dames germaines et gauloises, tant célébrées par nos anciens bardes, qui chantoient leurs exploits, et que l'on invoquoit comme des divinités. Croira-t-on que leurs héritières, avec un tempérament robuste et fortifié encore par les exercices de la vie champêtre, aient pu demeurer oisives, et entendre sans une sorte de jalousie les louanges données continuellement à leurs époux et à leurs frères, et qu'elles n'aient pas souvent désiré de mêler au moins leurs voix à celles des spectateurs? Introduites enfin aux tournois, elles en firent le plus bel ornement, et leur présence attisa dans le cœur des champions le feu dont nous les voyons embrasés.

Dans ces tournois l'entrée des lices étoit refusée ou accordée au gré des dames, et c'étoit à elles à demander grâce pour ceux qui s'étoient présentés mal à propos.

Les combattants arrivoient sous le glorieux titre d'esclaves des dames, et chargés de leurs chaînes jusqu'à ce qu'elles les leur eussent ôtées, pour donner l'essor à leur valeur.

Les dames envoyoient des faveurs à leurs serviteurs particuliers, pour les dédommager de celles qui leur avoient été enlevées, et pour ranimer leur courage et leur espoir.

Les fautes commises involontairement dans le combat, et qui avoient fait naître des démêlés, se terminoient à la vue du signe de clémence du juge de paix envoyé par les dames pour rétablir l'union entre les discordants. Une longue habitude de fréquenter les tournois les avoient rendues capables d'en juger.

On se souvient qu'aucun des actes particuliers de ces tournois ne se terminoit sans un dernier combat, consacré uniquement à l'honneur des dames ; c'étoit ce qu'on appeloit le coup ou la joute des dames.

Un baiser accordé par la dame qui donnoit le prix, faveur plus estimée que le prix même, étoit suivi de l'honneur suprême d'être conduit parmi les souverains, et au rang de tout ce que ce théâtre d'honneur avoit de plus distingué.

Le courage des dames s'éleva bientôt au point de mériter, par leur propre bravoure, d'occuper la place des héros mêmes qu'elles s'étoient contentées d'admirer, sur la foi de ceux qui en avoient été les témoins.

Elles passèrent donc du spectacle de ces combats simulés, aux guerres qui furent occasionées par la rivalité des cours de France et d'Angleterre. On vit alors des héroïnes qui occupèrent toute l'Europe de leurs exploits : telles furent la reine d'Angleterre, les deux princesses de Bretagne, qui se disputèrent la possession de cette grande province, et la célèbre comtesse de Salisbery, également recommandable par sa bravoure, sa constance, sa beauté, et particulièrement par sa vertu, qui donna naissance à l'ordre de la Jarretière, source féconde de héros dont fut peuplée l'Angleterre, si long-temps émule et rivale de notre nation.

Les institutions les plus sages et les plus utiles se dénaturent et se corrompent, lorsque ceux pour qui elles furent destinées, se portent à des excès contraires à l'objet qu'on s'étoit proposé originairement; à force de multiplier et d'exagérer les traits d'intrépidité répandus dans nos romans, on perdit de vue le bien et le salut de l'Etat, qui avoient été le but essentiel de l'ancienne Chevalerie : on passa de la valeur patriotique à cette bravoure imaginaire et personnelle qui cherchoit à multiplier les dangers : on confondit le sacrifice qu'on fait de sa vie au bien de l'État, avec ce mépris insensé d'un sang qu'on ne doit verser que pour son honneur et le salut de sa patrie. Malheureux fanatisme, fondé sur la lecture de nos anciens romanciers !

Un nouveau genre de bravoure sembla faire sortir de cette ancienne souche une nouvelle tige encore plus pernicieuse.

Les concitoyens et les amis s'armèrent les uns contre les autres, et l'on fut près de voir éteindre à jamais toute notre noblesse armée contre elle-même, semblable aux compagnons de Cadmus : délire dont on n'avoit d'exemple que dans les plus anciennes fables de la mythologie.

Le brave La Noue, plus capable qu'aucun autre d'apprécier le mérite du véritable courage, gémissoit de voir les effets qu'avoit produits, dans le siècle où il vivoit, la lecture des romans d'Amadis : il crut y apercevoir un esprit de vertige capable d'attirer la ruine de cette noblesse françoise, qui, s'imaginant courir à la gloire, tendoit journellement à sa propre destruction.

Ne vit-on pas encore dans le siècle de la philosophie renaissante, dans le siècle de Descartes, qui fut aussi celui de la Fronde, ne vit-on pas l'enthousiasme de la bravoure triompher des lumières de la raison, et les étendards de nos héros flotter au gré des dames et de la galanterie ?

LES
HONNEURS DE LA COUR.

AVERTISSEMENT

DE

LA CURNE DE SAINTE-PALAYE.

Le Mémoire que je joins ici, et qui traite des *anciens honneurs de la cour*, trouve naturellement sa place à la suite du tableau de l'ancienne Chevalerie. Il ne peut que donner une connoissance plus étendue et plus exacte des mœurs de nos ancêtres; et ce caractère suffit pour le rendre intéressant. Le silence des historiens à son égard prouve qu'il avoit échappé à bien des recherches, et devient une nouvelle raison de le publier. Ce Mémoire développe dans le plus grand détail les vieux usages des cours de France et de Bourgogne; il n'omet aucune des distinctions établies alors pour marquer la différence des rangs. On y voit combien dans les anciens temps on étoit ferme sur l'étiquette, et attentif à relever en ce genre les moindres irrégularités. Cette rigueur commençoit à se relâcher dès la fin du quinzième siècle. L'auteur de ce Mémoire s'en plaint comme d'un abus dont les conséquences ne sauroient être légères, et nous devons vraisemblablement les détails curieux qu'il lui a plu de nous conserver à l'intention louable d'arrêter ce relâchement dans ses progrès.

Ce Mémoire a été composé par une dame de la cour de Bourgogne, nommée Aliénor de Poitiers, vicomtesse de Furnes. Elle étoit fille de Jean de Poitiers, seigneur d'Arcis-sur-Aube, dont le père, Philippe de Poitiers, fut tué à la bataille d'Azincourt, et d'Isabelle de Souza, de l'ancienne maison de Souza en Portugal. Isabelle de Souza étoit une des filles d'honneur qui avoient suivi en France l'infante Isabelle de Portugal, lorsqu'elle y vint pour épouser Philippe-le-Bon, duc de Bourgogne, en 1429. Aliénor de Poitiers résida auprès de sa mère à la cour de Bourgogne dès l'âge de sept ans. Elle épousa dans la suite Guillaume, seigneur de Stavèle, vicomte de Furnes, qui mourut en 1469. Elle ne parle dans cet ouvrage que des choses qu'elle a vues elle-même, ou qu'elle a apprises d'Isabelle de Souza sa mère qui, de tout temps attachée à la duchesse de Bourgogne, avoit été très à portée de s'instruire des vrais usages de cette cour. Les usages dont la vicomtesse de Furnes fait mention remontent au commencement du règne de Charles VI, et finissent dans le courant du règne de Charles VIII, c'est-à-dire qu'ils remplissent au moins l'espace d'un siècle. Elle cite madame de Namur qui avoit un grand livre des États de France, et qui passoit pour la femme de la cour la mieux instruite des honneurs royaux, en sorte que la duchesse Isabelle de Bourgogne ne faisoit rien de ces choses que par son conseil et de son avis. Or cette dame de Namur ne peut être que Jeanne d'Harcourt, seconde femme de Guillaume, comte de Namur, née en 1372, mariée en 1391. En supposant donc que madame de Namur n'eût recueilli dans son livre que ceux des honneurs qu'elle avoit vu pratiquer lors de sa première entrée à la cour, on ne peut guère faire remonter cette époque moins haut que deux ou trois ans avant son mariage, c'est-à-dire vers l'an 1388.

L'ouvrage de la vicomtesse de Furnes a été certainement composé après l'an 1484, et avant l'année 1491. Elle parle de l'entrée solemnelle du roi Charles VIII, qui fut en 1484.

comme d'un événement qui n'étoit pas absolument nouveau. Elle fait mention de Marguerite d'Autriche, reine de France. On sait d'ailleurs que cette princesse, fille de Maximilien d'Autriche et de Marie de Bourgogne, naquit en 1480, qu'elle fut accordée par le traité d'Arras, en 1482, au Dauphin Charles, fils de Louis XI, que l'année suivante elle fut amenée en France et fiancée au Dauphin, ce qui lui fit donner le nom de reine après la mort de Louis XI; qu'enfin le mariage ayant été différé à cause de l'extrême jeunesse de Marguerite, Charles VIII la renvoya à son père, en 1491, pour épouser Anne de Bretagne. Cette circonstance détermine avec certitude le temps auquel la vicomtesse de Furnes a écrit; et on en conclut invinciblement que son ouvrage renferme l'histoire d'un siècle entier.

L'auteur, zélé pour le maintien de l'ancien cérémonial, en discute les particularités avec cette précision scrupuleuse dont les vieilles gens de cour sont d'ordinaire susceptibles pour toutes les choses d'étiquette. Quoique les usages dont il est ici question se rapportent plus directement à la cour de Bourgogne, il y a des détails qui ont leur rapport immédiat à la cour de France, tels que la visite rendue à la reine, femme de Charles VII, par la duchesse de Bourgogne, en 1445, à Châlons en Champagne, l'entrée de Louis XI, en 1461, celle de Charles VIII, en 1484; de plus, ces usages, la cour de Bourgogne ne les avoit tirés que de la cour de France, dont elle étoit un démembrement. Ces usages qui furent d'abord l'étiquette propre de la cour de France, passèrent chez tous les princes issus de la maison royale. Le temps qui les a abolis parmi nous, les a introduits dans la maison d'Autriche avec l'héritière de Bourgogne, et l'étiquette d'Espagne en est encore une majestueuse émanation.

On remarquera avec satisfaction dans tout le cours de ce traité les prééminences d'honneur attribuées dès-lors sans difficulté aux enfants de France. Ils jouissoient d'un rang supérieur aux princes les plus puissants. Sans égard à l'étendue de domination plus ou moins vaste, l'unique mesure de grandeur étoit alors le degré qui approchoit plus ou moins de la souche royale. Les ducs de Bourgogne, dont la puissance alloit presque de pair avec celle de nos rois, se croyoient obligés de fléchir le genou devant un simple fils de France. Être plus près de la couronne, dans le style de ce temps-là, c'étoit être plus grand; et on voit Isabelle de Lorraine, reine de Sicile, malgré l'éclat de sa couronne, non-seulement céder le pas à la Dauphine de France, mais être traitée avec une sorte d'infériorité par la duchesse de Bourgogne, attendu que son mari étoit plus près de la couronne que le roi de Sicile..

Ces prééminences d'honneur qui marquent si noblement la supériorité de la maison de France, font trouver quelque chose d'inconséquent dans l'usage d'alors, qui attribuoit au maréchal de Bourgogne la préséance sur le maréchal de France. La vicomtesse de Furnes raconte le débat qu'il y eut entre les deux maréchaux à l'entrée du roi Charles VIII; et à cette occasion elle assure qu'elle a ouï dire que le *maréchal de Bourgogne doit aller devant, parce que le duc de Bourgogne est le premier pair et le doyen des pairs.* Nous ne sommes pas assez instruits de l'origine de ces dignités pour sentir les principes sur lesquels cette preuve étoit appuyée. Mais le fait rapporté par la vicomtesse de Furnes prouve clairement la prétention du maréchal de Bourgogne; et le parti que prit le roi de laisser l'affaire indécise, ne nous permet pas de croire que cette prétention fût sans fondement.

La vicomtesse de Furnes ne borne point ses observations aux prérogatives particulières aux rois et aux princes, elle les conduit par degrés jusqu'aux moindres priviléges des seigneurs et des simples gentilshommes. C'est donc ici un tableau où tout le cérémonial politique du quinzième siècle se trouve représenté avec ordre, intelligence et bonne foi.

Je me flatte que le public ne recevra point avec indifférence le présent que je lui fais. Il voudra bien me savoir gré de l'envie que j'ai eue de satisfaire sa curiosité, sur un point très-intéressant de notre histoire. L'ouvrage que je donne n'exigeoit de moi d'autre travail que celui d'éclaircir par de courtes notes les endroits qui pouvoient paroître obscurs à ceux qui ne sont point au fait de notre ancien langage : j'ai tâché de le faire de manière à éviter tout embarras au lecteur.

LES
HONNEURS DE LA COUR[1].

MADAME ALIENOR DE POICTIERS fut fille de Monsieur Jean de Poictiers, Seigneur d'Arcy, et de Madame Isabeau de Sousa, sa Compaigne, descendue des Rois de Portugal. Icelle Dame Isabeau de Sousa s'en vint[2] par decà avecq Madame Isabeau, fille du Roi de Portugal, et fut mariée au Seigneur d'Arcy, dont elle eut plusieurs enfants, et entre les autres une fille qui fut ladicte Alienor : et demeura icelle avec sa mere, dez l'aage de sept ans, en la maison de Bourgongne, tant qu'elle fut mariée à Messire Guillaume, Seigneur de Stavele, Viscomte de Furnes en Flandres.

Icelle Dame Alienor a bien voulu mettre par

---

[1] Copié d'après un manuscrit in-4º, sur papier, d'une écriture du seizième siècle, à la tête duquel est ce titre : *Ce Livre a esté copié d'un Manuscrit qu'avoit Mademoiselle de Beauvais, et qui venoit de M. le docteur Chifflet.*
[2] L'an 1429.

escript ce qu'elle vit et ouyt dire à sa dicte mere durant le temps qu'elles résidèrent en ladicte Cour de Bourgongne des *Honneurs Royaux* ¹, quy se doibvent faire et entretenir ès Cours des Princes, chacun selon son estat, sans les croistre, exceder, ne diminuer : et quy autrement en veut user, ils pourront plus tourner à dérision et tromperie qu'à honneur et réputation : et ont esté iceux status si bien ordonnez et débatus en la Cour des Roys et Roynes par les grands Princes et Nobles, aussi par les Hérauts et Roys d'armes, que nul depuis n'a sceu ne deu differer à les garder et observer pour le temps présent ne pour le temps avenir, et commence laditte Dame ainsy :

Quand je vins en Cour, je n'avois que sept ans : je y vis demourer Mademoiselle ² de Bourbon, qui depuis fut Comtesse de Charrolois, avecq Madame Isabelle de Portugal, femme de Monsieur ducq Philippes, sa *Belle-Tante* ³ : et avecq demeuroit aussi Mademoi-

---

¹ Les distinctions, les cérémonies de la cour du roi.
² Isabelle de Bourbon.
³ *Beau et Belle.* Les épithètes *Beau* et *Belle*, mises devant les titres de parenté, n'étoient communément employées que par les personnes d'un rang supérieur en parlant à celles d'un rang inférieur : ces dernières, quoi-

selle [1] d'Estampes, fille du frere de Monsieur de Nevers et de la fille de Piqueny : et de Madamoiselle [2] de Coimbre y demeurant, aussy niepce de maditte Dame Isabelle; lesquelles trois niepces alloient comme je vous diray.

La première alloit Madamoiselle de Bourbon, et puis Madamoiselle d'Estampes, et puis Madamoiselle de Coimbre : mais elles alloient touttes *main à main* [3]. J'ay maintes fois ouy dire que l'on faisoit tort à Madamoiselle de Coimbre, et qu'elle devoit aller tout devant. Mais Madame Isabelle de Portugal disoit qu'elle

que leurs parentes, ne se seroient point permis l'usage des mêmes termes *Beau* et *Belle*, comme supposant une espèce de familiarité. La mode a pu changer quelquefois à cet égard, mais on voit la règle établie par plusieurs exemples rapportés dans la suite de ce manuscrit.

[1] Isabelle de Bourgogne.
[2] Béatrix de Portugal.
[3] *Main (aller à la) et hucher. Aller à la main* semble désigner une espèce d'égalité de rang entre les personnes; elles se *huchoient*, ou, comme on le verra ci-après, s'appeloient pour s'inviter mutuellement à se prendre par la main, et à marcher sur la même ligne : *Aller l'un devant l'autre*, ou comme on voit ailleurs : *Puis l'un, puis l'autre*, exprime encore la même égalité entre personnes qui passoient tantôt devant et tantôt après, sans distinction, et suivant que le hasard les plaçoit.

ne vouloit point que sa niepce allàt devant celles de Monsieur le Ducq Philippe, son marit en sa maison, pour monstrer que touttes femmes doivent faire honneur aux parents de leurs marits devant les leurs.

Depuis je vis que ma dessus ditte Damoiselle de Coimbre se mariat [1] à Monsieur Adolphe de Cleves, frère maisné de Monsieur le Ducq de Cleves [2] nepveu de Monsieur le Ducq Philippe : et se firent les nopces [3] à Lille, et n'y eust point de feste, à cause de la guerre de Gand, et s'appella Monsieur de Ravestein : mais Madame de Ravestein alla tousjours le viel train.

J'ay veu que Monsieur le Ducq d'Alençon [4] vint à Lille devers Monsieur le Ducq Philippe, et faisoient fort grand honneur l'un à l'autre : mais le Ducq Philippe alloit devant.

Après ce temps, Monsieur [5] de Charrolois espousa Madamoiselle de Bourbon, et l'espousa la veille de Toussaincts [6] à Lille : et n'y eust point de feste, à cause que le Ducq Philippe estoit pour lors en Allemaigne : huit jours

---

[1] L'an 1452. — [2] Jean Ier du nom, duc de Clèves, chevalier de la Toison-d'Or. — [3] L'an 1441. — [4] Jean, duc d'Alençon, chevalier de la Toison, l'an 1440. — [5] Charles de Bourgogne. — [6] L'an 1454.

après les nopces, Madame Isabeau la Duchesse fit un beau banquet où toutes les Dames de Lille furent; mais on s'assit toutes ensemble, comme par coustume l'on fait en *Banquet*, sans que Mesdames tinssent *Estat*, comme à tel cas appartenoit.

Tantost après, je vis venir Madame la Comtesse d'Eu. Le Comte d'Eu [1] estoit frère de Monsieur de Bourbon de par sa mere, et oncle de Madame de Charrolois; et maditte Dame d'Eu estoit fille du Seigneur [2] d'Antoing: laquelle Dame [3] d'Eu monstroit estre fort hautaine, et eust bien voulu aller à la *main* de Madame de Charrolois; mais Madame ne la prenoit pas, et ne l'avoit pas avecq maditte Dame.

Pareillement maditte Dame d'Eu ne *huchoit* point Madame [4] de Ravestein à sa *main*, ne pour laver avecq elle, dont Madame la Duchesse Isabelle et autres ne furent pas contentes; et de faict une autre fois que maditte Dame d'Eu vint au Quesnoy en Henau veoir Madame, maditte Dame de Ravestein et Madamoiselle Jeanne de Bourbon, sœur de ma-

---

[1] Charles d'Artois. — [2] Jean de Melun — [3] Hélène de Melun. — [4] Béatrix de Portugal.

ditte Dame de Charrolois, se mettoient sans *hucher* aussy avant qu'elle, et à laver et à tout. Je vis un jour que l'on apporta des espices, que Madame la Duchesse Isabelle en print et bailla elle-mesme à elles touttes.

Madame d'Eu et Madame [1] de Nevers, laquelle estoit fille de Monsieur d'Albert, se trouverent en ce temps à Lille devers le Ducq Philippe, et y eust grand *estris* [2] d'elles deux pour aller devant : mais j'ouy dire que Monsieur faisoit plus grand honneur à Madame de Nevers qu'à Madame d'Eu ; car il mettoit tousjours Madame de Nevers au *dessous* de luy, et Madame d'Eu au *dessus* [3] : et alors j'ouy dire aux anciens qui sçavoient que c'estoit de telle chose que celle qui alloit au *dessous* de Monsieur avoit plus d'honneur que celle qui alloit au *dessus*. Monsieur les menoit en cet

---

[1] Marie d'Albret. — [2] Dispute, débat.

[3] *Dessus et dessous* (*mettre*) s'est dit des femmes à qui l'on donnoit la main ; *mettre au-dessus* signifioit donner la main droite, et *au-dessous* la main gauche. La remarque que l'on voit ici semble avoir quelque rapport à la galanterie : on supposoit peut-être que la femme mise au-dessous, c'est-à-dire à la gauche, avoit l'avantage en ce que celui qui la tenoit sous le bras gauche la tenoit plus près de son cœur.

estat quand elles alloient quelque part avecq luy : mais à laver elles n'approchoient pas Monsieur, ni en milles ¹ autres choses là où mondit Seigneur tint *estat*.

Une fois Madame ² d'Eu vint veoir Madame au Quesnoy, laquelle estoit un petit indisposée : et souppa maditte Dame d'Eu seule en la grande chambre de Madame : et là je vis que maditte Dame d'Eu souffrit que Monsieur ³ d'Antoing, son pere, à nuë teste, lui tint la serviette quand elle lava devant soupper, et s'agenouilla presque jusques à terre devant elle, dont j'ouy dire aux saiges que c'estoit folie à Monsieur d'Antoing de le faire, et encore plus grande à sa fille de le sousfrir.

Madame de ⁴ Bourbon et Madame de ⁵ Cleves se trouverent une fois à Bruxelles ensemble devers le Ducq Philippe, leur frère; mais Monsieur le Ducq Philippe faisoit plus d'honneur à Madame de Cleves qu'à Madame de Bourbon, et la faisoit aller devant, et disoit que c'estoit pour ce que c'estoit l'aisnée; car autrement l'on sçait bien que Madame de

---

¹ Il faut peut-être lire *nulles*. — ² Hélène de Melun. — ³ Jean de Melun, chevalier de la Toison, l'an 1432. — ⁴ Agnès de Bourgogne. — ⁵ Marie de Bourgogne.

Bourbon fut allée devant à cause de Monsieur de Bourbon, qui estoit plus grand que Monsieur de ¹ Cleves, à cause qu'il estoit de la maison de France.

Madame de Charrolois n'alloit point à la *main* de Madame ² de Bourbon sa mere, elle estant Comtesse de Charrolois, mais estant Duchesse de Bourgongne, elle alloit devant Madame de Bourbon et devant Madame de Cleves, à cause qu'elle estoit de la maison de France.

Mesdamoiselles ³ de Bourbon n'alloient point à la *main* de Madame de Charrolois leur sœur, mais lui faisoient honneur, comme à Madame leur mere.

Mesdamoiselles de Bourbon et Madame de Ravestein alloient à la *main* de Madamoiselle ⁴ de Bourgongne, fille de Monsieur de Charrolois et de Madame : mais depuis que Madamoiselle Jeanne de Bourbon eust ⁵ espousé Monsieur le Prince ⁶ d'Orange, elle n'alla plus à la *main* de maditte Damoiselle de Bourgongne. Touttes fois Mesdamoiselles de Bourbon estoient tantes de maditte Damoiselle.

¹ Adolphe, duc de Clèves. — ² Isabelle de Bourbon. — ³ Catherine, Marguerite. — ⁴ Marie de Bourgogne. — ⁵ L'an 1463. — ⁶ Jean de Châlons.

Madame [1] de Croy, fille de Monsieur de
Vaudemont, niepce de Monsieur le Ducq
d'Alençon, cousine issuë de germain au Roy
Charles [2] de France, n'alloit point à la *main*
de Mesdamoiselles de Bourbon et d'Estampes,
ny de Madame de Ravestein. Madame la Duchesse et Mesdamoiselles l'appelloient *Belle Cousine*, et luy faisoient le plus d'*honneur*
qu'à nulle du pays, et aussi touttes autres
Dames lui faisoient grand honneur.

J'ay veu venir Madamoiselle [3] de Penthevre,
laquelle fut fille de Monsieur [4] de Liveurain
en Henau, et femme de Monsieur de [5] Penthevre d'estoc de nom et d'armes des Ducqs
de Bretaigne, devers Madame de Charrolois,
et me souvient que l'on tint conseil pour sçavoir quel honneur Madame de Charrolois luy
feroit, et fut ordonné que quand Madamoiselle de Penthevre viendroit et feroit entrée
en la chambre de maditte Dame, et qu'elle
auroit fait les deux premiers *honneurs* [6], que
maditte Dame *demarcheroit* [7] trois pas au devant d'elle, comme elle fit, et à la vérité elle

---

[1] Marguerite de Lorraine. — [2] Charles VII. — [3] Jeanne de Lalaing. — [4] Simon de Lalaing. — [5] Olivier de Bretagne — [6] Salut, révérences. — [7] Avanceroit.

fit grand honneur à Madame, et lui seoit bien, car elle estoit belle Dame de son aage : mais elle ny beu ny mangea, et sy ne se bougerent d'une place; pourquoy je ne vis point aller Madamoiselle de Bourbon, ny Madame de Ravestein avec elle, aussy ne sçai-je comment l'on en eust fait.

J'ouys dire à Madame ma mere qu'elle avoit autrefois veu venir maditte Damoiselle de Penthevre devers Madame la Duchesse Isabeau, et que maditte Damoiselle alloit à la *main* des niepces de Monsieur et de Madame, mais les niepces alloient devant, et elle *alloit à les mains*.

J'ay aussi ouy dire à Madame ma mere que maditte Damoiselle de Penthevre [1], quand elle estoit à part, faisoit difficulté de prendre Madame de Croy [2], fille de Monsieur de Vaudemont à sa *main*; mais que maditte Dame de Croy ne se faisoit point *appeller*, ains alloit plainement aussy avant qu'elle, et disoit qu'elle valoit bien Monsieur de Penthevre [3], et que maditte Damoiselle de Penthevre estoit fille du maisné [4] fils de Lalaings [5], Seigneur de Luieu-

---

[1] Jeanne de Salain. — [2] Marguerite de Lorraine. — [3] Olivier de Bretagne. — [4] Maisné, cadet, puîné. — [5] Simon de Lalaing.

rain. Le Comte de Penthevre avoit eu pour espouse ¹ pour sa premiere femme, la sœur du bon Ducq Philippe de Bourgongne, et s'appelloit laditte Dame de Croy, Marguerite de Lorraine, et estoit sa mere ² sœur de la Comtesse de Namur, fille du Comte de Harcourt et de la sœur du Duc de Bourbon, et de la Royne de France.

Touttefois j'ay ouy dire à Madame ma mere que Madame de Namur disoit que selon les estats de France, il falloit que toutes les femmes allassent selon les marits, quelques grandes qu'elles fussent, fust esté fille de Roy.

Et disoit maditte Dame ma mere qu'aux nopces du Roy ³ Charles, grand pere de cestuy-cy ⁴, Madame de Namur fut assise au disner en bas de toutes les Comtesses, *resta une* ⁵. Et quand ce vint au milieu du disner, le Roy vint où elle estoit assise, et luy dit qu'elle avoit assé esté assise comme femme ⁶ de Comte de Namur, et qu'il falloit que le demeurant du disner elle fust assise comme sa cousine germaine, et la fit asseoir à la table de la Royne;

---

¹ Isabelle de Bourgogne. — ² Marie de Harcourt. — ³ Charles VII, l'an 1413. — ⁴ Charles VIII. — ⁵ Excepté une, hormis une seule. — ⁶ Jeanne de Harcourt.

et à graces elle alla en son lieu, et disoit maditte Dame de Namur que oncques à nopces de Roy n'eust tant de Princes, ne tant de grandes Dames qu'il y avoit là, et disnoient le jour des nopces touttes les Dames en la salle où la Royne disnoit, et nuls hommes n'y estoient assis.

Madame[1] de Namur, comme j'ouy dire, estoit la plus sçachante de tous estats, que Dame qui fut au Royaume de France, et avoit un grand livre où tout estoit escript : et la Duchesse Isabeau femme du bon Ducq Philippe de Bourgongne quand elle vint de Portugal par deçà[2], elle ne faisoit rien de telles choses que ce ne fust du conseil et par l'advis de Madame de Namur, comme j'ouys dire à Madame ma mere.

L'honneur que la Royne fist à Madame la Duchesse Isabelle, quand elle fust à Chaalons en Champagne devers elle (l'an 1445).

MADAME la Duchesse, accompaignée de Monsieur[3] de Bourbon son *beau nepveu* et de plusieurs Princes de France, vint elle et toutte sa

---

[1] Jeanne de Harcourt. — [2] L'an 1429. — [3] Jean de Bourbon, depuis duc, deuxième du nom.

compaignie à haquenées et en chariots tout dedans la cour de l'hôtel, où le Roy [1] et la Royne [2] estoient, et là descendit Madame la Duchesse, et print sa premiere Damoiselle sa queüe, et Monsieur de Bourbon l'*addrextroit*[3], et tous les autres Chevaliers et Gentilshommes alloient devant : et en cet estat vint jusques en la salle devant la chambre où la Royne estoit, et là maditte Dame s'arresta et fit entrer Monsieur de [4] Crequy, lequel estoit son Chevalier d'honneur, pour demander à la Royne s'il luy plaisoit que Madame la Duchesse entrât devers elle pour luy faire la reverence ; et mondit Seigneur de Crequy retourné, Madame la Duchesse marcha jusques à l'huis de la chambre là où la Royne estoit : tous les Chevaliers et Gentilshommes qui l'accompaignoient entrerent dedans, puis quand maditte Dame vint à l'huis, elle print la queüe de sa robbe en sa main, et l'osta à celle qui la portoit, et quand elle marcha dedans l'huis, elle la laissa traîner et s'agenoüilla bien près jusques à terre ; et puis marcha jusques au milieu de la cham-

---

[1] Charles VII. — [2] Marie d'Anjou. — [3] *Addrextrer* signifie seulement mener, accompagner en donnant la main, sans distinction de la droite ou de la gauche. — [4] Jean de Créquy, chevalier de la Toison-d'Or.

bre, là où elle fit encore un pareil *honneur* [1], et puis recommença à marcher toujours vers la Royne, laquelle estoit toute droicte, et là trouva Madame ainsy emprez le chevet de son lict, et quand Madame la Duchesse recommença à faire le troisième *honneur*, la Royne *demarcha* [2] deux ou trois pas, et Madame se mit à genouil; la Royne lui mit une de ses mains sur l'espaulle, et l'embrassa, et la baisa et la fit lever.

Quand maditte Dame fut levée se ragenouilla bien bas, et vint à Madame la Dauphine [3] laquelle estoit à quatre ou cinq pieds près de la Royne, et pareillement Madame se mit à genouil, et comme avoit fait la Royne, Madame la Dauphine baisa Madame la Duchesse: mais il sembloit à veoir la maniere de Madame la Dauphine, qu'elle eust voulu garder que Madame la Duchesse ne se fust pas agenouillée jusques à terre : mais maditte Dame le vouloit faire, comme m'a dit Madame ma mere, laquelle a veu touttes ces choses.

Delà Madame la Duchesse alla saluer la

---

[1] Salut, révérence. — [2] Avança, marcha. — [3] Marguerite d'Écosse qui mourut la même année à Châlons.

Royne de ¹ Sicile, laquelle estoit à deux ou trois pieds près de Madame la Dauphine, et à ceste-là Madame ne fit point plus d'*honneur*² que l'autre lui en faisoit : et comme Madame ma mere dit, il n'y eut nulle d'elles deux qui rompit ses aiguillettes de force de s'agenouiller.

Dé-là Madame alla saluer Madame de Calabre ³, laquelle estoit fille de Monsieur de Bourbon, et de la sœur de Monsieur le bon Ducq Philippe, et estoit à quatre ou cinq pieds prez de la Royne de Sicile sa belle mere : et maditte Dame de Calabre s'agenouilla presques jusques à terre devant Madame, et Madame luy fit plus grand honneur qu'à ses aultres niepces, pour ce que Monsieur de Calabre ⁴ son marit estoit fils de Roy.

La Royne baisa des Dames de Madame, Madame de Montagu ⁵, Madame ma mère et Madame de Crevecœur ⁶ et non plus, et touttes les *gentifemmes* ⁷ la Royne les print par la main, et Madame la Dauphine fit pareillement.

Madame la Duchesse baisa touttes les femmes de la Royne et de Madame la Dauphine ; et de

---

¹ Isabelle de Lorraine. — ² Salut. — ³ Marie de Bourbon. — ⁴ Jean d'Anjou. — ⁵ Louise de la Tour de Bologne. — ⁶ Jeanne de la Trimouille. — ⁷ Dames, femmes des gentilshommes.

celles de la Royne de Sicile, Madame n'en baisa non plus qu'elle fit des siennes.

Et ne voulut Madame la Duchesse pour rien aller derrière la Royne de Sicile ; car elle disoit que Monsieur le Duc estoit plus près de la couronne de France, que le Roy de Sicile n'estoit, et aussy qu'elle estoit fille du Roy de Portugal, qui est plus grand que le Roy de Sicile n'est. Elles ne se trouvoient ensemble là où il falloit aller quelque part, et quand elles estoient en la chambre de la Royne, l'une se tenoit d'un costé et l'autre de l'autre : et sembloit que le Roy et la Royne et Monsieur le Dauphin et Madame la Dauphine avoient plus grand desir de faire honneur à Madame la Duchesse qu'à la Royne de Sicile, et aussy faisoient touttes les Princesses du Royaume.

Et disoit Madame de la Rocheguion [1] qui estoit première Dame de la Royne, qu'elle n'avoit veu venir personne du Royaume devers la Royne, à qui elle fit tant d'honneur qu'à Madame la Duchesse.

[1] Perrete de la Rivierre.

Suitte des Remarques de Madame Alienor.

MADAME ma mere a ouy dire à Madame de Namur que ¹ quand Madame de Cleves fiança Monsieur de Cleves ², le Roy ³ de Navarre estoit par deçà, et que Monsieur le Ducq Jean, père de Philippe, ne vouloit point aller derrier luy, et alloient partout *l'un devant l'autre*. Le Ducq de Cleves estoit grand pere de cestuy ⁴ à présent.

Item est à sçavoir que nulles Princesses du Royaume ne vont à la *main* de la Royne, ne de Madame la Dauphine, ne de fille du Roy de France.

Madame ma mere dit qu'elle a ouy dire à Madame de Namur, que quand Monsieur le Ducq Philippe ⁵ eut espousé Madame Michele sa premiere femme, qui fut fille du Roy de France ⁶, Monsieur le Ducq Jean, pere d'iceluy Ducq Philippe, la vouloit toujours servir d'espices, mais elle ne le vouloit souffrir. Touttes fois il s'agenouilloit toujours jusques à terre

---

¹ L'an 1414. — ² Adolphe, duc de Clèves. — ³ Charles III, roi de Navarre. — ⁴ Jean II, duc de Clèves. — ⁵ L'an 1441. — ⁶ Charles VI.

devant elle, l'appelloit *Madame*, et elle l'appelloit *beau-pere*.

J'ay ouy dire à Madame ma mere que [1] quand Madame Catharine, fille au Roy Charles [2] de France, eut espousé Monsieur de Charrolois et vint par deça, le Roy deffendit à celles qui l'amenerent, qu'elles ne la laissassent point aller devant Madame la Duchesse Isabeau sa belle-mère; car il disoit que laditte Dame estoit fille de Roy, sy estoit sa belle-mere : touttes fois Madame la Duchesse mettoit toujours là où elle pouvoit Madame Catharine devant, et lui faisoit grand honneur, et aussi faisoit Monsieur le Ducq Philippe, et l'appelloient *Madame*, et elle les appelloit *Beau-Pere* et *Belle-Mere*.

J'ay ouy dire que Madame Jeanne de France, sœur du Roy Louis [3], qui eut espousé Monsieur de Bourbon [4], alloit toujours devant Madame de Bourbon [5] sa belle-mere, mais elle la prenoit toujours à sa *main*; et Madame Jeanne appelloit Madame de Bourbon *Belle-Mere*, et *Madame* : pareillement faisoit Madame la Du-

---

[1] L'an 1439. — [2] Charles VII — [3] Louis XI. — [4] Jean, duc de Bourbon, deuxième du nom. — [5] Agnès de Bourgogne.

chesse Isabeau à Madame Catharine de France.

J'ay ouy dire que Madame d'Orleans ¹, quand elle fut au Quesnoy, lorsqu'elle parloit de Madame d'Orleans ² sa belle-fille, qui est sœur du Roy ³ à présent, et fille du Roy Louys ⁴, qu'on appelloit Madame d'Orleans : *le plus* ⁵ *du temps* elle disoit *Madame ma fille*; touttes fois Monsieur d'Orleans ⁶ son fils est si prez de la Couronne, que si le Roy mouroit mondit Seigneur d'Orleans seroit Roy.

Madame d'Orleans ⁷ à présent est fille du Ducq de Cleves, et sa mere estoit sœur ⁸ aisnée du Ducq Philippe de Bourgongne, et demeura à la Cour de Monsieur le Ducq Philippe son oncle tant qu'elle se maria à Monsieur d'Orleans ⁹, et lui donna Monsieur le Ducq Philippe, son mariage, et furent les nopces faictes à Saint-Omer ¹⁰, comment j'oys dire à Madame ma mere.

Quand maditte Dame d'Orleans fut mariée, l'on disoit que parce que Monsieur d'Orleans

---

¹ Marie de Clèves. — ² Jeanne de France. — ³ Charles VIII. — ⁴ Louis XI. — ⁵ La plupart du temps. — ⁶ Louis, duc d'Orléans, depuis roi, douzième du nom. — ⁷ Marie de Clèves. — ⁸ Marie de Bourgogne. — ⁹ Charles, duc d'Orléans, chevalier de la Toison-d'Or. — ¹⁰ L'an 1440.

estoit plus prochain de la Couronne, que Monsieur le Ducq Philippe n'estoit, que Madame d'Orleans devoit aller devant Madame la Duchesse de Bourgongne; touttes fois Monsieur d'Orleans défendit à Madame sa femme, qu'elle n'allast point devant Madame la Duchesse sa belle-tante; car, comme il disoit, elle estoit fille de Roy, et si avoit espousé un Ducq si puissant et si noble qu'elle devoit bien aller devant : pareillement Monsieur le Ducq Philippe ne vouloit point que Madame la Duchesse allast devant pour l'honneur de la Couronne, dont il estoit plus prochain que lui, et ainsi (comme l'ouys dire) ces deux Princesses se faisoient grand honneur l'une à l'autre, et de faict elles alloient partout devant.

J'ay ouy raconter [1] que quand le Roy [2] fit son entrée à Paris, là où le Ducq Philippe estoit et Monsieur d'Orleans, que Monsieur d'Orleans [3] alloit devant, et aucuns demandoient au Ducq Philippe pourquoi il le souffroit, j'ouys dire qu'il respondit que Monsieur d'Orleans estoit le plus vieux. Touttes fois à coroner le Roy, le Ducq de Bourgongne va devant tous; car il est le premier Pair et Doyen.

---

[1] L'an 1461. — [2] Louis XI. — [3] Charles, duc d'Orléans.

Et si ai ouy dire qu'à tel *honneur* le Mareschal de Bourgongne va devant cestuy de France: et pour le débat qui a esté dernierement entre le Mareschal de France et cestuy de Bourgongne, à l'entrée du Roy Charles [1] à present, a esté ordonné que partout ils iront *l'un devant l'autre, puis l'un, puis l'autre;* ce qu'a esté fait au grand regret du Mareschal de Bourgongne, car il disoit que continuellement il devoit aller devant. Le Roy n'en avoit point ordonné, parce que son entrée fut trop subite, et pour ce ils alloient partout *l'un devant l'autre:* et au soir quand le Roy souppa à la table de Marbre au Palais, il fut ordonné que les deux Mareschaux n'y soupperoient pas pour leur débat : et fut dit que Monsieur le Mareschal de Bourgongne iroit soupper avec Madame de Beaujeu [2] sœur aisnée du Roy, et l'autre avecq Madame d'Orleans [3] mere de Monsieur d'Orleans à present. Monsieur le Mareschal de Bourgongne ne fut pas content de cette ordonnance, touttes fois la cause demeura ainsi pour cette fois, et fut cette entrée du Roy l'an M. CD. LXXXIV.

---

[1] Charles VIII. L'an 1484. — [2] Anne de France. — [3] Marie de Clèves.

J'ay ouy dire que le Mareschal de Bourgongne doit aller devant, pour ce que le Duc de Bourgongne est premier Pair et Doyen de Paris ¹ : et quand on coronne le Roy, le Duc de Bourgongne tient la Couronne à ses deux mains sur la teste du Roy, et les autres Pairs n'y mettent que chacun un doigt ².

J'ay ouy dire à Madame ma mere qu'en sept sepmaines que Madame la Duchesse Isabeau de Portugal ³ fut devers le Roy et la Royne de France, oncques elle ne disna ne souppa avecq aucun des deux : mais Madame la Dauphine venoit bien vers Madame la Duchesse, et là estoient-elles aucunes fois deux ou trois jours sans se partir ; et vit Madame ma mere que l'on servoit Madame la Dauphine à *couvert* ⁴, et Madame la Duchesse de Bourgongne point : et quand Madame la Dauphine avoit

---

¹ Pairs. — ² *Doigt* semble ici pour *main*. — ³ L'an 1445.

⁴ *Couvrir* et *couvert :* ces mots désignent l'usage où l'on étoit de couvrir les choses qu'on mettoit devant les personnes à qui l'on devoit rendre des honneurs particuliers, ou qu'on leur présentoit : on couvroit les plats, et peut-être le sel, le poivre et autres épiceries qu'on servoit sur la table auprès d'elles : si on leur offroit des dragées, le drageoir étoit couvert d'une serviette. Le cadenas, qui n'appartient qu'aux personnes du plus haut

lavé àtout [1] deux bassins, l'on apportoit à laver à Madame àtout un bassin et un aiguier sans faire essay ; et pareillement à la table quand elles lavoient. Mais quand Madame la Duchesse avoit lavé à la table, on lui bailloit la serviette et elle la prennoit par dessoubs, et quand elle avoit essuyé, elle la bailloit de costé à son escuyer tranchant, ou à un autre qui la prenoit, et puis au lever de la table, elle s'agenouilloit jusques en terre, et en touttes choses Madame la Duchesse faisoit aussi grand honneur à Madame la Dauphine qu'elle faisoit à la Royne.

J'ai veu le Roy de France [2], pere du Roy Charles [3] à present, estre deschassé [4] du Roy Charles [5] son père, pour aucun débat, dont on dit que la belle Agnès estoit cause, et pour ce s'en vint au refuge devers le bon Ducq Philippe, car il n'avoit de quoi vivre.

Ledit Roy Louys, luy estant Dauphin, vint à Bruxelles [6], accompaigné environ de dix chevaulx qui estoient de sa compaignie, et

---

rang, est encore conservé à la cour sur la table des princes comme un reste de cette ancienne étiquette.

[1] Avec. — [2] Louis XI. — [3] Charles VIII. — [4] Chassé. — [5] Charles VII. — [6] L'an 1456.

Monsieur le Mareschal de Bourgongne[1] qui le conduisoit.

Pour ce temps le Ducq Philippe estoit devant Utrecht en la guerre, et il n'y avoit pour le recevoir que Madame la duchesse Isabelle et Madame de Charrolois sa belle-fille, laquelle estoit grosse de Madame Marie de Bourgongne sa fille, depuis Duchesse d'Austriche.

Monsieur le Dauphin arriva en laditte ville de Bruxelles, où estoient mes susdittes Dames, comme à huit heures du soir envers la S. Martin, et quand mesdittes Dames sceurent qu'il estoit dedans la ville, elles allèrent jusqu'à la porte devant la cour qui est sur les *bailles*[2], et là de pied *coy*[3], l'attendirent; et quand il vint tout prez d'elles, il descendit, et baisa Madame la Duchesse[4], et Madame de Charrolois[5], et Madame de Ravestein[6], lesquelles s'agenoüillèrent touttes à terre, et puis il vint baiser le demeurant[7] des Dames et Damoiselles de l'hostel.

Apres cela il print Madame la Duchesse par le bras et la vouloit mettre au-dessus de lui,

[1] Thibault de Neufchâtel, chevalier de la Toison-d'Or. — [2] Barrières, palissades. — [3] De pied ferme. — [4] Isabelle de Portugal. — [5] Isabelle de Bourbon — [6] Béatrix de Portugal. — [7] Le reste.

ce qu'elle n'eut jamais fait, touttes fois il en pressa tant Madame qu'elle lui dit : Monsieur, il semble que vous avez desir que l'on se mocque de moy, car vous me voulez faire faire ce qu'il ne m'appartient pas. Monsieur le Dauphin disoit que non, et qu'il lui devoit bien faire honneur, car il estoit le plus pauvre du Royaume de France, et qu'il ne sçavoit ou querir refuge, sinon devers son *Bel-Oncle* le Duc Philippe et elle.

Ils furent en ces paroles plus d'un quart d'heure, et à la fin quand il vit que Madame pour rien ne vouloit aller devant, il la print au-dessoubs de lui, et l'emmena : dont maditte Dame fit fort parler, car pour rien ne voulut aller à sa *main*, et disoit qu'elle ne le debvoit pas faire; mais il lui plaisoit qu'elle fit ainsy, et pour ce elle le fit; et en cet estat Madame le mena dans sa chambre, et au prendre congé de lui, elle s'agenoüilla jusqu'à terre, et pareillement mes autres Dames de Charrolois et de Ravestein, et puis touttes les autres.

Il est à sçavoir que quand Madame allat au devant de mondit Seigneur le Dauphin, l'une des Dames ou Damoiselles portoit sa queüe, et celle de Madame de Charrolois sa belle-fille un Chevalier ou Gentilhomme : et Madame de Ravestein portoit elle-même la sienne; mais quand Madame apperceut Monseigneur le Dauphin, celle qui portoit sa queüe la laissa aller, et pareillement cestuy qui portoit celle de Madame de Charrolois, et quand Monsieur le Dauphin et Madame la Duchesse marchoient ensemble, maditte Dame prenoit elle-même sa robbe en sa main, et son Chevalier d'honneur ou quelque autre luy aidoit bien à porter, mais elle y avoit tousjours la main, et Madame de Charrolois portoit la sienne.

Quand Madame la Duchesse mangeoit là où Monsieur le Dauphin estoit, l'on ne la servoit point à *couvert*, et ne faisoit-on point d'essay devant elle; mais elle beuvoit en sa couppe sans *couvrir*.

Quand Monsieur le Ducq Philippe retourna de la guerre d'Utrecht, il vint à Bruxelles, où Madame la Duchesse sa femme et Madame de Charrolois sa belle-fille allerent en bas environ le milieu de la cour pour le *bien veigner* [1] : et quand le Dauphin le sceut, il vint de sa chambre là où il estoit, jusques devers Madame, et là de *pied coy* il attendit Monsieur le Ducq Philippe. Touttes fois Madame luy dit et prie

[1] Saluer, recevoir.

qu'il se retira en chambre, et qu'il n'appartenoit qu'il vînt ainsi au devant de mondit Seigneur le Ducq, mais il ne fut au pouvoir de Madame de le faire retourner.

Quand Monsieur le Ducq sceut que Monsieur le Dauphin l'attendoit emmy la Cour, quand il vint à la porte, il descendit à pied, et dez qu'il perceut Monsieur le Dauphin, il s'agenoüilla jusques à terre. Monsieur le Dauphin voulut marcher, mais Madame, laquelle il tenoit par le bras, le retint, et Monsieur le Ducq Philippe s'avança tant qu'il eust fait le deuxiesme *honneur*, *premier que* [1] Monsieur le Dauphin sceût venir à luy : et quand il vint à luy, Monsieur le Ducq s'agenoüilla jusques à terre, et Monsieur le Dauphin le print *bras-à-bras* [2] et en cest estat bras-à-bras s'en allerent jusques aux degrez; et de là Monsieur le Ducq le mena jusques dans sa Chambre, et là print congé et s'en vint en la sienne, et mes Dames s'en allerent à la leur.

J'ay ouy dire à Madame ma mere et aussi je l'ay veu, que Monsieur de Cleves, [3] ne se servoit point à *couvert* avecq Monsieur le Ducq

---

[1] Avant que. — [2] Et sy s'agenouilla fort bas.
[3] Adolphe de Clèves.

Philippe, et avecq Madame la Duchesse, même Monsieur et Madame la Duchesse prenoient les espices de luy, tant que son pere vivoit; mais depuis qu'il fut Ducq, Monsieur ne Madame ne vouloient point prendre les espices de luy; touttes fois il ne se servoit à *couvert* là où Monsieur et Madame estoient.

Monsieur de Nevers [1] alloit tout plainement devant Monsieur de Cleves, et Monsieur d'Estampes [2], frere maisné de Monsieur de Nevers, vouloit aussi aller devant, mais Monsieur de Cleves ne le vouloit point souffrir.

Monsieur le Ducq Philippe et Madame la Duchesse prenoient les espices et l'offrande de Monsieur de Beaujeu [3], deuxiesme fils de Monsieur de Bourbon, et des enfans de Cleves [4] et de Monsieur d'Estampes, mais point de Monsieur de Nevers, depuis que son pere fut mort, ne aussy de Monsieur de Cleves depuis qu'il fut Ducq; et en prenoient aussi de tous les Princes et Comtes de leur maison, exceptez ces deux cy-dessus nommez.

Madame de Bourbon et Madame de Cleves

---

[1] Charles de Bourgogne. — [2] Jean de Bourgogne, chevalier de la Toison-d'Or. — [3] Philippe de Bourbon. — [4] Jean et Adolphe.

alloient à la *main* de Madame la Duchesse de Bourgongne ; et laditte Dame les appelloit *Belles-Sœures*, et les deux autres disoient *Madame ma Sœure*. Touttes fois touttes se servoient à *couvert* ensembles, et comme j'entend, Madame faisoit beaucoup d'honneur à Madame de Cleves, pour ce qu'elle estoit aisnée fille de Bourgongne.

Monsieur de S. Pol [1], qui depuis fut Connestable de France, ne prenoit pas espices avecq les nepveux de Monsieur le Ducq Philippe ne de Madame.

Et est à sçavoir que quand l'un des Princes cy-dessus nommez avoit servi Monsieur et Madame d'espices, après l'un des plus grands, comme le premier Chambellan ou le Chevalier d'honneur de Madame prenoit le *Drageoir* [2], et servoit Messieurs les nepveux et niepces, et après ceux qui les avoient apporté, les reprenoient et en servoient par-tout.

Item que toujours l'espicier ou ceux de son *ayde* [3], apportoient les espices jusque là où Monsieur et Madame estoient : mais il n'y en

---

[1] Louis de Luxembourg. — [2] Espèce de vase où l'on mettoit les dragées et autres confitures. — [3] Les aides d'épicerie.

avoit nulles *couvertes*, que celles qui estoient pour Monsieur, qui estoient couvertes d'une serviette.

Nativité de Madamoiselle Marie de Bourgongne.

Du temps que Monsieur le Dauphin estoit par deça deschassé du Roy Charles son pere, Madame Isabelle de Bourbon femme de Monsieur le Comte de Charrolois, seul fils de Monsieur le Ducq Philippe de Bourgongne et de Madame Isabelle fille du Roy de Portugal [1], accoucha de Madamoiselle Marie, depuis Duchesse d'Austriche, et a esté seule fille, car Monsieur de Charrolois (qui a esté depuis Ducq de Bourgongne, après le trépas de Monsieur le Ducq Philippe son pere) n'eust jamais enfant masle, et fut laditte Marie mere du Ducq Philippe à present, et de Madame Margarite [2] Royne de France à present, et eust ces deux enfans de Monsieur le Ducq d'Austriche son mari, seul fils de l'Empereur.

Et c'est à sçavoir que maditte Dame de Charrolois accoucha à Bruxelles, et n'estoit pour

[1] L'an 1456. — [2] Épouse du roi Charles VIII.

celle heure le Duc Philippe audit Bruxelles.

La Chambre de maditte Dame estoit grande et y avoit deux grands licts l'un emprez l'autre d'un rang, et au milieu des deux licts y avoit une *allée*[1], bien de quatre ou cinq pieds de large.

Item au bout de l'*allée* emprez le chevet des deux licts estoit une grande chaise à hault dos par derriere, comme ces grandes chaises du temps passé.

Item il y avoit une couchette devant le feu, et estoit ceste couchette basse à *roullets*[2], comme celles que l'on boutte dessoubs les licts.

Item il y avoit un grand ciel de drap de damas verd, lequel ciel comprenoit tous les deux grands licts, et y avoit *courtines*[3] de *demy satin* verd tout autour ceste entrée des deux licts, et lesdictes courtines estoient cousues au ciel, et ne couvroient point celles des pieds, et n'approchoient point l'une l'autre d'aussy large que l'*allée* estoit entre les deux licts; les franges qui estoient autour des *gouttieres*[4] du ciel estoient de soye verde.

Aux pieds des deux grands licts estoient deux autres *courtines* de *demy satin* verd comme

[1] Ruelle. — [2] Roulettes. — [3] Rideaux. — [4] Pentes.

les aultres, et estoient lesdittes courtines à *annelets*[1] pour courre touttes deux, *joindans*[2] ensembles quand on vouloit; et estoient cesdictes courtines tendues aussy hault que le ciel, et à deux ou trois pieds loing des autres courtines, et quand on vouloit, on les clooit tout prez, que l'on ne voyoit point l'*allée* entre les deux licts, mais de jour elles estoient ouvertes autant que l'allée entre les deux licts portoit.

Au milieu des deux grands licts, il y avoit une pareille *courtine*, laquelle estoit troussée tout hault, comme l'on trousse *courtines*, et estoit toutte serrée au bout dessus la chaire, et ceste-là n'estoit jamais tendue.

Ces trois *courtines* dont j'ay icy parlé on les appelle *traversaines*, et ay ouy dire que quand la Royne de France gist, elle en a une plus, et est au travers de la chambre; mais Madame la Duchesse de Bourgongne, ne Madame de Charrolois, sa belle-fille, n'en avoient que trois, comme cy-dessus est escript.

La couchette estoit tendue d'un pavillon quarré aussy grand que la couche estoit, aigu à mont, et avoit audit pavillon tour entour courtines de satin verd, lesquelles estoient

[1] Anneaux. — [2] Joignants.

cousues audit pavillon; mais aux deux costez les courtines estoient fendues pour les lever de quelque costé que l'on vouloit, et estoit le dessus dudit pavillon de damas verd, comme le ciel des licts.

La chambre autour n'estoit tendue que de soye verde, et au bas toutte tapissée de tapis velus jusques à l'huis, et entre les deux grands licts et tout par tout.

Les deux grands licts et la couchette estoient couverts d'ermines *arminées* [1], et le dedans desdits *couvertois* [2] estoit de fin drap violet, et passoit le drap violet bien trois quartiers la *panne* [3]; et quand ils estoient sur les licts, la panne et le drap pendoient bien à terre aulne et demie, et est à sçavoir que l'on mect tousjours la panne dehors.

Dessus ces *couvertoirs* il y avoit deux beaux draps de fin *couvre-chief* de *crespe empesé* [4], qui traînoient plus long que les couvertoirs, et la couchette estoit couverte comme les grands licts, et estoient touts les licts *rebrassez* [5], comme pour s'y coucher : mais les *couvertoirs* d'ermi-

---

[1] Mouchetées. — [2] Couvertures. — [3] La fourrure. — [4] Gaze ou toile fine comme mousseline. — [5] Retroussés ou relevés.

nes estoient si hault que l'on ne voyoit point les draps, sinon au chevet; et estoit ledit chevet couvert de *drap de crespe :* sur chaque grand lit avoit sur le chevet un carreau; et estoient lesdits carreaux de trois quartiers de long et de deux de large ou environ. La chaire qui estoit entre les deux grands licts estoit couverte depuis le hault jusques au plus bas de drap d'or cramoisy, et un carreau de même dans laditte chaire.

En laditte Chambre il y avoit ung grand *dressoir*[1], sur lequel y avoit quatre beaux degrez[2], aussy longs que le *dressoir* estoit large, et tout couvert de nappes : ledit *dressoir* et les degrez estoient touts chargez de vaisselles de cristalle garnies d'or et de pierreries, et s'y en y avoit de fin or; car toute la plus riche vaisselle du Ducq Philippe y estoit, tant de pots de tasses comme de couppes de fin or. Autres vaisselles et bassins, lesquels on y met jamais qu'en tel cas. Entre autre vaisselle il y avoit sur ledit dressoir trois *drageoirs* d'or et des pierreries, dont l'un estoit estimé à quarente mil escus, et l'autre à trente mil.

Sur ledit *dressoir*[2] estoit tendu un *dorsset*[3]

---

[1] Buffet. — [2] Dais. — [3] Dossier.

de drap d'or cramoisy bordé de velour noir, et sur le velour noir estoit bordée de fin or la devise de Monseigneur le Ducq Philippe, qui estoit le fusil.

Pour déclarer de quelle façon est un *dorseret*, pour ce que beaucoup de gens ne sçavent que c'est; un *dorseret* est de largeur de trois draps d'or ou d'un autre drap de soye, et tout ainsy fait que le ciel que l'on tend sur un lict, mais ce qu'est dessus le *dressoir* ne le passe point plus d'un quartier ou d'une demie aulne, et est à *gouttieres* et à franges comme le ciel d'un lict, et ce qui est derriere le dressoir, depuis en hault jusques en bas, est à deux costez, bordé de quelque chose autre que le *dorseret* n'est; et doit estre la bordure d'un quartier de large ou environ, aussy bien au ciel que derriere.

Item, sur le *dressoir* qu'estoit en la chambre de maditte Dame, avoit tousjours deux chandeliers d'argent, que l'on appelle à la Cour *mestiers* [1], là où il y avoit tousjours deux grands flambeaux ardents, tant qu'elle fut bien quinze jours avant que l'on commençat à ouvrir les *verrieres* [2] de sa Chambre.

[1] Mortiers, chandelles de nuit qu'on appeloit aussi mortiers de cire. — [2] Fenêtres.

Auprès du *dressoir* à un coing, il y avoit une petite tablette basse, là où l'on mettoit les pots et tasses pour donner à boire à ceux qui venoient veoir Madame, après qu'on leur avoit donné de la dragée; mais le *drageoir* estoit sur le *dressoir*.

Item, en laditte chambre y avoit tousjours grand feu, mais cela se fait selon le temps, car ce n'est point d'*état*.

La chambre de l'enfant (qui estoit Madamoiselle Marie de Bourgongne, depuis Duchesse d'Austriche) estoit pareillement à deux grands licts, et le *bers* [1] où elle couchoit estoit devant le feu, et n'y avoit point de couchette; et estoient les deux grands licts tendus de drap de damas verd et violet, et les courtines de pareil couleur, et estoient de *samyt* [2] : et estoit le ciel si long, qu'il couvroit les deux licts : mais il n'y avoit nulles *traversaines*, et estoient les licts couverts de pareil de la chambre, qui estoit tendue de *sayette* verde et vermeille.

Il y avoit dessus le *bers* un pavillon de damas verd et violet, comme le ciel de grands

---

[1] Berceau.

[2] *Samyt* et *Soye*, deux espèces d'étoffes plus précieuses que la *saye*.

licts, et les courtines de mesmes, à sçavoir de *samyt*.

Le *bers* estoit couvert d'ermines *arminées* trainantes à terre, et un fin drap de *crespe* dessus, et tout autour *tapis velus ;* et entre les deux grands licts une chaire couverte de mesme.

Item, devant laditte chambre de maditte Dame avoit une grande chambre, de laquelle on entroit dans la chambre de Madame, et estoit ceste chambre appelée la chambre de *parement*[1], laquelle estoit parée comme s'ensuit.

En laditte chambre avoit seulement un grand lict, lequel estoit tendu de satin cramoisy tout au tour, et le *couvertoir*[2] de mesme, et avoit au ciel un autre *couvertoir*, en chacun piece un grand soleil aussy grand que le tapis brodé de fin or moult riche, et estoit appellée cette tapisserie la *Chambre d'Utrecht*, et crois que ceux d'Utrecht la donnerent au Ducq Philippe. Les tapis d'autour la chambre estoient de *soye* rouge, à ce que j'ai retenu, les courtines de *samyt* cramoisy, et estoient troussées, et le lict fait et couvert du *couvertoir*, comme un

---

[1] Parade. — [2] Couverture, ou courte-pointe.

lict où nelluy ne couche : à un bout du chevet il y avoit un grand carreau de drap d'or cramoisy, item, autour du lict, tant aux pieds qu'au chevet, un fort grand tapis velûs.

Au bout de la chambre loing du lict y avoit un grand *dressoir* à trois degrez, fort hault et large, tout chargé de grands flacons et pots, et autres vaisselles d'argent doré et tasses et drageoirs; ledit dressoir couvert de nappe sur les degrez et autour, comme il appartient.

Au chevet y avoit une petite chaise couverte de velour, comme sont celles où les Princesses s'assissent souvent, et un carreau de drap d'or dedans; mais il n'y avoit en cette chambre qu'un seul lict, comme dessus est dict.

Baptesme de Madamoiselle Marie de Bourgongne.

MADAME DE CHARROLOIS, sa mère, accoucha d'elle en la ville de Bruxelles la nuit de St.-Valent, l'an M. CD. LVI.[1], estant adonc le Ducq Philippe en une autre ville; mais Madame la Duchesse Isabelle et Monsieur de Charrolois,

[1] Elle accoucha le 13 février 1456, qui est la veille de saint Valentin.

pere de maditte Damoiselle Marie, estoient tous deux pour l'heure à Bruxelles; et s'y y estoit Monsieur le Dauphin, comme j'ay dit ci-devant.

Est à sçavoir qu'au jour de la nativité l'on fit audit Bruxelles grandes festes de feu, et de sonner les cloches et autres grands signes de joye, et ainsy fit-on ès autres pays subjets à mondit Seigneur, quand ils furent advertis de laditte nativité.

Ceux de la ville de Bruxelles baillerent quatre cent torches; Monsieur de Charrolois en fit faire deux cent : ainsy furent DC. en tout, et pesoit chacune quatre ou cinq livres.

Item, ledit baptesme se fit à Coberghe, pour ce que S. Goulde est trop loing de l'hostel de mondit seigneur, et y avoit des *bailles*[1] faictes depuis la moitié des grez de la salle à deux costez jusques à l'huis de l'Église de Coberghe, et estoient si larges, qu'il y pouvoit bien aller entre deux six ou sept personnes de front.

Item, les torches que ceux de Bruxelles avoient baillé, furent portées par leurs gens, tous habillés d'une livrée, et estoient mis à deux costés des *bailles*, et estoient arrangez

[1] Barrières.

tant que les derniers venoient à l'huis de l'Eglise, et ne se bougeoient lesdittes torches, car le chemin est trop court de l'hostel de Monsieur jusques à Coberghe. Dedans l'Eglise y en avoit cent que Monsieur avoit faict faire, et estoient arangées en la nef de l'Eglise, et les portoient les officiers de l'hostel qui pareillement ne se bougeoient.

Item, les autres cent torches que mondit Seigneur avoit fait faire porterent tous gentilhommes de l'hostel, chacun bien en point, et allerent tousjours devant l'enfant, par le milieu des *bailles*, tant au aller qu'au revenir, et pareillement dedans l'Eglise.

Item, toute l'Eglise estoit tendue, et par especial la nef, de tapisserie fort riche : et droit devant le grand Autel estoit fait un *font*[1] et y avoit un bassin d'argent mis sur un bois aussy hault qu'un font, et rond et gros comme en façon d'une tour.

Lequel *font* estoit tout autour couvert et environné de drap d'or cramoisy et dessus un pavillon rond de *samyt* verd, et estoit ledit pavillon *rollé*[2] à mont tout autour, bien trois

---

[1] Fonts baptismaux. — [2] Roulé en haut, en remontant.

ou quatre pieds plus hault que la teste des gens : dessus les bords des fonts avoit un bien fin *doublier*[1] afin que l'on ne vit point le bois.

Item, ledit *font* estoit clos à une clef, jusques à tant que Monsieur l'Evêque de Cambray[2] vînt à qui la clef fut baillée, et celuy qui en avoit eu la charge au paravant, en fit l'essay, en baillant la clef à Monseigneur de Cambray qui baptisa maditte Damoiselle.

En la chapelle auprès du chœur de l'Eglise estoit fait un *lict de carraux* de drap d'or, et est à sçavoir que c'estoit une table quarrée sur deux trettaux haults comme un lict. Dessus cette table avoit un beau fin *drap de toillette de Hollande*, et dessus ce drap avoit un *couvertoir* de drap violet fourré d'ermines *arminées*, et passoit le drap violet une demie aulne la *panne*, et estoit ledit couvertoir mis sur laditte table tout estendu, et traînoit tout autour bien une aulne, et estoit mise la panne dehors, comme aux licts, et par-dessus, un beau fin drap de *crespe* empesé, et dessus tout avoit deux carraux de drap d'or cra-

[1] Nappe peut-être pliée en double. — [2] Le bâtard Jean-François de Bourgogne.

moisy, l'un au chevet et l'autre plus bas, comme on fait un lict.

Item, dessus ledit lict estoit tendu un pavillon verd quarré aussy grand que la table, et estoient les courtines *rollées* devant : et estoit le dessus du pavillon de satin verd et les courtines de *samyt*.

Item, tout autour estoient tapis velus, et la Chapelle estoit toute tendue autour comme l'Eglise.

Madame la Duchesse de Bourgongne[1], grand-mere de l'enfant, l'apporta aux fonts, et l'*addrextra* Monsieur le Dauphin[2] luy seul, et ouy lors dire à ceux qui s'y cognoissoient que Monsieur le Dauphin *addrextroit*[3] seul l'enfant, pour ce qu'on n'eust sceu trouver son pareil pour l'addrextrer à l'un des costez de Madame, lequel honneur estoit fort grand, comme j'ouys dire.

Madame la Duchesse avoit pour ce jour vestu une robbe toutte ronde, car dez lors elle ne portoit ne queüe, ne drap de soye, aussy je n'ay pas retenu que nul luy porta sa queüe.

[1] Isabelle de Portugal. — [2] Louis XI. — [3] Peut-être tenir de la main droite, ou peut-être seulement porter.

Madame de Ravestein ¹ (niepce de Madame la Duchesse et fille du Duc de Coimbre, laquelle avoit espousé Monsieur Adolphe de Cleves, nepveu de Monsieur le Ducq Philippe) porta la queüe du manteau où l'enfant estoit enveloppé, et l'*addrextroit* Monsieur le bastard de Bourgongne ², et la queüe de la robbe de maditte Dame de Ravestein estoit troussée et nelluy ne la portoit, et estoit maditte Dame de Ravestein vestue de drap d'or bleu fourré d'ermines *arminées*.

Monsieur d'Estampes ³, frere de Monsieur de Nevers, cousin germain du Ducq Philippe, porta le cierge devant l'enfant, et Monsieur de Ravestein ⁴, fils du Ducq de Cleves, et neveu du Ducq Philippe, porta le sel en une couppe couverte, et Monsieur de Geldres ⁵, fils seul du Duc de Geldres ⁶, porta les bassins couverts, comme il est de coustume. J'ouys lors dire qu'on luy faisoit tort, qu'il n'alloit devant Monsieur de Ravestein, mais pource que Monsieur de Ravestein estoit son oncle, et qu'il estoit beaucoup plus ancien,

---

¹ Béatrix de Portugal. — ² Antoine de Bourgogne, chevalier de la Toison-d'Or. — ³ Jean de Bourgogne. — ⁴ Adolphe de Clèves. — ⁵ Adolphe de Geldres. — ⁶ Arnauld, duc de Geldres.

on le fit ainsy. Et est à sçavoir que le cierge et puis le sel, sont les plus honnorables à porter.

En cest estat fut porté et rapporté l'enfant, lequel fut prins en la chambre de *parement* ¹ et fut rapporté en la chambre de Madame de Charrolois couchée en son grand lict, lequel estoit à la droite main, paré comme cy-dessus est dit : et touttes les Dames et Damoiselles, Seigneurs et Gentilhommes y entrerent, jusques la chambre fut plaine.

Et là, quand Madame la Duchesse fut deschargée de l'enfant (lequel fut baillé à la nourrice par Madame de Berzé ² qui en avoit le gouvernement), Madame la Duchesse vint dehors les courtines, là où elle et Monsieur le Dauphin avoient présenté à Madame de Charrolois son enfant. Et lors elle allat au dressoir, là où celle qui le gardoit luy bailla le drageoir garny d'espices, comme il appartient, et quand Madame l'eust en la main, elle leva la serviette, dont il estoit couvert, et en bailla l'essay à celle qui estoit au dressoir.

Et lors Madame vint àtout le drageoir de-

---

¹ Parade. — ² Philippe de Bourgogne, fille bâtarde du duc Jean.

vers Monsieur le Dauphin, et s'agenouilla et fit l'essay, et présenta les espices à Monsieur le Dauphin, lequel fit grande difficulté de les prendre d'elle ; touttes fois il le fit ; et Madame de Ravestein le servit du goublet, comme il appartient : et lors l'on servit tous les Seigneurs et Dames et Damoiselles, comme il appartient.

Mais bien est à sçavoir que quand Madame la Duchesse eust servy Monsieur le Dauphin d'espices, l'une des Dames print le drageoir des mains de Madame, et en servit Monseigneur d'Estampes et aultres princes qui estoient-là, et puis l'une des plus grandes Damoiselles print le drageoir et en servit touttes les autres Dames et Damoiselles, qui estoient là venues au mandement de Monsieur et de Madame.

Le mois durant tous ceux et celles qui venoient vers Madame, quand ils avoient prins congé d'elle, et qu'ils estoient esloignez du lict où elle couchoit, on leur bailloit de la *dragerie*[1] et de l'hypocras, et servoit-on aux Seigneurs, Dames et Damoiselles, selon qu'ils estoient grands personnages.

[1] Collectif de dragées.

Baptesme de Monsieur Philippe d'Austriche Archiducq.
(1478.)

Le Baptesme de Monsieur Philippe à présent fils de Monseigneur le Ducq d'Austriche [1] et de Madame Marie Duchesse de Bourgongne, fut assez tel que celuy de Madame sa mere, sinon que depuis la maison de Monsieur à Bruges jusques dedans l'Église S. Donas on alloit tous sur *hourts* [2] faits selon la rue et au travers du marché : lesdits *hourts* estoient de la haulteur d'un homme et clos de draperie et bois tout du long; et y montoit-on à degrez qui estoient à l'entrée de la porte de la Cour, et si estoit toute la Cour tendue de tapisseries. Les rues par où on portoit l'enfant jusques à S. Donas estoient tendues et fort *jolloyées* [3] ; car chacun s'estoit mis en peine de faire son debvoir devant sa maison.

Il y avoit un grand et large *hourt* sur lequel les fonts estoient faits, afin que le peuple le vist, et le *hourt* sur lequel on venoit en apportant l'enfant *joindoit* [4] à cestuy-là, et du surplus en fut fait comme cy-devant est escript du baptesme de Madame sa mere.

[1] Maximilien, archiduc, puis empereur, premier du nom. — [2] Échafauds. — [3] Enjolivées, parées.— [4] Joignoit.

Item, la chambre de maditte Dame estoit tendue autour de *samyt* verd, et celle de Madame de Charrolois sa mere n'estoit tendue que de *saye* verde autour, mais les licts estoient *tout un* ¹ de toutte chose, excepté que ceux de Madame dessus les ermines estoient couverts de draps de *crespe* fort fin empesé, et ceux de Madame sa fille l'estoient de violet de soye; mais au regard de cela il n'y a point d'*estat*, ce qu'on y met n'est que plaisir, car il faut tousjours qu'il y en ait ou d'un ou d'autre.

Madame de Charrolois n'avoit que quatre degrez sur son *dressoir*, et Madame la Duchesse sa fille en avoit cinq. Touttes fois Madame de Charrolois fit tout tel estat dans sa gesine, que fit Madame la Duchesse de Bourgongne sa belle-mere du Ducq Charles son fils, pere de Madame d'Austriche : et touttes fois j'ay maintes fois ouy dire à Madame la Duchesse Isabelle, et à plusieurs aultres qui sçavoient des honneurs de France, que nulles Princesses ne debvoient avoir cinq degrez, fors seulement la Royne de France. Depuis les choses sont changées en plusieurs lieux,

¹ Uniformes en tout point.

comme l'on voit journellement; mais cela ne peut déroger, ny abolir les anciens honneurs et les estats que sont faits et ordonnez par bonne raison et délibération.

J'ay ouy dire à Madame la Duchesse Isabelle du temps que Madame de Charrolois accoucha de Madame d'Austriche, que nulles Princesses ne debvoient avoir la chambre de soye verde autour, fors la Royne seulement; et est à croire que Madame la Duchesse Isabelle avoit fait faire à Madame sa fille comme il appartenoit : car elle et Monsieur le Ducq Philippe avoient courage et biens assez pour ce faire, comme chacun sçayt, mais elle vouloit que Madame sa fille fit comme elle avoit fait ez gesines de Messieurs ses enfans selon les *estats* de France, et ay maintes fois ouy racompter que toutte la tenture du lict doict estre de damas, et les courtines de *samyt*, comme cy-devant est escript.

J'ay ouy dire à Madame ma mere que Madame de Namur disoit à la Duchesse Isabelle [1] que les Roynes de France souloient *gesir* [2] en blancq; mais que la mere du roy Charles [3], grand-pere de cestuy à venir présent [4] print

[1] Sa belle-fille. — [2] Être en couche. — [3] Charles VII. — [4] Charles VIII.

à gesir en verd, et depuis touttes l'ont fait. Maditte Dame de Namur, comme plusieurs fois j'ay ouy dire, avoit un grand livre en quoy estoient escripts tous les estats de France, et tousjours par son advis la Duchesse Isabelle faisoit touchant ces choses. Car les estats de Portugal et ceux de France ne sont pas tout un.

Comme les Comtesses et autres grandes Dames doivent gesir.

Plusieurs Comtesses peuvent gesir à deux grands licts, mais ils ne doivent estre couverts que de *menu vair* [1], et sy peut avoir couchette devant le feu, mais elles ne doivent point avoir la chambre verde, comme la Royne et grandes Princesses ont.

J'ay veu gesir plusieurs grandes Dames à la Cour, comme Madame la Vicedamesse d'Amiens et aultres, mais elles n'avoient qu'un grand lict, et deux couchettes, dont l'une estoit à un *cornet* [2] de la chambre, et l'autre devant le feu, et pavillon de soye, et le grand

---

[1] Espèce de fourrure de petit-gris. — [2] Coin.

lict de la chambre tendue d'*herbages*[1] ou de personnages, comme les tapisseries estoient, mais tousjours les courtines estoient de soye, quand on le pouvoit avoir, et le grand lict et les couchettes estoient tous couverts de *menu vair*, et dessus fin drap de *crespe* empesé, et traînoient le couvertoir et les draps bien une aulne autour; et est à sçavoir que les *couvertoirs* sont de drap violet fourré dessus de *menu vair* et la *panne* passe le drap bien demie aulne tout autour, et quand on couvre le lict, il faut tousjours que la *panne* soit dehors, et si fault que le *menu vair* soit du long du *couvertoir* le poil allant vers les pieds, et fault que quand le couvertoir est mis sur le lict, que le *menu vair* traîne avec le drap bien demie aulne autour du lict, et sy faut-il que le drap de dessus soit aussy long.

Item, le *dressoir* doit estre de trois degrez, et chargé de vaisselles, comme de pots, flaccons, et grosses coupes, et sur le large du dressoir doit aussy avoir pots, couppes, drageoirs et aussy deux chandeliers d'argent, où il doit avoir deux grands flambeaux de cire pour faire ardoir, quand quelqu'un vient à la

[1] Tapisseries de verdure.

chambre, et y doit tousjours avoir deux torches devant le dressoir, pour pareillement faire ardoir, quand il est mestier.

Item, la chambre doit estre toutte tapissée embas de tapis velus, aussy pleine qu'on la peut mettre jusques à l'entrée de l'huys.

Item, sur le grand lict et sur les couchettes doit avoir sur le chevet petits quarreaux de drap de soye ou de velour, ou de brodure; à sçavoir, sur le grand lict deux, à l'un des bouts du chevet l'un, et à l'autre bout l'autre, et sur le chevet des couchettes à chacun un, au milieu du chevet, et suslit d'autant pour les couchettes.

Item, sur le *dressoir*¹ doit avoir un *dosseret*² de velour, comme le ciel d'un lict, ainsy que devant est mis par escript; et fault que ledit *dosseret* soit de velour, ou d'autre soye; et sy est à sçavoir que celles qui ont les deux couchettes peuvent bien avoir le *dosseret* de velour sur velour.

Item, j'ay ouy dire que nulles ne doibvent avoir le *dosseret* bordé d'autre couleur, *n'est que ce sont*³ grandes Princesses.

---

¹ Buffet. — ² Dais et dossier. — ³ Si ce n'est que ce soient.

Item, en la chambre des Dames susdittes doit avoir une chaire à d'oz emprez le chevet du lict, couverte de velour ou d'autre drap de soye, ne chault de quelle couleur il soit; mais le velour est le plus honorable qui le peut recouvrer. Et au plus prez de la chaire y aura place où l'on peut mettre un petit banc sans *appois*[1], couvert d'un *banquier*[2], et des quarreaux de soye ou autres pour s'asseoir quand on vient veoir l'accouchée.

Item, les deux drageoirs, qui sont sur le dressoir, doivent estre plains de *dragerie*, et couverts de deux serviettes fines, et faut qu'ils soient l'un à un bout du dressoir, et l'autre à l'autre.

Item, les Dames de [3] *bannières grandes* ont en leur gesine le grand lict, et une couchette à un coing de la chambre, et tout ainsy tendus et ordonnez, comme cy-dessus est escript; et n'y a rien de différent, sinon qu'elles n'ont pont de couchette devant le feu.

Touttes fois depuis dix ans ença, aucunes Dames du pays de Flandres ont mis la couche devant le feu, dequoy l'on s'est bien mocqué,

---

[1] Appui, bras. — [2] Couverture de banc. — [3] De haut état, comme femmes des seigneurs bannerets.

car du temps de Madame Isabelle de Portugal, nulles du pays de Flandres ne le faisoient : mais un chacun fait à cette heure à sa guise : par quoy est à doubter que tout irat mal, car les estats sont trop grants, comme chacun sçayt et dit.

Item, en la chambre d'une gisante (quelque grande Dame ou Princesse que ce soit) nuls ne doivent servir d'espices, ne du vin, que femmes, quand le plus grand maistre du monde les viendroit veoir, et pareillement en touttes autres gesines de Dames ou Damoiselles.

Mais si quelque Princesse vient voir une gisante, l'on doit tousjours présenter à sa première femme, soit Dame ou Damoiselle, de porter le drageoir à sa Maistresse ; au cas touttes fois que la gisante n'ayt nulle de meilleur lieu, que celle qui suit la grande Dame ou Princesse qu'est venue veoir la gisante, car si elle en avoit une de meilleur lieu, elle le pourroit faire sans *reprinse* [1].

Item, à touttes Dames qui gisent doibt tousjours avoir une petite tablette du costé du dressoir là où les pots, où est l'hypocras et le

---

[1] Reproche, blâme.

vin, et les tasses de quoy l'on donne à boire, sans les prendre du grand dressoir, et s'y doibt estre couverte ladicte table d'une belle nappe.

La Chambre des Enfants de telles Dames pour le jour du Baptesme.

L'ENFANT doibt estre apporté en une chambre, et doibt estre le *bers* tendu d'un pavillon quarré ou rond comme le pavillon que l'on mect sur la couchette et doibt estre de soye ou *saye* : mais la soye est plus honorable et plus riche; touttes fois l'on en a bien veu de toille blanche, pour monstrer l'estat de celles qui n'avoient point puissance de l'avoir de soye ne de *saye*.

Il fault que le *bers* soit couvert de *menu vair* comme sont les licts, mais ne le fault point plus grand que le bers n'est, et si il passe les bords du bers de chacun costé quartier et demy, il suffit, car il ne fault point qu'il pende jusques à terre.

Item, il fault que ce soit un hault *bers*, pendant à anneaux de fers entre deux bois, comme l'on fait de coustume.

Item, il faut que devant le *bers* soit estendu un tapis velu, et ne fault point de drap sur le bers, sinon le *couvertoir* de menu vair, de quoy l'enfant est couvert : mais l'on mect bien un beau fin *couvre-chef*[1] devant la bouche de l'enfant, qui vient sur le couvertoir une paulme ou un quartier.

Item, en la chambre de l'enfant doibt avoir un grand lict tendu de ce qu'on fait des tapisseries ou *saye :* et le jour du baptesme on doibt mettre l'enfant sur le lict, et ne doibt estre le lict couvert sinon du *couvertoir* tel qu'à la tapisserie de la chambre : là le prend celle qui le doibt porter au baptesme, mais le bers doibt estre paré comme cy-dessus est escript.

Si il y a une chambre devant la chambre de la gisante qui soit tendue, comme il appartient, l'on peut là mettre l'enfant sur le lict : et puis après revenu de baptesme le porter en celle où le bers est, mais toujours faut-il que quand on le rapporte du baptesme on le porte à la gisante, et delà on le porte en sa chambre.

[1] Linge.

Comment le Baptesme des Enfants de telles Dames ou Damoiselles de tel estat se doibt faire.

L'ENFANT doibt estre enveloppé en un manteau de velour de quelque couleur qu'on veut, et faut qu'il aye du moins trois aulnes de long, mais la largeur de velour y suffit, et faut qu'il soit tout fourré de *menu vair*, et quant l'enfant est enveloppé dans le velour, il fault mettre par dessus l'enfant (quand celle qui le doibt porter l'a sur les bras) un long *couvre-chef*[1] de soye violet, qui *voise*[2] de la teste de l'enfant jusques à la terre, et du costé des pieds aussy long que le manteau ou plus.

Item, celle qui le porte doibt estre *addextrée* des Chevaliers ou Gentilhommes de bon lieu, et doibt avoir une Damoiselle qui porte la queüe du manteau de l'enfant.

A la Cour nulles ne faisoient porter la queüe du manteau des enfants par femmes que les Princesses; mais les Dames *Baronnesses* en leur maison le peuvent faire, comme j'aye veu: et celles qui demeuroient à la Cour les faisoient

---

[1] C'est ici un mot générique pour toute espèce d'étoffe. — [2] Aille.

porter par l'un de ceux qui les *addextroient*, et mettoient la queüe sur leur bras.

Item, il faut avoir trois Gentilhommes pour porter le cierge, le *seel* [1] et les bassins devant l'enfant. Le plus noble doit porter le cierge, et doit avoir une pièce d'or dedans, et cestuy-là vat le plus prez de l'enfant : droit devant luy vat celuy qui porte le seel, et doibt estre mis le seel en une couppe, où est un goblet couvert; et droit avant cestuy-là, doibt aller cestuy qui porte les bassins d'argent, dont cestuy de dessoubz doibt avoir un *bibeton* [2], comme un aiguiere et y doibt avoir de l'eau de roses, et de l'autre bassin l'on couvre cestuy-là : et quand l'on baille à laver aux fonts, on verse du bassin qui at le *bibeton* en l'autre, et n'y at point d'autres aiguieres.

Item, il faut que ces Gentilhommes qui portent ce que dessus est dit, ayent chacun une longue serviette au col toute ployée, comme d'une paulme de large, et faut que les deux bouts de la serviette pendent devant, et que de l'un des bouts, ils tiennent ce qu'ils portent.

Item, telles Dames en leur mesnage peuvent

---

[1] Sel. — [2] Biberon.

avoir au baptesme de leurs enfants quarante ou cinquante *torces* [1] : mais à la cour des Dames Baronnesses n'en avoient que trente-six du tems de la Duchesse Isabelle.

Item, il faut que ceux qui portent les torces, *voissent* [2] deux à deux devant l'enfant.

Comment les Fonts et les Eglises doihvent estre ordonnées pour les Enfants de telles Dames.

LE portail, où l'on commence l'office du baptesme, doibt estre tendu de tapisserie; et sy le font est en une chapelle, elle doit estre tendue tout autour, et s'il n'y at chapelle, sy doibt-on mettre tapisserie là où sont les fonts.

Item, la pierre des fonts, jusques à terre tout autour doibt estre couverte de velour, et dessus les bords du font tout autour un beau *doublier*, et dessus les fonts il ne doit rien avoir de tendu, car cela est pour les Princesses.

Item, il y doibt avoir une chapelle toutte tendue, et là doibt avoir une table carrée, comme un lict, et dessus un *couvertoir* de *menu*

[1] Torches. — [2] Aillent.

vair, et par dessus le menu vair un drap de *crespe*, et là-dessus des oreillers ou quarreaux de drap de soye pour desmaillotter et renvelopper l'enfant.

Item, la Sage-Femme et la Marainne doibvent venir à l'Eglise avec la Damoiselle servante de Dame, et doibt la Sage-Femme porter le *cresmeau* [1], et le bailler quand le Prestre le demande aussy, s'il y at quelque Prélat qui veuille faire cet honneur à l'enfant que de le baptiser, bien le peut faire sans reprinse, mais qu'il ne soit *compere* [2], car autrement ce seroit trop grand *estat*.

A la *relevée* [3] de touttes Princesses, *Dames d'Estat*, et *Banneresses*, ne doit avoir guaires de gens, et se doibt faire bien matin selon les lieux là où on est, et selon la coustume des Eveschez, et se doibt faire dans l'hostel sans aller à l'Eglise.

Les Princesses le font selon la coustume de la Cour, qui est toute telle que les autres, excepté qu'à l'offrande l'accouchée offre une chandelle et une piece d'or ou d'argent dedans; et un pain enveloppé dans une serviette,

[1] Béguin, coiffe ou bonnet qui se met sur la tête de l'enfant après qu'il a reçu le baptême. — [2] Parrain. — [3] Relevailles.

et un pot plain de vin, et ces trois offrandes, portent trois femmes après elles; et quand l'accouchée est à genouil devant le Prestre pour offrir, chascune des trois femmes lui baille ce qu'elle a apporté, et à chascune fois l'accouchée baise la paix que le Prestre tient : et aux Princesses l'on baise ce qu'on leur baille, et aux aultres point.

Du temps passé les Princesses estoient assises sur le lict, fort parées et ornées richement, et de-là les prenoient Princes ou Chevaliers, et Trompettes et Menestriers les menoient en la Chapelle relever, comme si ce fussent esté espousées : et le fit la Duchesse Isabelle de son premier enfant, comme j'ay ouy dire; mais depuis point : et aussy il me semble que le moins de feste, et le plus simplement est le plus honest pour ce jour : quand le lendemain on en debvroit plus faire; touttes fois c'est une joye pour ceux à qui il touche, et peut-on faire chere raisonable selon l'estat de chacun.

Des Dames de plus petit estat pour leur Gesine [1] et Baptesme de l'Enfant.

Un Banneret qui a trois ou quatre fils, ils ne peuvent tous estre Bannerets : ainsy un *maisné* [2] peut faire avoir à sa femme en sa gesine deux degrez sur son *dressoir*, ou un, selon les lieux dont ils sont.

Aussy un quy est fort noble de tous costez le peut faire pareillement et avoir la chambre tapissée et les licts, comme des autres Dames, mais l'Église point tendue, sinon le *poriet* [3] et les fonts.

Aultres nobles Dames ont un degrez sur le dressoir, et le lict couvert de menu vair, et leur couchette à un coing de la chambre, sans rien avoir tendu, ny autour, et leur chambre tapissée à demy.

Aultres femmes qui sont de quelque estat, nobles femmes de bon lieu, peuvent avoir le *dressoir* chargé de vaisselle, et leur lict et couchette du menu vair; aucunes n'ont point

---

[1] Couche, accouchement. — [2] Cadet. — [3] La porte d'entrée du baptistère. On voit ailleurs que le portail de l'église n'étoit tendu que pour les personnes du plus haut état.

de couchettes couvertes, et n'ont qu'un tapis devant le lict, sans plus.

Et les fonts pour celles-là ne sont de rien tendus, sinon d'une nappe autour pour le bord des fonts; mais pour les autres Dames dessus nommez, peuvent estre tendus de tapisseries ou de satin, ou de damas, selon qu'on les cognoit, et tousjours un fin *doublier*[1] sur le bord des fonts tout autour.

Des torces, on les fait selon l'estat de la chambre, à sçavoir l'une XL, l'autre XXX, XX, XII, VIII, VI, chacune selon son degré.

Nulles debvoient avoir chambre ne *bers* paré pour l'enfant, que celles qui ont trois degrez sur le dressoir : et celles de deux, à grande paine; et de plus bas, rien, sinon que l'enfant peut estre mis pour ce jour en lict en une chambre; et de celles de plus petit estat qui est icy escript, l'enfant doibt estre en leur chambre sur la couche, et là le doit-on rapporter du baptesme sans le porter autre part, et tousjours la nourrice emprez.

Item, touttes Dames et Damoiselles qui tiennent ces enfants, et pareillement celles qui sont au baptesme, et par especial les *marrines*[2]

---

[1] Nappe pliée en double. — [2] Marraine.

doibvent faire donner par leur premiere femme à la nourrice une pièce d'or, les unes plus, les autres moings, selon que les gens sont.

Le deüil que touttes Princesses et aultres doibvent porter pour leurs marits, pères et mères, et parents.

J'ay ouy dire que la Royne de France doibt demeurer un an entier sans partir de sa chambre, là où on lui dit la mort du Roy son marit : mais la façon des robbes et manteaux pour porter deuil est aultre en France que par deça ; car en France ils portent les longs draps; icy point.

Et chacun doibt sçavoir que la chambre de la Royne doit estre toutte tendue de noir, et les salles tapissées de drap noir, comme il appartient.

Touttes fois un Roy de France ne porte jamais noir en deuil, quand seroit de son pere, mais son deuil est d'estre habillé tout en rouge, et manteaux et robbe et chapron; mais la Royne porte deuil, comme j'ay ouy dire.

Madame de Charrolois¹, fille du Ducq de Bourbon², son pere estant trespassé ; incontinent qu'elle sceut sa mort, elle demeura en sa chambre six semaines, et estoit tousjours couchée sur un lict couvert de drap blancq de toille, et appuyée d'oreilliers : mais elle avoit mis sa *barbette*³ et son *manteau* et *chapperon*, lesquels estoient fourrez de menu vair, et avoit ledit manteau une longue queüe aux bords devant le chapperon, une paulme de large : le *menu vair* (c'est à sçavoir le *gris*) estoit *crespé* dehors.

La chambre estoit toutte tendue de drap noir, et en bas un grand drap noir, en lieu de tapis velu ; et devant laditte chambre, où Madame se tenoit, y avoit une autre grande chambre ou salle pareillement tendue de drap noir.

Quand Madame estoit en son particulier, elle n'estoit point toujours couchée, ni en une chambre.

Item, en grand deuil, comme de marit ou

¹ Isabelle de Bourbon. — ² Charles, duc de Bourbon, mort l'an 1456, le 4 décembre. — ³ *Barbette, Touret,* partie de l'habillement des femmes en deuil. Voyez *Touret,* page 208.

de pere, on ne souloit porter ny *verge*[1] ny gants ez mains.

Et si faut sçavoir que la robbe est aussy à queüe fourrée de *menu vair*, et le poil qui passe en hault et en bas, le *gris* est osté et ne voit onque le blancq : et durant qu'on porte *barbette* et *mantelet*, il en faut porter nulles ceintures ne ruban de soye, ne autre que ce soit.

Item, quand Madame de Charrolois sceut la mort de son pere, on fit pour luy un beau service en l'Église de Cauberghe à Bruxelles, là où estoient le Ducq Philippe et Madame la Duchesse, et Madame y alla aussy qui marchoit devant Madame la Duchesse *atout*[2] son manteau et chapperon ; et l'*addextroit* Monsieur de Croy[3], et encor un aultre : mais j'ay oublié qui c'estoit, et quand le service fut faict, elle ne *vuida*[4] plus sa chambre, jusques les six semaines furent passées.

Et ainsy doibvent faire touttes aultres Princesses ; mais les *Banneresses* ne doibvent estre que nœuf jours sur le lict pour pere ou mere, et le surplus des six semaines, assises devant

---

[1] Bague, anneau. — [2] Avec. — [3] Antoine de Croy, comte de Porcean. — [4] Quitta.

leur lict, sur un grand drap noir : mais pour marit elles doibvent coucher six semaines, et s'y la Princesse du pays les vint veoir, elles se doibvent lever de leur lict; mais point vuider leur chambre, et pour aultres point, sy elles n'estoient aussy grandes.

Les Dames ne doibvent point aller au service de leurs marits, s'il ne se fait après les six semaines : aussy ne font les Princesses, mais pour pere ou mere, ouy.

Item, pour le frere aisné l'on porte tel deuil que pour pere et mere, et tient-on chambre six semaines, mais l'on ne couche point.

Item, pour aultres freres et sœures on ne porte que la *barbette* et le *couvre-chef* dessus. Généralement pour oncles et cousins germains, le mantelet; pour issus de germains le *touret* et le noir.

Et est à sçavoir que pour marit on porterat demy an le manteau et *chapperon*, trois mois la *barbette* et le *couvre-chef* dessus, trois mois le *mantelet*, trois mois le *touret*, et trois mois le noir, et tousjours robbes fourrées de menu vair : au temps passé, on ne le portoit qu'un an; mais il me semble que pour marits on le doit porter deux, si l'on ne se remarrie.

Item, pour pere et mere un an, pour aisné

frere l'on dit un an : mais peu le portent si longuement pour aultres freres, sœures et aultres *amis* [1]; demy an, trois mois, selon que le cas le requiert.

Item, si une Dame *Banneresse* demeure veufve estant grosse, quand elle accouche, elle doit faire tendre sa chambre toutte de noir, et toutte la chambre en bas tapissée de drap noir, et sur son lict un drap blancq, et le dressoir couvert de nappes, comme il appartient sans vaisselle; mais une petitte tablette auprès le dressoir à un coing, là où le vin et les espices sont dessus.

J'ay veu du temps passé que Princes et grands Nobles gens, quand on faisoit le service de leurs parents, ils avoient queüe d'une aulne ou de trois quartiers, et les *cornettes* de leurs chapperons aussy longues : mais maintenant l'on porte touttes courtes *cornettes*, et aussy bien les Princesses que les aultres.

[1] Parents.

Comment l'on doibt couvrir la table d'un Prince ou Princesse.

Il faut avoir deux nappes, dont la premiere pende à deux costez aussy large qu'elle est.

Item, il faut avoir une saliere couverte là où on met le seel dedans, et met-on laditte saliere au milieu de la table, et le pain auprès enveloppé en une serviette, et les *trenchoirs* [1] d'argent. On en appuyerat contre la saliere jusques à quatre et non plus, et y fault deux petites escuelles d'argent au pied de la saliere, dessous la serviette où seront mis les *essays* tout tranchez de pain pour faire la *credence* [2] à chacun plat de viande, quand ils seront posez sur la table.

Item, sur la saliere il y fault avoir une serviette ployée de largeur d'une paulme, et se mettra à deux costez aussy large que la table est large; car la saliere doibt estre au milieu de la table.

Item, en la serviette où le pain est enveloppé il fault qu'il y aye avecq le pain une aultre serviette pour *torcher* [3] les mains du Prince ou Princesse à leur disné.

[1] Assiettes. — [2] Essai. — [3] Essuyer.

Item, il fault que le *goubelet* couvert, ou une *couppe* soit sur la table, et une *tasse* auprès, pour faire l'essay à la couppe; et fault que ledit *goubelet* soit au grand bout de la table.

L'ordre à observer ès maisons de Princes ou Seigneurs.

Ez Cours et Maisons de Roys, Ducqs, Princes, et de leurs femmes y doibt avoir quelque Seigneur, Chevalier, que l'on appelle Chevalier d'honneur, et quelque Dame quy s'appelle Dame d'honneur : et les Gentilfemmes de la maison se doibvent appeller les filles d'houneur de Madame, et la Vieille qui les garde se doibt appeler *Mere des filles*.

Aussy les Gentilhommes de telle maison se peuvent appeller, l'un Eschançon, l'autre Pannetier, l'autre Escuyer trenchant, et l'autre *Varlet servant*, et se peuvent et doibvent donner ces tiltres ez Maisons dessusdittes : et peuvent aussy avoir *ciels* et *dosserets* [1] en leurs *sales* ou *salettes*, dessus les tables où ils mangent.

[1] Dais et dossiers.

Se doibvent et peuvent aussy appeller les enfants masles d'icelles Maisons Jean *Monsieur*, Pierre *Monsieur*, ou ainsy que leurs noms portent. Aussy tous les enfants, fils ou filles desdits Princes ou Princesses, comme leur pere et mere.

Est aussy à sçavoir que quand les Roys, Roynes, Ducqs, Duchesses, Princesses ont des parents, niepces, cousins germains, et aultres de grand linage, puis qu'ils sont de Sang Royal, les doibvent appeller *beaux-nepveux, belles-niepces, beaux-cousins, belles-tantes* et *belles-cousinnes*, et doibt estre ce nom de *beau* ou *belle*, et des uns aux aultres aussy en escripture; mais qu'ils soient du mesme degré et d'une mesme noblesse.

Et touttes ces choses dessusdittes ne se doibvent faire ez maisons de plus bas degré; sy comme de Comtesses, Vice-Comtesses, Baronnesses, dont il y a grand nombre par plusieurs Royaumes et Pays : que s'il y at en icelle quelque Dame demeurant, elle se doibt appeller *Dame de Compaignie*, et non pas *Dame d'honneur*. Les Damoiselles se doibvent appeller Damoiselles ou *Gentilfemmes* de celles maisons et non pas *Filles d'honneur*. Celle qui les garde se doibt appeller par son nom,

Jeanne, Margarite, et non pas *Mere des filles*.

Et n'y doibt avoir Gentilhomme, à qui l'on donne titre d'Eschançon, Pannetier ou Escuyer trenchant.

Semblablement en telle Maison l'on n'y doibt faire essay, *credence de vin* [1] ne des viandes, ne baiser nulles choses que l'on baille au Seigneur ou la Dame, ny avoir *dosseret*, ny appeller les enfants comme ceux devantdits des Princes, et ne leur appartient aussy d'appeller leurs parents *beaux-cousins* ou *belles-cousinnes*, sinon aultrement que mon Cousin et ma Cousinne, et quiconque en use aultrement que dict est, il doibt estre notoir à chacun que cela se fait par gloire et présomption et doibt estre réputé pour nul, à cause que ce sont choses volontaires, déreglées et hors de raison; car il ne doibt estre licite à personne de prendre plus de présomption, ny de cérémonie qu'il ne lui appartient, et qu'il n'at esté anciennement accoustumé et estably.

Il ne leur appartient aussy de porter chappeaux ny cercle d'or sur les armes, avecq fleurons qui passent la bordure; et ne doibvent aussy porter *ermines mouchetées* ne *ge-*

---

[1] Essai.

nettes [1] *noires*, excepté celles quy sont descendues d'estoch et d'armes de Roys, de Ducqs et de Princes de droicte ligne; et ne doibvent aussy icelles Comtesses et Baronnesses aller au *roye* ny *à la main* [2] des filles des Roys, des Duchesses, des Princesses ni de leurs enfants, ains leur doibvent porter tout honneur et reverence.

Ne doibvent aussy porter robbes ni habillements de drap d'or frizé, ni des plus riches; car tels draps d'or et ornements doibvent estre reservez pour les Roys et aultres dessusdits; mais leur doibt suffire de porter aultre drap d'or qui fut de moindre prix, aultrement n'y auroit différent entre les habits Royaulx et des Princes. Aussy en leurs maisons n'en doibvent avoir accoustrements de licts, ne quarreaux pour leur usage, et leur doibt suffire d'accous-

---

[1] *Genette*, espèce de fourrure. Il y a deux sortes de genette, la rare et la commune. La commune est grise, mirouettée et tavelée de noir; l'autre, qui est l'excellente et rare, a le poil noir et luisant comme un satin, ou panne de velours noir : elle est marquetée et mirouettée de plaques et taches rousses, qui tirent sur le rouge d'une merveilleuse beauté. (Favin, Théât. d'hon., l. III, p. 518 et 519.)

[2] Peut-être au même rang, sur la même ligne.

trements de velours, damas et aultres draps de soye.

Ne doibvent aussy estre servies à table de nuls Gentilhommes qui aye serviette sur l'espaulle, sinon aultrement qu'à l'entour de leur bras, et ne doibt estre leur pain plié à la table, fors seulement mis sur la table avecq les couteaux, et couvert d'une serviette déployée, desliés.

Et ne doibvent leurs Maistres-d'hostel point porter de bastons, ne se doibvent faire servir à la table de *doubles nappes;* ne doibvent aussy faire porter la queüe de leurs robbes par femmes, fors par quelque Gentilhomme ou Page.

Ne doibvent aussy avoir en leur maison Gentilhommes sans nombre, ni haquenées sans nombre, mais seulement autant qu'à leur estat appartient.

Item, celles qui sont Comtesses et Dames du pays, sont comprinses au degré des Duchesses et Princesses, et ne doibt estre qu'une mesme essence ez tous estats.

Ce sont les honneurs ordonnez, *préservez* [1] et gardez ez Allemaigne, en l'Empire, aussy

---

[1] Maintenus, conservés.

au Royaume de France, en Naples, en Italie, et en touts aultres Royaumes et pays, où l'on doibt user de raison.

Et n'y at propos de ceux ou celles qui mettent en avant que les choses susdittes se faisoient en ce temps-là, et que maintenant c'est un aultre monde; telles allégations ne sont pas suffisantes pour rompre les choses anciennes et ordonnées, et ne les doibt-on estimer pour ce qu'il ne se doibt pas faire.

NOTE DE L'ÉDITEUR.

Les Mémoires d'Aliénor de Poitiers sont un des monuments les plus remarquables du 15ᵉ siècle. Les détails qu'ils nous ont conservés sur la minutieuse étiquette de ces vieux temps sont une preuve évidente de la décadence de la Chevalerie, et de l'accroissement prodigieux du pouvoir royal. Pour se convaincre de la justesse de cette observation, on n'a qu'à comparer *les Honneurs de la Cour* avec le poëme du *Vœu du Héron* dont l'action se passe un siècle avant que *madame* Aliénor rédigeât son ouvrage. Dans le poëme, on voit des chevaliers marcher les égaux des rois, parler et agir librement au milieu de leur cour ; dans le second de ces précieux souvenirs de notre histoire, le pouvoir souverain domine l'ordre social, et les plus nobles barons fléchissent le genou devant le roi de France et les princes de son sang. Ce n'est pas néanmoins sur ce changement politique que nous avons voulu appeler l'attention du lecteur.

Nous avons scrupuleusement suivi l'ancienne édition de Sainte-Palaye en rétablissant ici les *Honneurs de la Cour*, quelques mots seulement ont été corrigés d'après des titres originaux. Mais nous avons sous les yeux une autre version de l'ouvrage d'Aliénor de Poitiers ; nous nous croyons obligés de signaler les différences qui existent entre les deux textes.

Le fragment historique dont nous allons donner une rapide analyse, a été copié sur un manuscrit de l'Escurial. Il y fut probablement transporté par les princes de la maison d'Autriche qui ont si long-temps occupé le trône de l'Espagne. On le trouve imprimé dans le curieux ouvrage de Dunod de Charnage, intitulé : *Mémoires pour servir à l'Histoire du comté de Bourgogne*. Il porte pour titre :*'Cérémonial de la Cour de Bourgogne*. En voici le début.

PRÉFACE.

« Madame Alienor de Poictiers, fut fille de Monsieur
» Jean de Poictiers, Seigneur d'Arcy (en note : Arcy
» est sur l'Aulbe), et de Madame Isabeau de Sousa sa
» compagne, native du Royaume de Portugal; icelle
» Dame fille du Comte de Sousa et d'une fille descen-
» duë d'une branche de la maison des Rois de Portugal.
» Isabeau de Sousa s'en vient (en note : 1429) par
» deça avec Madame Isabeau, fille du Roi de Portugal,
» et fut mariée au Seigneur d'Arcy, dont elle eut plu-
» sieurs enfants, et entre les autres une fille qui fut ladite
» Alienor : et demeura icelle avec sa mère dès l'âge de
» sept ans en sa Maison de Bourgogne, tant qu'elle fut
» mariée à Messire Guillaume, Seigneur de Stavelo,
» Vicomte de Furnes en Flandre.

» Icelle Dame Alienor, a bien voulu mettre par écrit
» ce qu'elle vit et oüit dire à sadite mère, durant le
» temps qu'elles résidèrent en sa dite Cour de Bourgou-
» gne, des honneurs et statuts Royaux qui se doivent
» faire et entretenir ès Cours des Princes, chacun selon
» son état; sans les croître, excéder ou diminuer : et qui

» autrement en veut user, ils pourront plus tourner à
» dérision et tromperie, qu'à honneur et réputation : et
» ont été iceux statuts si bien ordonnés et débattus ès Cour
» des Rois et Reines, par les grands Princes et Nobles,
» comme aussi par Hérauts et Rois d'armes; que nul
» depuis n'a sçû ne dû différer à les garder et observer,
» pour le temps présent ne pour le temps avenir : et com-
» mence la ditte Dame ainsi :

» CHAPITRE PREMIER. — Quand je viens en Cour, etc. »

On voit que le sens, le style et l'orthographe diffèrent dans beaucoup de cas de la version que nous avons donnée. Dans l'ancien manuscrit copié par Sainte-Palaye, madame Isabeau, mère d'Aliénor de Poitiers, descend des rois de Portugal; dans le manuscrit de l'Escurial elle appartient seulement à une fille descendue *d'une branche* de la maison de ces souverains. Nous ne multiplierons point les citations, il nous suffit d'avoir indiqué au lecteur ces variantes qui au reste ne sont pas d'une haute importance historique. Il est présumable que le manuscrit de l'Escurial a été traduit en espagnol, et traduit de nouveau de cette langue en françois. Les expressions dont on se sert dans cette copie des *Honneurs de la Cour*, et l'orthographe de plusieurs mots, indiquent assez qu'elle date de la fin du seizième siècle, et que par conséquent elle est de beaucoup postérieure à celle qu'a suivie Sainte-Palaye.

MÉMOIRES

HISTORIQUES

SUR LA CHASSE.

PREMIÈRE PARTIE.

La Chasse a tant de rapports avec la guerre, que les nations les plus belliqueuses ont toujours fait de cet exercice leur amusement favori[1]. Les Francs se distinguoient des autres Germains, et comme chasseurs et comme guerriers. César et Tacite[2] nous les représentent occupés dans leurs forêts à poursuivre, outre les animaux connus, une espèce de bête fauve que nous ne connoissons point, et dont le bois poussoit une tige droite assez longue, qui se partageoit en deux branches. Cette occupation leur retraçoit sans cesse l'image des combats; elle exigeoit d'eux beaucoup de vigilance, d'activité, en un mot toutes les qualités nécessaires à la profession des armes; souvent aussi elle les exposoit à des dangers qui leur faisoient contracter l'habitude d'une intrépidité à toute épreuve. Quoique la passion de la Chasse fût une suite de l'âpreté des anciennes mœurs, elle pouvoit cependant s'allier avec les sentiments d'une ame généreuse, puisqu'elle contribuoit à la sûreté des habitants de la campagne, et à la conservation des récoltes, qui étoient continuellement menacées par une infinité de bêtes sauvages. Les anciens rois, les princes et la noblesse, durent être sensibles à ce motif. L'utilité publique, si digne d'exciter une noble émulation, accompagna souvent leurs plaisirs.

Les bornes que j'ai cru devoir me prescrire dans cet essai, ne me permettront pas de m'arrêter à plusieurs ouvrages, tant anciens que modernes, qui nous instruisent des différentes espèces de vénerie et de fauconnerie en usage chez les François. Ceux que ces détails pourroient intéresser, feront bien de consulter eux-mêmes ces divers traités. Pour moi je me contenterai de faire voir, comme un objet relatif aux mœurs, quel a été le goût de la nation pour la Chasse. Je me propose donc de recueillir, en parcourant la suite des règnes de nos rois, ce que l'histoire et la littérature peuvent fournir de plus curieux sur cette matière.

Les Francs portèrent dans la Gaule, où ils s'établirent, les mœurs des Germains leurs ancêtres, dont César et Tacite nous ont si bien tracé le tableau. Ces conquérants se faisoient de la Chasse un sujet d'émulation; c'étoit à qui s'y distingueroit davantage. C'étoit la Chasse qui leur fournissoit les victimes qu'ils immoloient à leurs dieux. Encore attachés aux restes d'un culte superstitieux, que les premiers prédicateurs de la foi eurent beaucoup de peine à déraciner, les François conservèrent long-temps l'usage de suspendre à des arbres antiques les têtes des animaux qui étoient tombés sous leurs coups. C'est peut-être de cet usage qu'est venu celui d'avoir à la porte des châteaux et près de nos églises, un orme ou quelque autre arbre remarquable par son antiquité, sa grosseur et l'étendue de ses branches; plusieurs de nos anciennes coutumes font mention de ce fait.

S'il faut en croire Aimoin, Clovis dut en partie à la Chasse sa victoire sur Alaric, roi des Visigoths : une biche, poursuivie par les chasseurs, découvrit un gué qu'on avoit cherché inutilement; sans cet heureux hasard, l'expédition n'eût point réussi. Les historiens du temps attestent que le roi Gontran porta la jalousie pour la Chasse à un tel excès, qu'il fit subir l'épreuve du duel à un de ses principaux officiers, sur le simple soupçon qu'il avoit tué une bête réservée pour ses plaisirs. C'est le premier exemple que l'histoire nous ait conservé de ces combats juridiques. On ne s'accoutuma que trop dans la suite à compter pour rien la vie des hommes, en comparaison de celle des animaux qu'on vouloit avoir la satisfaction de tuer soi-même.

L'exercice de la Chasse paroissoit être une partie essentielle de l'éducation des princes et des nobles. Aussitôt que leur âge pouvoit le permettre, ils apprenoient à monter à cheval; ils faisoient de petites parties de Chasse proportionnées à leurs forces; ce qui animoit leur courage, les formoit à la fatigue, et leur inspiroit de l'intrépidité, qualités qui alors décidoient presque seules du succès des combats.

Une noblesse naturellement active, ardente et jalouse de se signaler, devoit donc se livrer sans réserve à un exercice qu'elle regardoit comme l'apprentissage de la guerre, et qui lui apprenoit à marcher dans la carrière périlleuse des armes. On ne peut donc douter qu'elle n'ait porté au plus haut degré de perfection la pratique de la Chasse.

La plupart des moyens qu'on met en usage pour démêler les voies et les traces des bêtes, et pour les forcer, étoient connus dès ce temps-là. En voici une preuve convaincante.

L'histoire de Childebert II nous apprend qu'on découvrit dans les bois une bête extraordinaire ; c'était un bufle qui se tenoit dans son fort. Le roi, très-content de cette découverte, ordonne aux veneurs de faire pour le lendemain tous les préparatifs nécessaires, d'animer les chiens, et d'avoir une ample provision d'arcs et de flèches. L'aurore ne paroissoit pas encore, et déjà la troupe des chasseurs s'étoit mise en marche pour se rendre au fond des forêts. A peine commençoit-on à distinguer les objets, que chacun s'empresse à démêler d'un œil curieux les voies de l'animal. On découvrit enfin son gîte. Les chiens sont découplés, la bête est lancée, les veneurs la suivent guidés par le cri des chiens. Il ne seroit guère possible de mieux exprimer aujourd'hui l'action de *quêter* une bête et de la détourner; *le lancer, le laisser courre*, etc. C'est beaucoup qu'il nous reste sur une pareille matière, un passage si clair et si instructif.

Certaines légendes parlent souvent de Chasses qui se faisoient alors; mais toujours à l'occasion de quelques miracles, dont plusieurs ne sont guère dignes de la gravité de l'histoire. Tantôt c'est une meute qui, après avoir chassé tout le jour, se trouve le soir arrêtée par une force surnaturelle, devant un lieu saint, où le cerf s'étoit réfugié; tantôt c'est un lièvre qui, ayant épuisé toutes ses ruses pour échapper aux levriers, se jette entre les bras d'un saint homme qui lui sauve la vie. Ailleurs on voit un ours aux abois grimper sur un arbre où un hermite avoit jeté ses habits, et trouver sous ce respectable froc son salut. Ces récits, qui peuvent paroître assez frivoles en eux-mêmes, nous deviennent cependant précieux, parce qu'ils répandent des traits de lumières sur le sujet que nous traitons.

Nos rois chasseurs se piquoient d'attaquer de préférence les bêtes les plus redoutables, et de s'exposer les premiers aux plus grands périls, ainsi que l'histoire le rapporte de Théodoric II, roi des Visigoths : mais ils ne dédaignoient pas comme lui de faire usage du cor ou du cornet : ils en portoient toujours un pendu à leur cou, et ils en sonnoient à pleine trompe pour animer les chiens. L'automne étoit la saison de l'année où ils prenoient ordinairement le plaisir de la chasse, C'est un fait constaté par l'histoire de Thierri, fils de Clovis [3], et surtout par celle des rois de la seconde race. Les forêts de Vosges, d'Ardennes et de Guise, remplies de toutes sortes de grandes bêtes, avoient pour eux de puissants attraits; ils bâtirent aux environs plusieurs maisons royales : ils confièrent aux plus grands seigneurs la garde de ces forêts; ces seigneurs étoient chargés surtout d'empêcher que personne n'y chassât, et de punir rigoureusement ceux qui osoient transgresser ces défenses.

Toute la noblesse, à l'exemple des rois, avoit une extrême passion pour la Chasse : nul exercice ne convenoit mieux à des guerriers, qui, incapables de cultiver leur esprit, étoient uniquement occupés du soin d'augmenter leur force et leur adresse. La même passion se communiqua aussi au clergé, et il s'y livroit même avec une sorte d'indécence. En vain des conciles firent les plus puissants efforts pour réprimer ce désordre : des prélats oubliant la gravité de leur ministère, et le respect dû au lieu saint, ne rougissoient pas de faire retentir les églises de l'aboiement de leurs chiens, des cris de leurs oiseaux de proie. Cet abus sacrilége, commun alors à la noblesse et au clergé, n'empêchoit pas cependant que les chasseurs ne s'abstinssent religieusement de la Chasse les dimanches. C'est ainsi que, dans les siècles d'ignorance et de barbarie, on a presque toujours su allier ensemble tous les contraires.

Sur le déclin de la première race, il n'est plus question des Chasses de nos rois. Un plaisir qu'il faut acheter par tant de fatigues, dut être sans attrait pour des princes ensevelis dans le sein de la mollesse. Ils abandonnèrent sans doute cet exercice à leurs maires du palais, comme ils leur avoient abandonné les rênes du gouvernement.

Charlemagne, qui rendit à la monarchie françoise l'éclat qu'elle avoit perdu sous les derniers rois mérovingiens, et qui en étendit la puissance bien au-delà de ses anciennes limites, ce héros qui eut presque toujours les armes à la main, profitoit volontiers des courts intervalles que lui laissoit la continuité de ses expéditions rapides pour se livrer aux plaisirs et pour donner des fêtes. Il avoit imité, à bien des égards, le faste des empereurs d'Orient; c'étoit sur le modèle de leurs Chasses qu'il avoit formé l'état des siennes. Il paroît que les rois ses successeurs adoptèrent la plupart des institutions de ce prince, relatives à la Chasse. Voici l'idée qu'Hincmar, archevêque de Reims, nous donne de ces institutions.

Quatre veneurs, dit-il, étoient chargés des chiens de chasse, et un fauconnier des oiseaux de proie. Ils étoient subordonnés aux trois principaux officiers de la maison du roi, au sénéchal, au bouteillier et au connétable. C'étoit d'eux qu'ils recevoient l'ordre pour disposer; suivant les saisons, de tout ce qui étoit nécessaire aux différents équipages de fauconnerie et de vénerie. Ces trois grands officiers régloient aussi le nombre d'hommes, de chevaux et de chiens qu'on devoit entretenir dans le palais du monarque et dans chacune de ses maisons de Chasse; de plus, ils assignoient les quartiers où les divers équipages de chasse devoient aller résider; car il falloit choisir des lieux capables de fournir à leur subsistance, et où ils pussent en même temps s'exercer. Lorsque ces équipages commençoient à être à charge aux habitants d'un canton, on les faisoit passer dans un autre. On avoit néanmoins attention que le palais où résidoit le prince n'en fût jamais totalement dégarni, et qu'il y en restât toujours un nombre suffisant, soit pour servir au besoin, soit pour la décoration.

Charlemagne est toujours représenté comme un prince actif, que ses guerres et ses occupations n'empêchoient pas de suivre les exercices de la Chasse. Éginhard, son historien, dit qu'en cela il se conformoit au goût national; car, ajoute-t-il, aucun peuple sur la terre n'est comparable aux Francs dans l'art de la Chasse. La plupart des historiens contemporains nous parlent fréquemment de certaines parties de Chasse, où l'impératrice et les princesses, ainsi que l'empereur, signaloient également leur adresse et leur courage [1]. Il paroit que les Chasses se faisoient alors comme elles se font encore aujourd'hui en Allemagne. On rassembloit dans une enceinte, formée sans doute par des toiles et des filets, une grande quantité de bêtes: les principaux chasseurs, montés sur des chevaux dressés pour cet usage, les attaquoient à coups de javelot, et en faisoient une grande destruction. On rapporte que Charlemagne, s'étant égaré seul à la Chasse, découvrit les eaux d'Aix-la-Chapelle, qui depuis sont devenues si fameuses et si utiles [5].

Ces mêmes forêts où nos rois de la première race s'étoient exercés à chasser, furent aussi le théâtre des Chasses de Charlemagne et de ses successeurs. Ces princes faisoient la guerre au cerf pendant le mois d'août, et au sanglier en septembre et pendant tout le cours de l'automne [6]. Cependant nous voyons plusieurs de nos rois chasser aussi en hiver, au printemps, à Pâque et à la Pentecôte. Ils ne tenoient jamais leur cour plénière, qu'il n'y eût quelque grande Chasse. C'étoit pour donner à cette noblesse guerrière un divertissement qui s'accordât avec ses goûts. Dans la suite on y substitua les joutes, les tournois, et d'autres exercices de cette espèce, plus propres encore que la Chasse à former des militaires.

La nouvelle génération qui succéda à celle de Charlemagne [7], nous fournit peu de faits qui aient des rapports à la Chasse, si ce n'est un trait de l'abbé Suger, qui donna un grand exemple de fermeté, en faisant revivre les droits qui avoient été usurpés sur son monastère. En ces temps de licence et de trouble, la facilité qu'on avoit de secouer le joug de la subordination, faisoit que chacun entreprenoit autant qu'il pouvoit sur les droits d'autrui. Ceux surtout des églises et des abbayes étoient fort peu respectés par une classe d'hommes qui avoient la force en main. Le droit de Chasse en particulier étoit envahi par la noblesse, avec d'autant moins de scrupule, que la décence et les canons en interdisoient l'usage aux gens d'Église. Mais ils n'étoient pas eux-mêmes fort réguliers sur cet article. Suger, qui devint un excellent ministre d'Etat, et dont l'air contagieux de la cour n'altéra jamais la probité, se détermina, pour maintenir les droits de son monastère, à faire en personne une Chasse dans la forêt d'Iveline, appartenant à l'abbaye de Saint-Denis. Il assembla les feudataires les plus attachés à cette maison, le comte d'Evreux, Amauri de Montfort, Simon de Neaufle, Evrard de Villepreux et plusieurs autres : il alla passer avec eux huit jours entiers sous la tente, et pendant tout ce temps on ne discontinua pas de chasser les cerfs. Au retour, Suger fit faire partout des présents de venaison [8].

Philippe-Auguste, qui avoit beaucoup de goût pour la Chasse, ne négligea rien pour s'en ménager le plaisir. En 1183 il fit clorre de murs le bois de Vincennes, dans le dessein de le peupler de bêtes fauves. Henri, roi d'Angleterre, pour donner au monarque françois une preuve de son attachement, ordonna de rassembler, dans ses États de Normandie et d'Aquitaine, les jeunes cerfs, les daims et les chevreuils. Quand ils furent en assez grand nombre, il les fit tous embarquer sur un grand bateau, avec les provisions nécessaires pour leur nourriture, et les envoya par la Seine au roi de France son suzerain. On en peupla le bois de Vincennes, et des gardes perpétuels furent préposés pour veiller à leur conservation.

Philippe-Auguste ne vécut pas en aussi bonne intelligence avec Richard, successeur de Henri. Ces deux monarques rivaux en tout semblèrent vouloir disputer à qui feroit de plus grandes dépenses pour la Chasse. Lorsqu'après de longs démêlés, ils eurent conclu la paix, et qu'ils se furent retirés dans leurs États, l'un et l'autre s'occupèrent uniquement de leurs chiens et de leurs oiseaux, s'il faut en croire Bertrand de Born. Ce troubadour, accoutumé à vendre ses services à qui les payoit le mieux, ce satirique aussi violent que guerrier sanguinaire, se plaint amèrement de ce que ces princes, au lieu d'entretenir de

braves guerriers, ne songeoient plus qu'à nourrir des chiens et des oiseaux. Tous deux lui paroissent également avilis par la lâcheté et l'avarice. « Ils ne savent pas, dit-il, ré-
» pandre l'argent à propos pour acheter des
» gens de guerre; ils le jettent avec profusion
» à des levriers et à des faucons. »

Nous avons vu que dès les premiers temps de la monarchie on avoit beaucoup de goût pour la chasse aux oiseaux; mais nous n'avons pas distingué jusqu'ici la fauconnerie de la vénerie, quoiqu'il ne faille pas les confondre. La passion pour les oiseaux de proie alla toujours chez les François de pair avec celle qu'ils avoient pour les chiens de chasse; et si autrefois il y eut de leur part quelque préférence, elle fut toute en faveur de la Chasse aux oiseaux. La fauconnerie, inconnue chez les anciens, nous est venue des peuples barbares, principalement des nations du Nord [9]. Ce divertissement étant réservé à la noblesse, et les dames le partageant avec les gentilshommes, il ne pouvoit manquer d'être en honneur. Les gentilshommes y trouvoient sans cesse de nouvelles occasions d'exercer cette galanterie, qui a toujours fait le caractère des François.

Chacun s'empressoit de témoigner combien il étoit jaloux de plaire à sa dame, par les soins et les attentions qu'il avoit pour son oiseau ; il falloit savoir le lâcher à propos, il falloit le suivre à toutes jambes, ne le jamais perdre de vue, l'animer de la voix, aller promptement détacher de ses serres la proie dont il s'étoit saisi, le présenter, le faire revenir au leurre, le rapporter triomphant, l'enchaperonner, et enfin le replacer avec dextérité sur le poing de sa maîtresse.

La fauconnerie subsista dans son éclat jusqu'au siècle dernier. Elle ne cessa d'être en faveur que depuis l'invention du menu plomb. Cette découverte rendit l'exercice de la Chasse plus facile et plus commode ; mais aussi elle le réduisit au seul plaisir de voir tomber le gibier sous les coups meurtriers du chasseur. Elle en bannit ce qui autrefois en faisoit le plus grand agrément, la présence des dames. En effet il ne s'en trouve maintenant parmi elles qu'un très-petit nombre qui ose se familiariser avec le bruit des armes à feu, et avec l'idée des dangers auxquels leur usage expose quelquefois.

Il me suffit d'avoir donné une légère idée de la Chasse aux oiseaux, parce que j'aurai occasion d'y revenir. Je reprends la suite des règnes de nos rois, et je m'arrête à celui de Louis IX.

Ce pieux monarque, après avoir satisfait aux devoirs du trône et à ceux de la religion, ne dédaignoit pas de chercher un honnête délassement à ses travaux dans des plaisirs innocents. Il aimoit surtout les récits historiques. Ce fut là un de ses principaux amusements pendant ses expéditions d'outre-mer. Aussi les chevaliers de son armée alloient-ils au loin reconnoître le gouvernement, les forces, les mœurs et les usages des nations étrangères, pour venir ensuite raconter au roi ce qu'ils en avoient appris. Les diverses productions, soit de l'art, soit de la nature, n'échappoient pas non plus à leur louable curiosité. On sait que c'est aux croisades que nous devons la découverte de ces belles renoncules qui font aujourd'hui l'ornement de nos jardins [10]. Un des objets qui fixoient davantage l'attention de nos curieux observateurs, étoit la manière dont chassoient les habitants de ces contrées lointaines.

Quelques-uns de ces chevaliers, qui avoient été témoins d'une Chasse au lion, ne se contentèrent pas, lorsqu'ils furent de retour au camp, d'en faire la description ; ils voulurent en donner eux-mêmes le sepectacle. Cette Chasse terrible exposoit aux plus grands dangers; il falloit de toute nécessité terrasser l'animal ou périr.

On attaquoit le lion à cheval, en lui tirant un coup de flèche, ou en lui lançant un javelot. L'animal blessé se retournoit avec fureur contre celui de qui il avoit reçu le coup ; mais le cavalier l'écartoit en lui jetant quelque pièce d'étoffe sur laquelle l'animal furieux se précipitoit. Un autre cavalier survenoit, frappoit le lion, et, pour lui échapper, usoit du même stratagème. Ces attaques et cette manœuvre se répétoient pendant quelque temps. Alors les chasseurs, après avoir essayé chacun en particulier leurs forces et leur adresse contre le lion, se réunissoient tous pour l'accabler sous la multitude des coups [1]. Ceux de nos auteurs qui ont donné des préceptes sur la vénerie, font mention d'un procédé à peu près semblable, usité pour la Chasse des ours et des sangliers.

Les chasseurs sont redevables à saint Louis d'une découverte beaucoup plus utile pour eux; c'est une race de chiens qui subsista long-temps, et qui renforça considérablement les meutes de nos rois, lesquelles n'avoient été jusqu'alors composées que de chiens noirs et blancs. C'est un fait que le roi Charles IX nous apprend dans son discours sur la Chasse. Je ne puis mieux faire que d'employer ses propres expressions.

« Le roi saint Louis étant allé, dit-il, à la
» conquête de la Terre-Sainte, fut fait pri-
» sonnier; et comme entre autres bonnes
» choses il aimoit le plaisir de la Chasse, étant
» sur le point de sa liberté, ayant su qu'il y
» avoit une race de chiens en Tartarie qui
» étoient fort excellents pour la Chasse du
» cerf, il fit tant qu'à son retour il en amena
» une meute en France. Cette race de chiens
» sont ceux qu'on appelle gris : la vieille et
» ancienne race de cette couronne, est, dit-on,
» que la rage ne les accueille jamais. »

C'est au règne de saint Louis qu'on doit faire remonter l'époque du premier ouvrage didactique, que le temps nous ait conservé sur la vénerie. La vue seule du manuscrit ne permet pas de lui donner une date moins ancienne, puisque l'écriture est de la fin du treizième siècle.

Cet ouvrage en vers est intitulé : *Le Dit de la Chasse du cerf*[1]. Il contient en abrégé tous les procédés ou opérations de la Chasse, telles que la quête avec le limier, l'action de détourner, le requêter et le lancer, la mort de la bête, la curée, la distribution des droits, et le retour à la maison. On y trouve toutes les instructions nécessaires pour juger si le cerf est bon à chasser, d'après les connoissances qu'on peut tirer de l'inspection, soit du pied, soit des portées, soit des fumées, soit du bois, etc. L'art de la vénerie y paroît porté à un degré de perfection qui étonne. C'étoit le fruit d'une pratique continuelle, et d'une étude réfléchie, et qu'aucun autre objet ne pouvoit distraire. La passion de la Chasse absorboit tout le loisir des gentilshommes, qui, pendant plusieurs siècles, regardèrent comme indigne d'eux toute espèce d'occupation où le maniement des armes n'entroit pour rien [13].

Outre la grande Chasse au cerf, il y en avoit une espèce particulière qui se pratiquoit rarement. Nous ne la connoissons que par nos romanciers, et on ne peut guère douter qu'il n'y ait quelque chose de vrai dans les récits qu'ils en font.

Le roi Artus, dit un de ces auteurs, tenant à Cardigan une cour plénière, plus magnifique et plus superbe qu'aucune dont on eût jamais ouï parler, voulut encore en relever l'éclat par une Chasse au cerf blanc : la coutume en étoit perdue; il se proposoit de la rétablir. La difficulté de rencontrer un cerf blanc, dont l'espèce n'est pas commune, et les funestes inconvénients que pouvoit faire naître le privilége accordé à celui qui portoit au cerf le coup mortel, avoient fait abandonner cette Chasse. Le vainqueur jouissoit du droit de choisir entre toutes les pucelles de la cour, celle qu'il estimeroit la plus belle, et de lui donner un baiser. Ce prix singulier, plus dangereux que l'ancienne pomme de discorde, n'étoit que trop capable d'exciter des ressentiments terribles parmi une foule de chevaliers galants, dont il n'y en avoit pas un qui ne crût sa dame supérieure à toutes les beautés de l'univers; pas un qui fût d'humeur à souffrir une préférence qu'il regardoit comme le plus sanglant des affronts. Les représentations furent inutiles; le roi avoit promis la Chasse, il ne voulut pas s'en dédire : elle eut lieu, et les suites ne justifièrent que trop les alarmes de la prévoyance. De noirs accès de jalousie, de furieux emportements de rivalité, en furent les funestes effets, et le sang des braves coula pour la gloire de leurs dames.

Plusieurs de nos anciens romans parlent de cette espèce de Chasse; une preuve que le récit qu'ils nous en font n'est point un jeu de leur imagination, c'est qu'elle a encore lieu quelquefois en Allemagne. Les nouvelles publiques de 1748 annoncèrent le spectacle d'une Chasse au cerf blanc, dont le duc de Bavière donna le divertissement à toute sa cour.

La Chasse du sanglier tenoit le second rang après celle du cerf; et plus elle étoit accompagnée de périls, plus elle avoit d'attraits pour nos guerriers. Il existe des poésies composées vers le treizième siècle, qui contiennent des détails très-curieux sur la Chasse du sanglier. Il y est parlé de l'habillement et de l'équipage des chasseurs, de la chemise, du pourpoint fourré de gris, de la robe courte et verte serrée avec une ceinture de cuir d'Irlande, du couteau de chasse appelé *quenivet*, de la pierre servant à l'aiguiser, désignée sous le nom de *fusil*, de l'arc et des flèches, de la chaussure étroite et bien tirée qui fait briller la beauté des jambes et la forme élégante des pieds; des chaussettes, des bas, des bottes fortes, des éperons sans or ni argent, enfin du cornet d'ivoire pendant au cou.

Les auteurs du même temps font mention de plusieurs autres espèces de Chasses, parmi lesquelles je distinguerai celle du tigre, qui se faisoit au miroir.

Il paroit que cette Chasse n'étoit guère connue en France que par le rapport des croisés, qui avoient voyagé dans le Levant. Nos écrivains ne nous en donnent quelque idée que par les figures et les comparaisons qu'elle leur a fournies pour orner leurs compositions amoureuses. On y voit, entre autres détails, que lorsqu'on vouloit dérober à une tigresse ses petits, on l'amusoit en lui présentant un miroir, et qu'on profitoit du moment où elle contemploit attentivement sa figure, pour faire l'enlèvement projeté. On employoit un moyen à peu près semblable, pour surprendre des oiseaux appelés *videcoqs* (bécasses); c'est ce que nous apprend un Traité fort ample et fort méthodique, que nous avons sur toutes les espèces de Chasses connues alors. Ce Traité qui est du quatorzième siècle, enseigne la manière de fabriquer les panneaux, les filets, les appâts et les piéges, pour prendre les bêtes.

L'Histoire nous présente, à cette époque, un fait digne de trouver place dans cet ouvrage. Le jeune Louis, comte de Flandre, attaché par les liens du sang et de l'amitié à la maison de France, étoit, pour ainsi dire, captif de ses sujets qui vouloient le forcer à épouser la fille du roi d'Angleterre. Après avoir pendant long-temps mis tout en œuvre pour éluder l'exécution des promesses qu'on lui avoit arrachées, le moment fatal où il ne lui étoit plus possible de différer, arriva. Il touchoit à l'instant où ces odieuses noces devoient s'accomplir. Ayant un jour obtenu plus de liberté que de coutume, il demanda à se promener dans la campagne, sous prétexte d'aller sur les rivières *voler* les oiseaux aquatiques : c'étoit cette espèce de Chasse qu'on désignoit par ces mots : *chasser en rivière*, ou *aller en rivière*. Un héron s'étant levé, le fauconnier du prince lâche son faucon ; le jeune comte lâche aussi le sien. Il feint de se laisser emporter par l'ardeur de la Chasse ; il court pour suivre et appuyer son oiseau, criant de toutes ses forces, poussant toujours son cheval, le frappant des éperons ; enfin lorsqu'il se vit hors de la portée de ses gardes, il gagna en diligence le comté d'Artois, où il n'avoit rien à craindre de leur poursuite. Il se rendit ensuite à la cour de France, où il fut très-bien accueilli par Philippe de Valois.

Ce que j'ai dit jusqu'à présent sur la Chasse, se réduit à quelques fragments que j'ai trouvés épars soit dans les anciens auteurs, soit dans les anciennes ordonnances de nos rois sur la Chasse [14], et que j'ai recueillis avec le plus de soin qu'il m'a été possible. Maintenant nous touchons à des temps qui vont me fournir une assez grande abondance de matériaux. J'espère qu'ils me mettront en état de donner sur la Chasse une suite d'observations plus liées et plus continues. Depuis le roi Jean, il n'est presque aucun règne qui ne fournisse quelque trait capable de piquer la curiosité des amateurs de la Chasse.

NOTES HISTORIQUES

RELATIVES

A LA PREMIÈRE PARTIE DES MÉMOIRES SUR LA CHASSE.

(1) L'origine de la Chasse est presque aussi ancienne que le monde. Les hommes répandus sur la terre se trouvèrent souvent obligés d'en disputer la possession aux animaux. Ils ne songèrent d'abord qu'à soumettre les plus foibles, et à se garantir des attaques des autres. Bientôt ils eurent le courage de faire la guerre, même aux plus féroces, soit à force ouverte, soit par adresse. De-là les différents moyens qu'ils imaginèrent pour leur livrer combat avec plus d'avantage et moins de danger. On ne tarda pas à faire un art de ce qui n'étoit que l'effet de la nécessité, et par la suite l'exercice de cet art qui appartenoit de droit naturel à tous les hommes, devint, lorsque les sociétés furent formées, le privilége des rois et des grands de la nation. Ils s'en firent un noble délassement, un plaisir qui fut encore long-temps utile à ceux même qui n'en jouissoient plus, puisque la Chasse préservoit leurs possessions des ravages des bêtes fauves et des animaux féroces. Mais dans la suite l'amour de la Chasse se changea malheureusement en passion dans ceux à qui cet exercice étoit réservé, et, pour la satisfaire, on vit repeupler d'animaux sauvages et nuisibles

ces mêmes forêts qu'on en avoit purgées avec tant de peine. Des parcs immenses enlevèrent à l'agriculture les plus beaux terrains, et l'infortuné laboureur n'eut pas moins à se plaindre de la cruauté des bêtes fauves que des violences et de la tyrannie des chasseurs; plus d'une fois il eut la douleur de voir sa vie moins appréciée que celle d'un cerf ou d'un sanglier. Mais pour ne pas m'en tenir à de simples conjectures sur l'antiquité de la Chasse, considérée comme art, je renvoie les curieux à la traduction du Traité de la Vie champêtre, autrement intitulé : *Le Chasseur*, par Dion Chrysostôme. Cette traduction, qui est de M. de Brequigny, se trouve dans les Vies des Orateurs grecs, dont cet Académicien est l'auteur.

Xénophon, qui vivoit quatre cents ans avant l'ère chrétienne, tout à la fois héros célèbre, politique habile, philosophe profond et écrivain judicieux, a composé un Traité sur la Chasse, dans lequel les grâces du style, la beauté des descriptions, la justesse des pensées, le disputent à la sagesse des leçons qu'il donne, sur cet art, aux Grecs ses contemporains. Il faut lire dans son ouvrage ce qu'il dit des ruses employées à la Chasse, des filets, des lacs, des piéges qu'on tend aux animaux; et les observations qu'il fait sur le choix des chiens, sur la manière de les dresser, d'en perpétuer les races quand elles sont bonnes; sur les noms qu'il convient de leur donner, afin qu'on puisse plus aisément les appeler et les remettre sur les voies. Rien de si agréable et de si animé que les descriptions qu'il fait de la Chasse au lièvre, au cerf, au sanglier. On croit en avoir le spectacle sous les yeux.

Hérodote raconte de Cyrus, roi de Perse, qu'il avoit

une si grande quantité de chiens, que quatre villes étoient exemptes de tributs et d'impositions, à condition qu'elles les nourriroient ; c'étoit sans doute pour la Chasse que ce monarque persan entretenoit ce nombre prodigieux de chiens qu'il tiroit de l'Inde. Pline nous apprend que cette espèce de chiens dédaignoit, pour ainsi dire, les daims, les sangliers, et qu'elle n'attaquoit volontiers que les lions et les éléphants.

Les Romains étoient trop belliqueux pour ne pas cultiver un art qui ressembloit si fort à la guerre. Aussi Horace, parcourant les différents genres de passions auxquelles il voyoit ses contemporains se livrer, ne manque pas de faire allusion à cette ardeur bouillante qui emporte le chasseur au milieu des forêts, lui fait braver les injures de l'air et des saisons, et oublier les douces caresses d'une épouse chérie.

> Manet sub Jove frigido
> Venator teneræ conjugis immemor,
> Seu visa est catulis cerva fidelibus,
> Seu rupit teretes Marsus aper plagas.
> (Hor., Od. 1, lib. 1.)

(2) César, parlant des Gaulois, dit qu'ils préféroient à toute autre espèce de Chasse celle aux buffles ou bœufs sauvages, précisément parce qu'elle étoit une des plus périlleuses. Comme ces animaux ont une force et une agilité surprenante, comme ils n'épargnent ni les hommes ni les bêtes qui se présentent devant eux, ce sont ceux, ajoute-t-il, qu'ils aiment à attaquer; c'est par cet exercice pénible que se forme la jeunesse gauloise. On donnoit de grands éloges à ceux qui en tuoient

un plus grand nombre que les autres, et qui, pour preuve, en rapportoient les cornes. (*Comment. Cæs., lib. VI.*)

Quand les Germains (dont on sait que les Francs descendent) ne font pas la guerre aux hommes, dit Tacite, ils la font aux animaux, quoique d'ailleurs ils aiment le sommeil et la bonne chère. *Quoties bella non ineunt, multùm venatibus, plùs per otium transigunt, dediti somno ciboque.* (Tacit., de Mor. Germ., c. XV.)

Chez les anciens Gaulois, les chiens de Chasse faisoient un objet de commerce. C'est Strabon qui nous apprend cette particularité (lib. 4, p. 200, édit. de 1620).

Arrien, surnommé *Xénophon le jeune*, qui vivoit sous l'empire d'Adrien, fait la description d'une espèce de chiens, qui se tiroient des Gaules, et qui étoient excellents pour la quête (Arrien, c. III, *de Venatione*). Le même auteur n'oublie pas non plus un ancien usage des Gaulois, qui consistoit à acheter tous les ans, du produit d'une taxe imposée sur chaque espèce de gibier, une victime qu'ils immoloient à Diane, déesse de la Chasse. Cette solemnité étoit suivie d'un banquet où les chiens paroissoient couronnés de fleurs, comme pour les récompenser des services qu'ils avoient rendus à leurs maîtres dans la poursuite des animaux.

(3) Bertoald, maire du palais de Bourgogne, chargé d'aller avec trois cents hommes dans les villes du domaine du roi Thierri jusqu'à l'Océan, pour y recevoir les droits appartenants à ce prince, étant venu à Orléans, s'amusoit à chasser dans les environs de cette ville. Clotaire, qui en eut avis, envoya son fils Méroué, et Landri, maire du palais, avec un corps de troupes pour

l'enlever. Bertoald ne se sauva que par la protection de
l'évêque d'Orléans, qui lui fit ouvrir les portes de la
ville où il trouva un asile. (Duchesne, Chronique de
Fredegaire, art. XXV, p. 747.)

(4) Un auteur contemporain de Charlemagne composa un poëme latin sur l'entrevue de ce prince et du
pape Léon III. La moitié de cet ouvrage est employée à
la description d'une Chasse après laquelle Charlemagne
s'endormit, et eut un songe qui lui annonçoit les malheurs dont le souverain Pontife étoit menacé. Le poëte
se plaît à décrire la magnificence de l'équipage des fils
de l'empereur, l'élégance et la richesse de la parure de
l'impératrice sa femme, et des princesses ses filles. La
Chasse qui fait le sujet de cet ouvrage, paroît avoir été
une Chasse aux toiles et aux filets. On y tua un grand
nombre de sangliers, et elle fut suivie d'un festin que
Charlemagne donna sous des tentes à toute sa cour.
(Voyez, dans la nouvelle Collection des Historiens de
France, t. V, p. 388 et suiv., *Versus de Carolo Magno,
et Leonis papæ ad eumdem adventu.*)

(5) Philip. Mouske, historien assez véridique, quant
au fond des faits qu'il raconte et qu'il emprunte ordinairement d'Eghinard, mais qui d'ailleurs a voulu orner
ce fond par des détails poétiques et imaginaires, prétend que nous devons la découverte des eaux d'Aix-la-
Chapelle à une aventure de Chasse qui ressemble beaucoup à celles que nos romanciers ont souvent inventées.
Charlemagne, dit-il, chassoit volontiers dans ce pays,
qui n'étoit alors couvert que de forêts.

> Li rois volontiers i manoit
> Pour çon que planté i avoit
> D'oiziaux et d'autre sauvegine;
> Et s'avoit ciens de bonne orine
> Et nules gens en tout le mont
> Si volontiers kacier ne vont
> Ne en rivière com François
> Et orent fut toujors ançois
> Et li roi Charles ansement,
> Kaçoit volontiers et sa gent.

Il dit plus bas en parlant toujours de Charlemagne :

> Moult volontiers de grand manière
> Alloit en bois et en rivière,
> Car nules gens ne vont en bois
> Moult volontiers comme François.

Les gens de l'empereur ayant un jour perdu la voie du cerf qu'on avoit lancé, ce prince le suivoit seul, à cheval. Un ruisseau se trouve sur son passage, il veut le traverser; mais à peine son coursier a-t-il mis le pied dans l'eau qu'il l'en retire avec promptitude en le secouant. Le prince s'aperçoit que son cheval boite; il descend, visite son pied, lui tâte la solle, et trouve qu'elle est chaude; aussitôt il met la main dans le ruisseau, et sent une forte impression de chaleur : sans perdre de temps il remonte à cheval, et s'avance vers la source de ce ruisseau merveilleux; il la découvre, et tout auprès il reconnoît les vestiges d'un ancien palais de Néron, enseveli sous ces ruines. C'est dans ce lieu qu'il fonda depuis la ville d'Aix-la-Chapelle.

Dans les complaintes que le même auteur met dans la bouche de Charlemagne, sur la défaite de ses braves guerriers, à Roncevaux, il lui fait regretter les agréments de la Chasse, et les douces allures de ses palefrois, plaisirs auxquels il faudra qu'il renonce pour endosser encore la cuirasse, et monter les chevaux de guerre (pag. 227, 243 et 244).

(6) Il est souvent parlé dans nos historiens des Chasses que Charlemagne et ses successeurs faisoient aux cerfs et aux sangliers dans différentes forêts, vers la fin de l'été, parce que ces animaux étoient plus gras alors qu'en aucune autre saison de l'année, et ce plaisir se lioit quelquefois à des expéditions très-importantes. L'auteur du roman de Gérard, écrit en provençal, dit que Charles étant allé vers le château de Roussillon pour s'en emparer, fit amener ses chiens, ses levriers et son équipage, dans lequel on voyoit des ours et des lions (ores e leos). On a de la peine à imaginer que des ours et des lions aient pu faire partie d'un équipage de Chasse; mais ce fait sera rendu vraisemblable par les exemples qu'on en trouvera sous les règnes de Charles VI et de Louis XII.

Dans le même roman, l'auteur fait tenir à Charlemagne un discours où il met au nombre des qualités qui distinguoient un des plus braves guerriers de l'armée ennemie, l'intégrité et la droiture avec lesquelles il rendoit la justice, sa valeur à défendre en champ clos l'équité de ses jugements, *son adresse à la Chasse* et à la pêche, son habileté aux jeux des échecs, des tables (des dames) et des dez. C'étoit à peu près à ces connoissances que se bornoit tout le mérite des princes et de la noblesse de ce temps-là.

L'art de former des chiens et des oiseaux est compté

parmi les premiers enseignements qui entroient dans l'éducation du jeune Blanchandin, fils du roi, comme on peut le voir dans le roman qui porte son nom (mss. de St.-Germain, fol. 174, verso, vol. 3, n° 1830).

(7) Les fils et successeurs de Charlemagne eurent tous le même goût pour la Chasse. Tous se piquoient d'exceller dans cet art qui devint même funeste à plusieurs d'entre eux. On peut voir dans les Mém. de Trévoux, mois de septembre 1752, page 1984, d'après l'*Alsatia illustrata* de M. *Schœpflin*, des détails curieux sur les Chasses de Louis-le-Débonnaire dans la forêt de Vosges, en 821, 825 et 831.

M. de Saint-Foix, Essais historiques, p. 18, 19 et 20, nous apprend que Carloman II fut un jour grièvement blessé à la Chasse, et que Louis IV, dit d'Outremer, mourut à Reims, en 954, d'une chute de cheval qu'il fit en poursuivant un loup sur la route qui conduit de Laon à cette ville. Dom Vaissette, cité par dom Clément, rapporte le même fait. Voyez l'Art de vérifier les dates, col. 542.

Ces différents événements prouvent avec quelle passion nos rois, sur la fin de la seconde race, se livroient à l'exercice de la Chasse, puisque même ils ne craignoient pas d'y exposer souvent leur vie. Ils étoient si jaloux de leur droit de Chasse, qu'il étoit défendu à toute personne, sous les plus grièves peines, de chasser à la grosse bête. Voyez *Lex Salica, Ripuar. Bajoar. Aleman.*

Louis, fils de Charles-le-Chauve, eut besoin d'une permission expresse du roi pour pouvoir prendre le divertissement de la Chasse; encore son père, en lui abandonnant la forêt de l'Aigue, lui interdit-il toute autre Chasse que celle du sanglier.

Si Charlemagne accorda aux moines de Saint-Denis et de Saint-Thin la permission de faire tuer quelques cerfs dans leurs forêts, ce ne fut qu'après des prières très-pressantes de leur part, et il ne se rendit à leurs instances que parce qu'on lui fit entendre que la chair de ces animaux serviroit de nourriture aux frères infirmes pour rétablir leur santé, que les peaux seroient employées à couvrir les livres de leur bibliothèque, et à faire des ceintures et des gants pour les Religieux. Voyez Annal. Ord. S. Bened., t. II, p. 229 et 294.

Au reste ce n'étoit pas là les seuls usages auxquels on employoit alors les peaux de cerf; on s'en servoit encore pour ensevelir les corps de nos rois après leur mort. Ainsi ces chasseurs passionnés emportoient avec eux au tombeau les objets de leurs plaisirs. Peut-être aussi qu'une peau de cerf paroissoit un linceul honorable et distingué, dans un temps où il n'étoit permis qu'aux souverains de tuer cet animal.

(8) Voyez, dans la Collection de Duchesne, t. IV, *Suger, de Rebus in administratione suâ gestis;* et dom Félibien, dans son Histoire de Saint-Denis, sous l'an 1144.

(9) Aristote parle d'une Chasse à l'oiseau connue des Thraces, et absolument ignorée des Grecs.

(10) Selon M. Dulard, dans son poëme de la Grandeur de Dieu, ce fut saint Louis qui apporta les premières renoncules en France. Ainsi ce grand roi, au

goût innocent de la Chasse, joignoit encore le goût non moins innocent des fleurs. Heureux les peuples dont les maîtres n'ont que des passions semblables!

(11) « Tandis que le roi fesoit fermer Césaire, dont
» j'ai devant parlé, dit Joinville, il arriva au roi ung
» chevalier qui se nommoit messire Elenards de Senin-
» gaan, qui disoit qu'il étoit parti du royaume de Norone,
» et là monta sur mer et vint passant et environnant
» toute Espagne, et passa par les détroits de Maroc,
» et que à moult grans périls et dangiers, il avoit passé
» et souffert beaucoup de mal avant qu'il peust venir à
» nous. Le roi retint celui chevalier lui dixième d'autres
» chevaliers, et lui ouï dire que les nuyts en la terre du
» royaume de Norone estoient si courtes en esté, qu'il
» n'y avoit nuyt là où l'on ne veist bien encore le jour
» au plus tard de la nuyt. Quand celui chevalier fut
» accogneu au païs, il se print à chasser aux lions lui
» et ses gents, et plusieurs en prinrent périlleusement
» et en grant dangier de leurs corps; et la façon du faire
» qu'ils avoient en ladite Chasse, estoit qu'ils couroient
» sus aux lions à cheval, et quant ils en avoient trouvé
» aucuns, ils lui tiroient du trait d'arc ou d'arbaleste,
» et quant ils en avoient atteint quelqu'un, celui lion
» qui avoit été atteint couroit sus aux premiers qu'il
» véoit, et ils s'enfuyoient piquant des esperons, et lais-
» soient cheoir à terre aucune couverte ou une pièce de
» quelque vieil drap, et le lion la prenoit et dessiroit,
» cuidant tenir l'ome qui l'avoit frappé. Et ainsi que le
» lion se arrestoit à dessirer cette vieille pièce de drap,
» les autres hommes lui tiroient d'autres traits, et puis
» le lion laissoit son drap et couroit sus à son ome, le-

SUR L'ANCIENNE CHEVALERIE. 255

» quel s'enfouyoit et laissoit cheoir une autre vieille
» pièce de drap, et le lion se y arrestoit, et ainsi sou-
» ventes fois ils tuoient les lions de leur trait. » (Hist.
de saint Louis, par Joinville, p. 93 et 94.)

(12) *Le Dit de la Chasse du cerf* ne nous est connu
que par l'édition que Trepperel en a donnée au commencement du quinzième siècle. Trepperel le publia sous
le titre du *Livre du Roy Modus et de la Royne Ratio*,
et le fit mettre dans un françois plus moderne. Nous lui
aurions plus d'obligation s'il l'avoit publié avec toute
la pureté du texte original, quelque grossier qu'en fût
le langage, et s'il ne l'avoit pas défiguré par une multitude de fautes d'impression qui souvent rendent le
sens presque inintelligible. Trepperel a dédié cette édition au duc de Vendôme, et j'ai cru devoir rapporter ici
sa dédicace comme un monument du langage et du goût
du quinzième siècle.

« A très-hault et très-magnanime Prince, Monsei-
» gneur Charles, duc de Vendosmoys, comte de Marle,
» de Conversan et de Soissons, Vicomte de Meaulx,
» Gouverneur et Lieutenant-Général pour le Roy ès-
» païs de Picardie, Salut.

» Comme il soit très-noble et puissant Prince, que
» en ce monde n'y ayt pour les Princes et hommes
» Nobles plus louable exercice que celui de la Chasse,
» Vénerie et Faulconnerie. En faisant lequel exercice,
» santé corporelle est corroborée et fortifiée : oisiveté
» mère de tous vices délaissée, plaisirs vénériens ou-
» bliés, combien que présent Mars face ses courses,
» Vulcain ses foudres; je, votre très-obéissant serviteur
» et Libraire, espérant lumière après ténèbres, et paix

» après guerres, ay prins recours à un livre nommé
» *Modus* et *Ratio*, pieça composé, traitant des déduits,
» plaisirs, manières et façons dudit exercice de Vénerie
» et Faulconnerie, lequel ay faict revisiter, corriger et
» remettre d'ancien style en langage moderne, et icely
» faict imprimer en petit volume pour plus plaisamment
» porter aux champs, et lequel j'ai dédié et vous faict
» présent à vous mondit très-noble et puissant Seigneur,
» très-humblement vous suppliant icelui petit Traicté
» avoir et recepvoir pour agréable. »

Le savant M. le Verrier de la Conterie, auteur de l'École de la Chasse aux chiens courants, croit que le livre de Modus et Ratio a été composé par quelque gentilhomme très-versé dans l'exercice de la Chasse. Le roi Modus et la reine Ratio sont deux personnes allégoriques que l'auteur fait parler alternativement. Le roi donne les préceptes sur la Chasse, la reine y applique des moralités souvent absurdes et puériles, je dirois même impies, si le goût du quinzième siècle pour les comparaisons relatives aux objets de la religion, ne sembloit les excuser. Par exemple, les gens du tiers-état y sont comparés, par madame Ratio, aux biches et aux lièvres, à cause de leur simplicité, et parce qu'ils ne font point usage de sortiléges comme les grands; les gens d'église, aux cerfs, parce que leur caractère et leur bonne conduite leur donnent droit de marcher la tête haute, sur laquelle leurs dix doigts, au moment de l'élévation au sacrifice de la messe, figurent les dix cors du cerf, et représentent les dix commandements de Dieu. Selon Ratio, le sanglier est l'image du siècle corrompu; elle trouve dans cet animal dix propriétés qui sont autant d'emblèmes des dix commandements de l'Ante-Christ; on ne sera peut-être pas fâché de les trouver ici.

>C'est mon premier commandement
>Que on maugrée Dieu souvent.
>Fay à ton corps tous ses délicts,
>Il n'est point d'autre paradis ;
>Visite souvent mon hostel,
>C'est la taverne et le b.....
>Se veulx estre en ma mémoire
>Si t'affuble de vaine gloire ;
>Desprise de tous povres gens
>Et n'ayme rien qu'or et argent.
>Se tu n'as du tien prens d'autruy,
>Sans rien rendre ainsi l'octroy ;
>Si ton père te fait riote,
>Si lui mes fus qu'il radote ;
>En lieu du service divin
>Faut geter hazard sur le vin ;
>Se croiras sors et sorceries,
>Tes volontés sont accomplies ;
>Se tu as defaulte de mise,
>Si le prens aux biens de l'Eglise.

(13) On lit dans un roman de fauconnerie, composé sous le règne de Philippe-le-Long, un trait assez singulier qu'on peut, je crois, attribuer à Louis IX. Il y est dit « qu'un roi nommé Louis ayant été à la Chasse du
» vol avec toute sa cour, un oiseau (un faucon) atta-
» qua un aigle qui s'étoit égaré, et le tua. Les courti-
» sans louèrent beaucoup la hardiesse et la vigueur du
» faucon. Le roi, sans leur répondre, ordonna qu'on le
» mît à mort, parce qu'il avoit eu la téméraire audace
» d'attaquer le roi des oiseaux. »

C'est au temps de saint Louis qu'on peut rapporter

les premières permissions de Chasse accordées à des bourgeois dans quelques provinces de France. Mais ils n'obtenoient ces permissions qu'à la charge de donner au seigneur, sur les terres duquel se faisoit la Chasse, un *cuissot* de la bête prise, comme on en donne aujourd'hui le pied. J'ai vu en effet dans d'anciennes tapisseries, représentant des Chasses, un veneur qui offre un quartier de cerf au principal seigneur de l'assemblée. Voyez la Coutume de Berri, p. 238.

On voit aussi, en 1326, une concession de Chasse faite aux habitants de Sablé, par Amauri de Craon, troisième du nom. (Ménage, Hist. de Sablé, liv. IX, ch. VI, pag. 248 et 249.)

(14) La Chasse, dès le temps de Charlemagne, étoit, comme on l'a déjà remarqué, devenue un objet de splendeur et de magnificence à la cour de nos rois. Ses successeurs ne firent qu'y ajouter. On trouve les noms d'un grand nombre d'officiers de vénerie et de fauconnerie, dans le Recueil des rois de France de du Tillet, et dans les Tablettes en cire, manuscrits de Florence, contenant l'*estat* de la Maison du Roi, sous Philippe-le-Bel et autres. On voit, sous le règne du même roi, un Guillaume Malgenete, veneur du roi, représenté dans les Monuments de la Monarchie françoise, par le P. de Montfaucon, t. II, p. 215. Ce qui prouve l'ancienneté des offices de vénerie. A la fin du livre de Brussel, de l'*Usage des fiefs*, se trouve une longue liste d'articles concernant les dépenses pour les Chasses de nos rois. Il y est parlé d'un *Guillelmus Falconarius*, qui étoit vraisemblablement le grand fauconnier ou grand veneur, dont fait mention le P. de Montfaucon; et dans un autre

article il est question d'*Avicularii*, c'est-à-dire des officiers employés aux Chasses des différents vols, tels qu'il en existe encore aujourd'hui.

Dans le Recueil des Ordonnances des rois de France, t. I, p. 231, on en trouve une de Philippe-le-Bel, en 1299, contre les voleurs de gibier et de poisson. Ce prince mourut à Fontainebleau, en 1314, d'une chute de cheval qu'il fit en chassant un sanglier. C'est ce que nous apprennent Villani, Ferreti de Vicence, et Guillaume Vetura, tous trois auteurs contemporains. Bocace et Méyer assurent la même chose. Voyez l'Art de vérifier les dates, col. 551. Le Gendre, dans son Histoire de France, rapporte aussi ce fait, t. I, p. 452. Le détail de cet événement se trouve dans le livre de la Toison d'Or, in-fol. goth., t. I, fol. 98, verso. L'évêque de Tournay, auteur de ce livre, vivoit en 1468. Voyez son Prologue, fol. 1, verso.

L'accident tragique arrivé à Philippe-le-Bel, chassant à Fontainebleau, prouve que dès-lors cette maison royale étoit le lieu ordinaire où nos rois alloient prendre le divertissement de la Chasse pendant la saison de l'automne. Il paroît que ce château étoit bâti dès le temps de Philippe-Auguste ; du moins on a des lettres de ce monarque datées de Fontainebleau. *Actum apud Fontem-bliaudi, anno M. CC. VII.*

Philippe VI, dit de Valois, rendit, en 1346, une Ordonnance touchant les eaux et forêts. On y lit entre autres articles: « Item, pour ce que nous avons donné
» à plusieurs personnes la Chace d'aucunes de nos fo-
» rêts pour chacier à toutes bestes, lesquelles personnes
» ont donné et donnent à autres leurs dites Chaces en
» icelles, ordonné est que nul ne pourra chacier, si

» ceulx à qui ils sont donnés n'y sont, ou leurs gens,
» et que ce soit pour eux ou en leurs noms. » Ord. des rois de France, t. II, p. 247, art. 21.

On trouve d'autres défenses et réglements de Chasse dans Bouteiller, Somme rurale ; cet auteur, qui paroît avoir écrit en 1360, s'exprime ainsi, p. 250 et 251 : « Bestes sauvaiges et oiseaux qui phaonnent en l'air... » par le droit des gens sont à celui qui les peut prendre. » Voyez les distinctions que font à cet égard nos coutumiers, et les réglements faits depuis en France, et en particulier l'Ordonnance de 1516, et les arrêts de 1566 et 1573, qui sont rapportés en notes, p. 257 et 258 de la Somme rurale.

Le même Bouteiller, p. 505, au titre 88 des bans et défenses d'août, dit encore :

« Item, que nul ne tende aux oyseaux de rivière de-
» vant le jour de Toussaints, sur l'amende de LX sols.

» Item, que nul ne nulle ne tende aux perdrix, sur
» l'amende de 60 sols, et aucuns lieux sur l'amende de
» dix livres, et le harnas perdre. »

SECONDE PARTIE.

Les malheurs du roi Jean auroient dû le rendre presque insensible au plaisir. Mais sa passion pour la Chasse étoit si grande, que le chagrin de se voir prisonnier ne pouvoit l'en distraire. Ce fut même pendant sa captivité, à Helfort [1] en Angleterre, qu'il fit composer, pour l'instruction de son fils Philippe, duc de Bourgogne, âgé de quatre ans, un traité en vers qui contenoit tous les détails de la fauconnerie et de la vénerie.

Il se servit, pour exécuter cet ouvrage, de la plume de *Gasse de la Bigne* [2], son premier chapelain : c'étoit un prêtre normand, né gentilhomme, qui comptoit quatre quartiers de noblesse. Son poëme, commencé en Angleterre, ne fut achevé qu'au retour de l'auteur à Paris ; il roule principalement sur l'ancienne querelle entre la *fauconnerie* et la *vénerie*. Cette fiction à laquelle l'auteur a eu recours comme à un moyen capable de jeter plus d'intérêt sur son sujet, est, comme la plupart des compositions littéraires de ce temps-là, dépourvue de génie et d'agrément. C'est la fauconnerie et la vénerie qui plaident leur cause en présence du roi Jean. Le prince, quoique décidé intérieurement pour la vénerie, y conserve pourtant toujours son caractère de juge impartial. Chacune des parties prétend au titre de *déduit,* c'est-à-dire de plaisir ou de divertissement par excellence. Les moyens sont de part et autre assez bien débattus [3]. Enfin intervient un arrêt définitif qui adjuge aux deux contendantes le même droit; il est arrêté qu'on dira également *déduit de fauconnerie* ou *d'oiseaux*, *déduit de vénerie* ou *de chiens ;* que les services de l'une et de l'autre sont également nécessaires à toutes les cours des princes, mais principalement à celle d'Édouard, roi d'Angleterre, qui ne le cède à aucun autre dans l'art des déduits. En conséquence de cette décision, la *vénerie* et la *fauconnerie* députeront à ce monarque, pour résider continuellement auprès de sa personne, deux officiers actifs, honnêtes et diligents, parfaitement instruits des deux métiers, de chiens et d'oiseaux. Enfin le comte de Tancarville renvoie les deux parties très-contentes après les avoir fait embrasser.

C'est peut-être au séjour du roi Jean en Angleterre que les Anglois ont dû l'avantage de s'être autrefois distingués dans l'art de la Chasse, dont ils ont voulu en quelque sorte s'attribuer l'invention, et dont ils ont prétendu nous avoir donné des leçons à nous-mêmes. Cet esprit de rivalité qu'ils ont toujours eu contre nous, leur a souvent fait commettre de pareilles injustices. Nos auteurs de la Vénerie, comme nous le verrons dans la suite, paroissent au moins fort persuadés que nous en avons beaucoup plus appris à cette nation qu'elle ne nous en a appris à nous-mêmes.

Le poëme de la Bigneren ferme des détails dont quelques-uns doivent trouver place ici.

L'avocat du *déduit des oiseaux* nous y apprend que le grand fauconnier jetoit son oiseau le premier, et que le roi donnoit ensuite l'essor au sien. Il fait mention d'une aventure qu'il assure être arrivée vingt ans auparavant dans le Berri ; comme ce petit trait historique fait voir jusqu'où on avoit porté l'art de dresser des oiseaux, nous allons le rapporter.

Un chevalier et sa femme avoient, dit-il, chacun un oiseau qu'ils affectionnoient beaucoup. Celui du mari étoit un épervier qu'il laissoit aller dans la maison en toute liberté.

L'oiseau de la femme, renfermé dans une cage, étoit un étourneau, objet continuel de ses soins et de ses caresses; il faisoit l'admiration de tous les voisins, tant il savoit bien parler; l'oiseau captif s'échappa un jour de sa prison et s'envola. Sa maîtresse, peu alarmée d'abord, le considéroit avec complaisance, et prenoit plaisir à voir son joli manége, lorsque le terrible épervier fond sur lui, le saisit et l'emporte au plus haut étage. Les cris de la femme sont entendus du mari qui l'aimoit tendrement, *car elle étoit et bonne et belle, c'est grand trésor de l'avoir telle*, dit notre poëte; il accourt et voit de ses propres yeux le malheur qui fait couler tant de larmes. A l'instant il prend son gant et réclame l'épervier. L'oiseau obéit à la voix de son maître; il vient se percher sur son poing, et lui apporte sa proie. Le chevalier, habile au *métier*, détache proprement de ses serres le petit étourneau, et le rend à sa femme, en lui recommandant de le mieux garder à l'avenir. L'auteur cite pour garant de ce fait Pierre d'Orgemont, qui avoit été présent à cette scène, et qui lui en attesta la vérité *par tous les saints de Rome* [4].

La plaidoirie de l'avocat du *déduit des chiens* contient un article remarquable sur l'art de *sonner*. Cet art, trop négligé dans la suite, au grand regret des zélés partisans de la Chasse, étoit porté alors à un tel degré de perfection, que le plaisir d'entendre le son des cors est mis ici en parallèle avec celui que cause la musique de la chapelle du roi. Le poëte, pour achever de signaler son mauvais goût et sa manie pour l'hyperbole, dit, en faisant l'éloge de la mélodie des chiens, *que il n'est homme s'il est ot* (s'il les entend) *qui voulsit autre paradis*.

L'avocat du *déduit des chiens* ne parle pas avec moins d'emphase lorsqu'il fait la description de toutes les autres parties de la Chasse du roi; il est bon de remarquer qu'il donne à celle du cerf le titre de *Chasse royale*. Ce même personnage détaille tous les préliminaires de la Chasse, à commencer par l'action de quêter le cerf et de le détourner. Lorsque toutes les connoissances nécessaires ont été prises par l'inspection du pied, des allures, des portées de la bête, du frayouer, du viandis et des fumées; après qu'on s'est mis en état, par des brisées de toutes espèces, de pouvoir retrouver facilement les divers lieux qu'on a parcourus, chacun se rend à l'assemblée, les uns pour y faire leur rapport, les autres pour l'entendre. Le veneur ne disoit jamais d'un ton affirmatif, *j'ai vu*, *j'ai connu*, *j'ai trouvé*; mais seulement je *mécrois*, c'est-à-dire je *pense*; je *soupçonne* d'avoir vu. Telle étoit la formule consacrée de tout temps dans l'ordre de la vénerie. Le veneur marquoit par-là une sage défiance de ses lumières Au reste, ce ton modeste n'étoit que de style; car si l'on en croit les ouvrages du temps, les veneurs ne se piquoient guère de respecter la vérité dans les récits qu'ils faisoient des circonstances et des aventures merveilleuses de leurs Chasses. D'ailleurs Gasse de la Bigne lui-même, après avoir dit ici que tous ceux à qui les buissons avoient été distribués pour quêter, viennent exposer à l'assemblée les fumées des cerfs, fait cette réflexion : *que les moins habiles ne sont pas les plus laconiques dans leur rapport.*

Tous les préparatifs sont suivis du déjeuner; après quoi les chiens arrivent conduits par les veneurs à cheval, avec les aides, les pages et les valets de chiens, tous en habits verts. Enfin le roi monté sur un cheval napolitain (*d'Apouille*), brave, léger et bien embouché, fait mettre à part, pour son plaisir et celui du maître veneur, dix ou douze des meilleurs chiens. C'est peut-être à ceux-là qu'ont succédé les *six chiens*, comme on les appelle dans la vénerie du roi; puis il ordonne de découpler les autres qui suivent le limier au son des cors. Le roi sonne lui-même à perte d'haleine, et pousse son cheval en avant; mais aussitôt qu'il voit le cerf, il arrête tout court; il reste en place jusqu'à ce que les chiens, qui vont merveilleusement ensemble, aient tous passé devant lui : enfin il se met de nouveau à courre le cerf qui se forlonge.

La Chasse ne se passoit pas sans que le maître veneur ne fît naître quelque difficulté. D'abord il n'auroit voulu donner que trente-huit ou quarante chiens pour le laisser courre, mais le roi en avoit voulu avoir quarante ou cinquante : car *Chasse du roi doit se faire à grands cris et à grands bruits.* Nouvelle dispute lorsque le cerf débuche. Le veneur propose de donner une lesse de levriers, la seule qu'on eût postée dans cet accourre : le roi ne veut point en entendre parler; il faut que le cerf soit pris à force et sans relais. Le change qui survient lorsque le cerf s'accompagne, ses retours et ses autres ruses mettent plusieurs fois les chiens en défaut. Les veneurs, à l'aide d'un chien de confiance, les remettent sur la voie. Le cerf altéré va battre l'eau, puis en sort, enfin se fait prendre. La bête, ainsi forcée et percée de l'épieu, est dépouillée en présence du roi, qui, comme tous ses prédécesseurs, prend un grand plaisir à cette opération. Le cerf dépecé est distribué aux dames du pays. Ensuite vient la curée, qui consiste à abandonner aux chiens ce que les chasseurs nomment le *forhu*. La Chasse, après avoir fait l'amusement de la journée, devient le sujet de la conversation au souper du roi. On lui apporte les *dintiers* du cerf, et l'espèce de plaisir qu'il prend à les donner semble autoriser une interprétation que quelques étymologistes donnent de ce mot, et qui prouve, si elle est fondée, que les mœurs de ce temps-là étoient un peu libres, et qu'on ne respectoit guère les bienséances. Enfin la tête du cerf est exposée aux regards du monarque : il considère la hauteur et l'étendue du bois, l'épaisseur et la grosseur des meules. Il demande quel est celui qui a détourné la bête; c'est, lui répond le maître veneur, Jorre, un des meilleurs veneurs que vous ayez, et qui voudroit bien être gratifié d'un arpent de bois : volontiers, répond le monarque généreux, je lui en accorde trois. Chacun après le souper amuse le roi du récit de ce qui lui est arrivé à la Chasse, tandis que les médisants se plaisent à jeter des doutes sur les prouesses dont ces chasseurs fanfarons osent se vanter.

Gasse de la Bigne cite différents auteurs qui, comme lui, avoient écrit sur la Chasse. On est surpris de trouver dans le nombre un Denis-le-Grand, évêque de Senlis, qui avoit composé un Traité de la Chasse des faucons; un Philippe du Victri, évêque de Meaux, grand compositeur de motets, ou pièces de vers en musique, qui avoit consacré ses talents à célébrer les plaisirs de la Chasse; d'où il est aisé de conclure que la passion pour cet exercice, si incompatible avec la gravité du saint ministère, et si propre à détourner de ses fonctions, avoit encore beaucoup d'empire sur les ecclésiastiques du premier rang [5]. On est moins étonné de voir parmi les auteurs que cite notre poëte, le comte d'Auxerre, guerrier distingué par sa valeur et par sa science dans l'art militaire; c'étoit un chasseur très-expert dans la fauconnerie; il avoit même composé d'excellents remèdes pour les maladies des oiseaux. Gasse de la Bigne fait encore mention du comte de Flandre qui, dit-il, *fait des oiseaux autant qu'homme qui soit à Bruges et à Rome.*

Chaque siècle a ses goûts dominants. Dans le siècle dont je parle, on avoit la manie des oiseaux et des chiens : c'étoit à qui en auroit un plus grand nombre, et cette rivalité jetoit dans des dépenses ruineuses; car il falloit entretenir aussi une quantité de chevaux proportionnée. L'auteur du livre intitulé *Modus*, qui écrivoit sur la fin du treizième siècle, vouloit qu'il y eût douze chiens dans une meute pour qu'on pût la qualifier ainsi ; du temps de Gasse de la Bigne les meutes étoient de quarante à cinquante chiens. Il fait monter à plus de vingt mille personnes dans le royaume, le nombre de ceux qui avoient des chiens courants ; mais parmi ceux-là, ajoute-t-il, il n'y a que les fous qui s'y ruinent; les autres plus sages qui n'ont pas le moyen d'en nourrir plus de trois ou quatre, s'associent pour former une meute en commun ; ils chassent ensemble, et prennent toutes les bêtes qu'ils veulent. Notre noblesse, toujours décidée à se ruiner par ostentation, étoit sourde alors à ces leçons de sagesse. On a eu beau les lui répéter, sa folie a persisté; elle n'a fait que changer d'objets sans changer de système.

Ce dut être pour elle un coup bien accablant, lorsqu'après la captivité de son roi, elle vit ses ennemis triomphants parcourir les provinces avec de nombreux équipages de

Chasse, user partout avec empire des droits seigneuriaux dont les gentilshommes sont si jaloux. En 1359, Édouard, traversant la France avec son armée, traînoit à sa suite des bateaux de cuir bouilli, pour pêcher dans toutes les rivières qu'il rencontroit; « et avec ce, dit
» Froissart, avoit bien pour lui trente fau-
» conniers à cheval chargés d'oiseaux, et bien
» soixante couples de forts chiens, et autant
» de levriers, dont il alloit chacun jour ou en
» chasse ou en rivière, ainsi qu'il lui plaisoit:
» et y avoit plusieurs des seigneurs et des ri-
» ches hommes qui avoient leurs chiens et
» leurs oiseaux comme le roi. » Tant de disgrâces humilioient la noblesse françoise sans l'abattre; irritée des procédés altiers de ses vainqueurs, elle n'avoit que plus d'attachement et de zèle pour son légitime souverain, et n'en faisoit que de plus puissants efforts pour rétablir les droits de la couronne, et lui rendre son ancienne supériorité.

Charles V, formé à la sagesse par l'infortune, fut occupé de soins trop importants pour s'abandonner sans réserve au divertissement de la Chasse, comme avoient fait ses prédécesseurs; livré tout entier aux affaires d'État, la Chasse ne fixa guère son attention que pour en réformer les abus. Les prévarications que se permettoient les grands maîtres, lui donnèrent lieu de faire des réglements où l'on voit briller cet esprit d'ordre et d'économie qui faisoit son caractère. Il réduisit à six les offices de grands maîtres, parmi lesquels étoit compris le maître veneur de la vénerie, qui, par le droit de sa charge, devoit être maître des forêts [6]. Cependant Charles V ne se refusa pas toujours au plaisir de la Chasse. Nous trouvons dans le poëme de la Bigne, un trait qui ne peut être attribué qu'à ce prince, et qui suppose qu'au moins il chassoit quelquefois [7]. On y lit [8] que le roi étant allé après dîner voir voler les grues, essaya deux nouveaux faucons dont monseigneur Bertrand Duguesclin, connétable, lui avoit fait présent. Cette espèce de faucons étoit de ceux qu'on nommoit alors *tahorotes ; ils venoient de Barbarie d'outre-mer.* Une grue qu'ils portèrent à terre fut prise par deux levriers : car aux Chasses du vol on se servoit de ces chiens lorsque les oiseaux de proie, abattant des oiseaux beaucoup plus forts qu'eux, n'étoient pas en état de les prendre corps à corps sans courir des risques. Tancarville, nom célèbre dans l'histoire de la Chasse, fut si transporté de joie, qu'il n'auroit pas voulu, dit le poëte, donner le plaisir que lui faisoit ce vol merveilleux *pour mille petits florins*. Le rôle distingué que joue ce seigneur dans le procès du *déduit des oiseaux et des chiens*, fait présumer qu'il réunissoit le titre de grand veneur à celui de grand fauconnier [8].

Charles VI, parvenu au trône dans un âge où l'on ne respire ordinairement que le plaisir, et où l'on se livre avec ardeur à toutes les espèces de divertissement, ne tarda pas à montrer beaucoup de goût pour les exercices de la fauconnerie et de la vénerie. Froissart nous le représente animé, dès les premières années de son règne, d'une passion égale pour la guerre et pour la Chasse.

Il étoit question en 1382 d'aller dompter les Flamands révoltés, et de rétablir dans ses États le comte de Flandre, son vassal. On tenoit à Senlis de fréquents conseils, où les princes ses oncles assistoient pour délibérer sur cette importante affaire : la vive impatience du jeune roi éclatoit dans tous ses propos. *Trop de parlement tenoit-on*, selon lui, *pour faire bonne besogne*. On avoit beau lui représenter les dangers de l'entreprise : *Oil, oil*, disoit-il, *qui rien n'entreprit, rien n'acheva*. Son imagination échauffée par les grands desseins qu'il rouloit dans sa tête, lui procuroit souvent des songes où il croyoit voir des aventures conformes à ses désirs. Il en eut une remarquable dont Froissart nous a conservé le récit. Ceux qui aiment les peintures naïves doivent le lire dans l'original même : on ne peut en donner ici que le précis.

Le roi, pendant son sommeil, croit être à Arras avec la fleur de la chevalerie. Le comte de Flandre, s'approchant de sa personne, lui offre sur le poing un faucon de la plus grande beauté, en lui disant : « Monseigneur, je vous
» donne en bonne étrenne ce faucon pour le
» meilleur que je veisse onques, le plus gra-
» vement chaçant, et le mieux abattant oi-
» seaux. » Aussitôt, impatient d'en faire l'essai, Charles monte à cheval, accompagné du connétable de Clisson, et trouve grande quantité de hérons. Aucun ne résiste à l'impétuosité de l'oiseau, et les deux spectateurs sont enchantés. Ils rencontrent des bois et des marais, qui ne leur permettant pas de suivre l'oiseau à cheval, les obligent de mettre pied à terre. Ce premier obstacle franchi, de vastes landes en opposent un second. L'oiseau plane dans les nues, et donne la chasse à tous les habitants

de l'air : nos chasseurs craignent de le perdre, et désespèrent de le faire revenir au leurre. Dans cette perplexité, un cerf à deux ailes vient au secours du roi, qui le monte hardiment, et ce prince, traversant les airs comme un autre Bellérophon, jouit long-temps du spectacle que le faucon lui donne. Enfin il le fait revenir sur son poing, et retourne calmer par sa présence les inquiétudes de son connétable qui n'espéroit plus de le revoir.

Telle est l'esquisse du récit de Froissart [*], dont je n'ai pu rendre les grâces ingénues. Cet historien ajoute : « Tant lui plaisoit (au » roi Charles VI) la figure de ce cerf, qu'à » peine en imagination n'en pouvoit partir; » et fut l'une des incidences premieres quand » il descendit en Flandre pour combattre les » Flamands, pourquoi il encharge le cerf-vo-» lant porter. » En effet, presque partout où se trouvent les armoiries de Charles VI, on les voit représentées avec des cerfs ailés pour supports. Juvénal des Ursins attribue l'origine de cet usage aux Chasses que ce prince fit vers le même temps dans l'ancienne forêt de Senlis. Mais il diffère de Froissart pour tout le reste. Selon Juvénal des Ursins, le roi fit

[*] Froissart, t. II, ch. 105.

rencontre d'un cerf « qui avoit au col une
» chaîne de cuivre doré, et défendit qu'on
» ne le prist qu'aux lacs sans le tuer, et ainsi
» fut fait, et trouva-t-on, dit-il, qu'il avoit
» au col ladite chaîne où avoit écrit : *Cæsar*
» *hoc mihi donavit*, et dès-lors le roi de son
» mouvement porta en devise le cerf-volant
» couronné d'or au col, et par-tout où on
» mettoit ses armes, y avoit deux cerfs te-
» nant ses armes d'un côté et d'autre [9]. »

Le grand nombre d'ordonnances que nous avons de Charles VI, sur le fait de la Chasse, semble prouver que celles de ses prédécesseurs étoient alors assez négligées [10]. Du Tillet rapporte qu'il fit dans sa vénerie et dans sa fauconnerie, une réforme générale. Cet écrivain, dans le chapitre où il traite du *grand veneur* et du *grand fauconnier*, s'exprime ainsi : « En-
» core que les rois de France aient été sur
» tous autres adonnés à la Chasse, ces deux
» offices ne sont anciens : aux Etats des rois
» Philippe-Tiers, Philippe-le-Bel et Philippe-
» le-Long, n'en est fait mention, bien des
» veneurs, fauconiers, furetiers, perdriseurs,
» oiseleurs, louvetiers, archers, valets à chiens
» et autres choses nécessaires à Chasse et à
» volerie. »

Charles VI, ainsi que tous les chasseurs passionnés, étoit sujet à des accès de mauvaise humeur, lorsque les Chasses ne réussissoient pas au gré de ses désirs. Messire de Gamaches, au rapport du même Du Tillet, en fit la fâcheuse expérience. Le roi lui ôta l'office de grand veneur, parce que plus d'une fois il l'avoit exposé, par son peu d'habileté, à l'affront de manquer la bête [11].

Le comte de Foix jouissoit alors de la réputation d'être un chasseur très-expérimenté. La meute qu'il entretenoit étoit composée de quatorze ou seize cents chiens. Il en faisoit venir de tous les pays. Froissart lui amena d'Angleterre quatre levriers dont il nous a conservé les noms : *Tristan*, *Hector*, *Brun* et *Rolland*. Ces noms me rappellent le précepte de Xénophon, qui recommande de ne donner aux chiens que des noms d'une ou de deux syllabes, afin qu'ils soient plus aisés à prononcer, et que les chiens aient plus de facilité à les entendre. Après avoir consacré presque toute sa vie à la Chasse, le comte de Foix voulut laisser à la postérité des leçons propres à former d'habiles chasseurs [12], et à perfectionner un exercice qu'il aimoit si passionnément, que le jour même de sa mort il avoit chassé un ours jusqu'après midi, et assisté à la curée.

Ce comte avoit la figure la plus aimable et la taille la plus avantageuse; ces dons de la nature lui méritèrent le surnom de *Phébus* [13], c'est-à-dire beau comme le jour; c'étoit d'ailleurs un guerrier d'une valeur incomparable, et qui, *pour accroistre son héritage*, comme Froissart le lui avoit entendu dire à lui-même, *avoit eu guerre et haine au roi de France, au roi d'Angleterre, au roi d'Espagne, au roi de Navarre, au roi d'Arragon, et contre eux s'étoit bien maintenu et porté* [14]. Ce seigneur nous déclare que trois grandes passions l'avoient toujours dominé, l'amour, la guerre et la Chasse. Modeste sur les sentiments qu'il dut inspirer aux dames, il avoue que d'autres avoient été plus heureux que lui. Modeste encore sur ses exploits de chevalerie, il croyoit qu'il y avoit eu des chevaliers qui l'avoient surpassé. C'est pourquoi il prit le parti de ne parler ni d'armes ni d'amour. Plus glorieux de ses talents et de son expérience à la Chasse, il en parle avec confiance, ne jugeant pas que personne puisse lui disputer la supériorité sur ce point.

L'ouvrage qu'il nous a laissé est composé

avec beaucoup de méthode : il n'y a rien omis de tout ce qu'on peut désirer de savoir sur les différentes espèces de bêtes qu'on poursuit à la Chasse, sur les chiens qu'on emploie à les chasser, sur les filets, les toiles et autres moyens dont on se sert pour s'en rendre maître. La manière dont il s'exprime en rendant compte des motifs qui l'ont déterminé à écrire sur la Chasse, annonce son enthousiasme pour cet exercice. Il ne tient pas à lui qu'on ne regarde la Chasse comme une des voies les plus sûres pour conduire au salut, et qu'on ne condamne les conciles d'avoir interdit aux ecclésiastiques un moyen si propre à les rendre vertueux. Voici en substance les raisons qu'il allègue pour prouver cette thèse singulière.

Notre imagination, dit-il, abandonnée à elle-même dans le sein de l'oisiveté, ne peut produire que des pensées déréglées. Le chasseur, occupé sans cesse, n'a pas un moment de loisir, il ne lui reste dans la vie aucun vide dont son imagination puisse profiter pour le porter au péché. Aucun obstacle ne s'oppose donc à son salut; arrivé au terme de sa course, il trouvera indubitablement le paradis ouvert. Il sera même heureux dans ce monde. Ici Gaston Phébus décrit, avec son enthousiasme ordinaire, tous les plaisirs de la Chasse. Il insiste sur les avantages qui résultent pour la santé de l'exercice que fait le chasseur, et de son régime de vie. Gaston Phébus distingue plusieurs espèces de Chasse; il parle d'abord de celles qui demandent moins d'action, elles sont le partage des gens chargés d'embonpoint et des prélats. Cependant ces Chasses paisibles ne laissent pas, selon lui, d'avoir comme les autres le mérite de conduire *leur monde* en paradis; mais avec cette différence cependant que les premières places dans le ciel ne seront pas pour ceux qui ne peuvent s'adonner qu'à ce genre de Chasse. Quoiqu'en général il fasse peu de cas de cet ordre de chasseurs, il se croit pourtant obligé en conscience de leur donner des leçons; parce que pouvant leur procurer les moyens de devenir heureux, il juge qu'il y auroit de l'inhumanité de sa part à ne pas le faire. Maitre de prolonger leur vie en leur inspirant le goût de la Chasse, il se condamneroit comme coupable d'avoir abrégé leurs jours s'il y manquoit; enfin ne seroit-il pas responsable de leur damnation, s'il négligeoit de les mettre dans la voie qui mène au salut ?

A ces bizarres moralités près, que je ne

puis regarder comme des plaisanteries libertines, les chasseurs trouveront dans cet ouvrage des instructions utiles, ou du moins très-curieuses, principalement sur les objets relatifs à la Chasse du cerf. L'auteur enseigne, d'après une longue expérience, les différentes méthodes qu'on doit suivre dans les divers pays de Chasse, la meilleure manière de se tenir à cheval, les precautions qu'il faut prendre pour percer sans risque le sanglier avec l'épieu. Il s'étend beaucoup sur l'art de tirer de l'arbalète et de l'arc à main, qu'il nomme *Anglois* ou *Turquois*: il indique aux tireurs la manière dont ils doivent se placer dans le bois, soit à pied, soit à cheval, pour frapper les bêtes avec avantage : il détaille toutes les dimensions de l'arc et de la flèche : il avertit des précautions qu'on doit prendre afin d'éviter les accidents, et à ce sujet il raconte l'aventure fâcheuse de messire Geoffroi d'Harcourt, qu'il vit blesser au bras par un tireur. Cependant il finit par traiter avec mépris cette Chasse, et par renvoyer à l'école des Anglois ceux qui voudront s'y perfectionner.

Si Phébus eût moins consulté le préjugé des chasseurs de sa nation, il auroit compris que loin de traiter avec dédain cette espèce de Chasse, il devoit, en bon politique, la recommander. Les Anglois, plus sages que nous, préféroient à toute autre Chasse celle qui se faisoit avec l'arc et l'arbalète ; aussi étoient-ils d'excellents archers : avantage qui plus d'une fois leur donna sur nous la supériorité dans les combats. Charles V, né avec l'heureux talent de penser sainement des choses, avoit compris de quelle conséquence il étoit de réformer à cet égard les fausses idées de la nation. Se voyant obligé de recommencer la guerre contre les Anglois, il proscrivit tous les jeux et toutes les espèces de divertissements, pour leur substituer le maniement de l'arc et de l'arbalète, à dessein de former de ses sujets d'habiles tireurs. Le succès répondit à ses intentions, et en justifia pleinement la sagesse.

On voit dans l'ouvrage de Gaston Phébus qu'en été, saison affectée à la Chasse du cerf, le vert étoit l'habillement des veneurs, et qu'en hiver, temps où l'on chassoit le sanglier, on prenoit les fourrures de gris. On y voit encore que si le peintre Jean d'Udine enseigna le premier aux Italiens l'art de tromper les oiseaux par le simulacre d'une vache artificielle, il n'est pas cependant l'inventeur de ce stratagème. Phébus nous apprend que long-temps avant lui nos chasseurs s'en servoient, non-seulement pour prendre les perdrix, comme faisoient les *perdrieurs*, mais pour approcher de toutes sortes de bêtes sans les épouvanter, et pour les tirer de près.

L'auteur vante beaucoup l'excellence, l'intelligence et la docilité des chiens qui composoient sa meute, et que lui-même avoit formés. Il instruit le lecteur de tous les procédés et de toutes les pratiques qui lui avoient réussi à la Chasse, sans omettre les disputes qu'il avoit eues sur cette matière avec les meilleurs veneurs de son temps, et en particulier avec Huet de Nantes. Il exalte les merveilleux talents de cet habile chasseur pour crier et pour donner du cor, aussi bien que ceux du sire de Montmorency. *Ils eurent*, dit-il, *de très-beaux langages, belles consonnances et belles voix, et belles manières de parler à leurs chiens.*

L'art de sonner a toujours été une des parties principales de la science du chasseur, et celle qui contribue peut-être davantage au plaisir de la Chasse. Si on est curieux de savoir en quoi cet art consistoit alors, il faut lire un ouvrage en vers composé dans le même temps (en 1394) sous le titre de *Trésor de la Vénerie*, par Hardouin, seigneur de Fontaine-Guérin [15]. L'auteur le composa au château de Mezargues sur la Durance, dans la prison de la vicomtesse de Turenne. Quelque doux qu'il parût alors d'être sous la captivité des dames, les nuits d'hiver devenoient bien longues pour Fontaine-Guérin, et sa captivité n'est point de celles que chantent les poëtes amoureux. Ce fut pour en adoucir la rigueur qu'il entreprit cet ouvrage, après lequel il pourra en faire de meilleurs. C'est à peu près son langage.

Dans la première partie de son poëme, il répète les leçons qu'il avoit reçues de Guillaume du Pont son maître. Chaque province avoit sa manière de sonner du cor. L'auteur n'estime que celle qui étoit usitée dans le Maine et l'Anjou, et il la juge préférable à toutes les autres. Rien de plus clair, selon lui, que les préceptes qu'il donne : six mots, aussi aisés à comprendre que l'A B C, en font l'affaire, de même que six notes donnent la gamme pour former toute espèce de chant et de musique. Il ne se contente pas de donner la gamme notée, il note aussi tous les airs de Chasse, dont il fait monter le nombre à quatorze, et qui s'exécutoient tous pendant le cours de la Chasse. Quoique l'auteur se vante d'avoir mis beaucoup de clarté dans son poëme, il ne nous en a pas paru plus intelligible.

La seconde partie traite de la Chasse et de ses différentes espèces, mais d'une façon bien moins savante et beaucoup plus superficielle que dans l'ouvrage de Gaston Phébus. L'intention du poëte, en composant son Trésor de la vénerie, est de rappeler à Louis, duc d'Anjou, roi de Sicile [16], et à Charles d'Anjou, un plaisir qu'ils ont aimé dès leur enfance, et de fixer l'attention de ces princes, et du roi de France leur frère, sur les beaux pays du Maine, où ils ont des vassaux remplis d'affection. Il prend de-là occasion de faire le dénombrement des délicieuses forêts qui s'y rencontrent. Cet ouvrage peut encore servir à faire connoître ceux qui alors se distinguèrent le plus dans l'art de la vénerie. Les plus grands seigneurs et les guerriers les plus célèbres y paroissent sur la scène. Tels sont entre autres Philippe II, duc de Bourgogne, appelé *très-habile chasseur;* le duc d'Orléans, frère du roi, qui *sait bien les manières de chasser et de corner à l'usage de France;* le comte de Foix et de Béarn, dont il a été parlé plus haut; le comte de Tancarville, et son fils le vicomte de Melun, qui *sut autant de Chasse que Jean Meum d'astronomie;* le seigneur de Châtillon; Jean, comte de Sancerre, et plusieurs autres seigneurs. Le comte de Sancerre signala sa passion pour la Chasse d'une manière tout-à-fait particulière; il fonda un ordre de chevalerie, sous le titre de l'*Ordre du Levrier*.* Cette fondation fait l'objet d'une des clauses de son testament, dressé en 1402.

Les ducs de Bourgogne, qui se piquoient d'avoir une maison aussi magnifique que celle de nos rois dont ils étoient issus, avoient comme eux un équipage de vénerie considérable. On y comptoit « six pages de chiens courants, six
» levriers, douze sous-pages de chiens, six
» gouverneurs de valets de chiens, six valets
» de chiens limiers, six valets de chiens le-
» vriers, douze valets de chiens courants, six
» valets d'épagneuls, six valets de petits chiens,
» six valets de chiens anglois et de chiens
» d'Artois [17]. » Cette magnificence qui faisoit alors l'étonnement de l'Europe, étoit cependant bien peu de chose auprès du faste des princes de l'Orient. Le comte de Nevers [18], fils du duc de Bourgogne, fait prisonnier avec un

* Voyez Godefroy, Annot. sur l'Hist. de Charles VII.

grand nombre de seigneurs françois, après la funeste journée de Nicopolis, trouva à la cour ottomane de quoi humilier la médiocrité des cours d'Occident. Bajazet, voulant donner à ses illustres captifs une haute idée de sa puissance, étala à leurs yeux ses nombreux équipages de Chasse : on y comptoit sept mille fauconniers et sept mille veneurs. C'est le même Bajazet à qui Charles VI envoya des autours et des faucons, avec des gants brodés de perles et de pierreries pour porter ces oiseaux.

C'est surtout dans les allusions et dans le style figuré des poëtes, que se retrouvent les traces du goût dominant d'une nation dans tel ou tel siècle. Or toutes les compositions poétiques de ce temps-là sont pleines d'expressions empruntées du langage des chasseurs, et elles attestent qu'alors la Chasse étoit universellement dans le plus haut degré de considération. Cet exercice étoit regardé moins comme un amusement permis à la noblesse, que comme une de ses fonctions les plus honorables. Eustache Deschamps ne voit que quatre objets dignes de partager la vie des *nobles hommes*, qui sont jaloux d'acquérir de l'honneur, la guerre, les tournois, la Chasse et les voyages.

Le règne de Charles VII, fécond en grands événements, fournit peu de matière au sujet que je traite [19]. La couronne en proie aux invasions de l'ennemi, et ensuite sauvée par une espèce de miracle, occupoit trop essentiellement la valeur de la nation et la plume de ses historiens, pour permettre à ces derniers de porter leur attention sur des objets de simple amusement. Je ne trouve dans tout le cours de ce règne qu'une singularité à remarquer; c'est le spectacle connu sous le nom d'*entremets*. Il servit à la pompe et au divertissement d'un festin donné à Lille en 1453, pour le duc de Bourgogne, à l'occasion des vœux du faisan pour la croisade contre les Turcs, dont j'ai parlé ailleurs. On vit à l'un des bouts de la salle un héron *prendre son vol et son vent*, et l'on entendit aussitôt plusieurs voix s'écrier, *à l'aguet, à l'aguet*, comme font les fauconniers. Dans le même instant on aperçut au côté opposé un faucon qui s'avançoit pour le combattre; il s'élança avec tant de rapidité, et heurta le héron si rudement, qu'il l'abattit au milieu de la salle. Après la curée faite, le héron fut apporté au duc, et mis sur la table : au même banquet fut représentée une *Chasse de petits chiens glapissants* et de *braconniers huants* [20]. Cette anecdote suffit pour prouver que la nation continuoit toujours à faire de l'exercice de la fauconnerie et de la vénerie l'un de ses plaisirs les plus chers.

NOTES HISTORIQUES

RELATIVES

A LA SECONDE PARTIE DES MÉMOIRES SUR LA CHASSE.

(1) HELFORT ou Herfort fut le lieu de la naissance et de la mort du poëte Philips, qui l'a célébré dans son poëme de *Pomone*. (Voy. Yard, Idée de la Poésie angloise, t. I, p. 33.) Cette ville vit naître aussi la fameuse *vierge*, dite d'*Herfort*, dont les prédictions furent si utiles à Cromwel.

(2) Gace ou Gasse de la Bigne, ou de la Vigne, est appelé *Gasto de Vineis* par les auteurs du *Gallia Christiana*, t. VIII, p. 1636. Antoine Véran imprima le poëme de la Bigne à la suite du Livre de Gaston Phébus, qui étoit en prose, sous le titre de : *Phœbus des Déduits de la Chasse des bestes sauvaiges et des oyseaux de proye*. Et il donna au public ces deux Traités comme s'ils eussent fait les deux parties du même ouvrage, dont Gaston Phébus auroit été seul l'auteur. Pour mieux déguiser cette supposition, il eut la mauvaise foi de supprimer les vers où la Bigne se nomme et parle de lui-même, au commencement et vers la fin de son poëme; mais il lui a échappé, au fol. 37 recto, col. 1, un pas-

sage qui fait connoître clairement que l'ouvrage en vers appartenoit à Gasse de la Bigne.

Les successeurs de Gasse de la Bigne dans la place de premiers chapelains de nos rois, ont commencé à prendre le titre de grands aumôniers. (Choisy, Hist. de Charles V, p. 429).

(3) Quoique le poëme de Gasse de la Bigne ait été imprimé, et qu'il y en ait même plusieurs éditions, cependant comme ces éditions sont rares, et d'ailleurs imprimées en caractères gothiques, j'ai cru que mes lecteurs me sauroient gré de leur donner un extrait fidèle et suivi de cet ouvrage singulier ; je n'en citerai que ce qui me paroîtra propre à faire connoître le goût, la poésie et la littérature de ce temps-là. On trouvera cet extrait après les notes du quatrième Mémoire sur la Chasse.

(4) Si vous compterai la manière
D'un fait qui en Berri avint
Il n'a pas des ans plus de vint.
Où pais de Berri avoit
Un chevalier qui moult aimoit
Les esperviers en la saison.
Un en avoit en sa maison
Qu'après gibier laissa aller,
Car ne le vouloit pas muer ;
Mais quant d'avecques soi l'osta,
Gez et clochettes lui osta,
A la fin qu'il ne fust repris.
Il estoit près de son pourpris
Si en recongnoissoit mieux l'estre,

Car par une haulte fenestre,
En la sale du Chevalier,
Hault sur le trait s'aloit percher,
Et layens faisoit son sejour
Souvent et de nuit et de jour.
Le Chevalier à fame avoit
Une Dame qui moult amoit,
Car elle estoit et bonne et belle,
C'est grant trésor de l'avoir telle,
Laquelle avoit un estournel
Qui parloit si bien et si bel,
Car très-grant merveille avoient
Ceulx qui si bien parler l'oyoient.
Or avint, en une journée
Qu'il faisoit froide matinée,
Que la Dame la cage prist
Et l'estournel près du feu mist,
Mais il s'en yssit de la caige
De quoy ne fist mie que saige,
Et se commence à esplucher,
A soy estendre et soy aysier.
La Dame qui moult fort l'amoit,
En soubzriant le regardoit :
Tantost com l'espervier le vit,
D'amont où estoit, descendit,
Et le preist et l'en emporta.
Adonc la Dame s'escria
Tellement que le Chevalier,
Qui estoit prez en un solier,
Acourit à val pour savoir
Que la Dame povoit avoir :
Si la vit qu'elle decurtoit

Ses mains, et à mont regardoit,
En disant lasse que ferai?
Car mon estournel perdu ay,
La chose que avois plus cher :
Hais mon seigneur! l'espervier
L'emporte lassus à mont,
Dont je suis courroucé moult.
Le chevalier tost print un gant,
Et le poin lui tant maintenant
En s'en alant droit à la porte;
Tantost l'espervier lui aporte
L'estournel; mais le chevalier
Qui savoit d'oyseaux le mestier,
Courtoisement le descherna,
Et du pié tout sain lui osta,
Et dit à la dame : tenés
Votre estournel, et regardés.
La dame ot grant joie et le prist,
Qui en sa caige le remist.
Mais j'ay depuis oy raconter
Qu'il fut bien un mois sans parler.
Ce qu'ay dit preuve par un homme
Qui m'a juré ly Sains de Romme,
Qui fut present et vit le fait
Quant chiez le chevalier fut fait.
Pierre d'Orgemont a nom,
Qui est uns homs de grant renom :
Si l'a fait le Roy président
A Paris en son parlement,
Et depuis par sa suffisance,
Il a fait chancelier de France.

(5) Les ecclésiastiques étoient si jaloux de leur Chasse, qu'on en a vu exercer les plus grandes cruautés contre ceux de leurs vassaux qui avoient osé chasser sur leurs terres sans permission, ou contre ceux de leurs serviteurs qui avoient détourné quelques effets appartenant à leur équipage de chasse. En 1531, un certain d'Inteville, évêque d'Auxerre, fut condamné pour avoir fait crucifier un de ses gardes, qui avoit vendu à son insu quelques oiseaux de fauconnerie. Voy. *l'Indication sommaire des faits qui prouvent la compétence de la justice séculière*, etc., p. 42 et suiv.

(6) On trouve dans les *Ord. des rois de France*, t. VI, p. 141, les Lettres de Charles V, qui portent qu'il n'y aura plus que six maîtres des eaux et forêts, et que dans ce nombre sera compris le maître de la vénerie. Ces mêmes Lettres ordonnent qu'ils seront choisis par la chambre des comptes. Le prince enjoint en même temps à cette cour de faire rendre compte aux anciens maîtres des eaux et forêts de ce qu'ils avoient reçu; de punir ceux qui avoient malversé, et de travailler à la réformation des forêts du royaume.

Parmi les principaux abus que Charles V réforma dans l'administration des Chasses, on peut compter l'abolition du droit que ses veneurs avoient, ou plutôt qu'ils s'étoient arrogé, de loger dans les monastères tous leurs équipages aux frais des moines.

On voit sous ce règne plusieurs permissions, franchises et exemptions de Chasse accordées ou confirmées par ce sage monarque à différentes villes ou villages, en 1364, 1369, 1370 et 1374. *Ordonn. des rois de France.*

(7) L'abbé de Choisy (Hist. de Charles V, p. 416 et 422) fait mention d'une Chasse de ce prince avec le roi des Romains dans le parc de Vincennes. Sous le même règne on voit le roi de Navarre faire une partie de Chasse, à la faveur de laquelle il se fait enlever par les François, pour dégager la parole qu'il avoit donnée aux Anglois de les servir. *Ibid.*, p. 162. Le même auteur rapporte que le fameux Jean Chandos, qui aimoit passionnément la Chasse, y eut un jour un œil crevé, et que cet accident fut depuis la cause de sa mort.

(8) Choisy, dans son Hist. de Charles V, fait mention d'un comte de Tancarville, qui étoit lecteur du roi. Ce pourroit bien être le même dont parle Gasse de la Bigne, et auquel il attribue un si grand amour pour la fauconnerie et la vénerie.

(9) Juvénal des Ursins (Hist. de Charles VI, sous l'an 1380, p. 10) fait à peu près le récit suivant :

« On raconte que le roi Charles VI, pendant son sé-
» jour à Toulouse, étant allé chasser dans la forêt de
» Bouconne avec plusieurs seigneurs de sa cour, fut
» surpris de la nuit qui étoit très-obscure, et qu'il s'é-
» gara. On ajoute que s'enfonçant de plus en plus dans
» le bois sans pouvoir reconnoître l'endroit où il étoit,
» il fit un vœu, s'il pouvoit échapper du péril où il se
» trouvoit, d'offrir le prix de son cheval à la chapelle de
» Notre-Dame de Bonne-Espérance dans l'église des
» Carmes; qu'aussitôt la nuit s'étant éclaircie, il sortit
» heureusement du bois; que le lendemain il s'acquitta
» de son vœu, et qu'il fonda en conséquence un ordre
» de chevalerie sous le nom de Notre-Dame d'Espé-

» rance. On cite en preuve une ancienne peinture qu'on
» voit sur la muraille du cloître des Carmes de Tou-
» louse, auprès de la chapelle de Notre-Dame-d'Es-
» pérance, où un roi de France est représenté à cheval
» s'inclinant devant une image de la Vierge ; des sei-
» gneurs y sont peints aussi au nombre de sept, qui
» marchent à pied après le roi, tous armés hormis la
» teste : ils portent des cottes d'armes avec les armoiries
» chacun de leur maison, leurs noms sont écrits au bas
» en caractères de ce siècle-là ; mais on n'en peut lire
» que cinq, qui sont le duc de Touraine, le duc de
» Bourbon, Pierre de Navarre, Henri de Bar et Olivier
» de Clisson ; les deux autres ont été effacés par le temps.
» Tous ces personnages sont peints de grandeur natu-
» relle. Le fond de cette peinture est chargé de loups,
» de sangliers et d'autres bêtes sauvages qui habitent
» les forêts. Au plus haut il y a une manière de frise
» où sont peints des Anges qui portent en leurs mains
» des banderoles, sur lesquelles est écrit trois fois le
» nom *Espérance.* » Dom Vaissette, Hist. du Languedoc,
t. IV, p. 396, sous l'an 1389.

(10) Parmi les différentes Ordonnances de Charles VI, sur la Chasse, on trouve les suivantes.

En 1393, ce prince ayant accordé, par importunité, à plusieurs personnes la permission de chasser ou de faire chasser dans ses forêts, aux cerfs, biches, sangliers et truies, ce qui avoit dépeuplé ses Chasses, ordonna, par ses Lettres du 7 septembre 1393, « qu'afin qu'il
» trouvât plus plaisant déduit dans ses forêts, lorsqu'il
» voudroit y chasser, toutes les permissions qu'il avoit
» accordées, ou qu'il pourroit accorder dans la suite,

» n'auroient point d'exécution si elles n'étoient signées » du signet du duc de Bourgogne ». Ces lettres sont adressées aux maîtres des eaux et forêts, aux maîtres gruyers, gardes et verdiers des forêts. Le même jour le roi donna au duc de Bourgogne une permission exclusive de chasser ou faire chasser dans la forêt de Crécy en Brie, à toutes bêtes rouges et noires à force de chiens, et filets et harnois. Ces lettres sont adressées aussi aux maîtres des eaux et forêts, au verdier et au garde ou gruyer de cette forêt. (Ordonn. des Rois de France, t. VII, p. 579.)

On voit dans les mêmes Ordonnances, t. VII, p. 644, que les Juifs payoient une redevance aux veneurs du roi.

En 1395, il est dit, art. 12 d'une Ordonnance de Charles VI, que les veneurs et les fauconniers, même ceux du roi, ne pourront se loger que dans les hôtelleries publiques, et ne pourront prendre de vivres pour eux, pour leurs valets, leurs chevaux, leurs chiens et leurs oiseaux, qu'en payant sur-le-champ.

En 1396, Lettres du même roi touchant la Chasse.

Il y est dit : Que plusieurs non nobles, laboureurs et autres, qui par eux-mêmes n'avoient aucun droit de Chasse, ni aucune permission pour chasser, entretenoient cependant chez eux des chiens, des furets, des lacets et des filets, et divers autres engins propres à prendre grosses bêtes rouges et noires, lapins, lièvres, perdrix, faisans et autres animaux ; qu'ils faisoient des excursions dans les garennes du roi et dans celles des nobles, ce qui donnoit lieu à des querelles fâcheuses, exposoit ces chasseurs frauduleux à être mis en prison, à payer de grosses amendes, les détournoit du labourage et du commerce, et les conduisoit insensiblement à devenir

des voleurs et des meurtriers. De plus, lorsque le roi ou les nobles vouloient prendre le plaisir de la Chasse, les bois et les garennes se trouvoient entièrement dépeuplés. Pour remédier à ces abus, Charles VI, par ses Lettres du 10 janvier 1396, « défendit aux non nobles qui n'au-
» roient point de privilége pour la Chasse, ou qui n'au-
» roient point obtenu de permission de personnes qui
» fussent en droit de la leur donner, de chasser à bêtes
» grosses ou menues, ni à oiseaux en garenne, ni de-
» hors, et d'avoir dans leurs maisons chiens, furets,
» lacets, etc. Et il ordonna que s'ils en avoient, les no-
» bles ou les juges des lieux où ils demeureroient, ou
» dans lesquels ils chasseroient, pussent les leur ôter. »
Il laissa cependant la Chasse à ceux des gens d'église à qui ce droit pouvoit appartenir par lignage ou par quelque autre titre, et aux bourgeois qui vivoient de leurs héritages ou de leurs rentes. Il permit néanmoins aux gens de labour d'avoir, pour éloigner de leurs terres les porcs et les autres bêtes sauvages, des chiens, sans qu'on pût les leur ôter, et sans qu'ils fussent dans le cas d'encourir l'amende; mais il voulut que s'ils prenoient quelques bêtes, ils fussent tenus de les porter au seigneur ou au juge, et que s'ils ne le faisoient pas, ils payassent la valeur de la bête, et fussent condamnés à l'amende. Ces Lettres sont adressées à Guillaume, vicomte de Melun, souverain maître et général réformateur des eaux et forêts par tout le royaume, et à tous les autres maîtres et enquêteurs des eaux et forêts. (Ordonn. des Rois de France, t. VIII, p. 117.)

Une Ordonnance de 1397 porte, entre autres choses, ces paroles, art. 20 : *In venationibus Aprorum retinemus nobis caput et ungulas, et in venationibus Ursorum en-*

chiam (c'est-à-dire la hanche ou eschinée) *et plantas Cervorum et Bicharum espaulam. Item retinemus nobis solvoragium est Animalium, omnium hominum extraneorum, sicut est levari consuetum, et omnes nidos avium nobilium.* Un morceau excellent du cerf, que les anciens chasseurs désignoient par ces mots : *le fol l'y laisse*. Comme qui diroit est fou qui ne prend pas ce morceau du cerf dépecé. C'est vraisemblablement de cette expression et par imitation, que nous avons formé celle de *sots l'y laissent*, pour désigner dans certaines volailles deux morceaux très-délicats qui se trouvent placés de chaque côté de l'épine dorsale.

(11) « Messire Guillaume de Gamaches fut destitué » de l'office de grand veneur de France, parce qu'il » avoit, par plusieurs fois, fait faillir le roi Charles VI » de prendre le gibier à la Chasse, et en fut pourvu » messire Loys d'Orguechin : y eut procès entre eux au » parlement pour raison de ladite destitution, le 17 janvier 1414. Depuis fut ledit de Gamaches pourvu de » l'office de grand maître et réformateur des eaux et » forêts de France. » (Du Tillet, Recueil des rois de France, leur couronne et maison, p. 306.)

(12) Le livre que le comte de Foix a composé sur la Chasse a pour titre : Le Miroir de Phébus des déduits de la Chasse des bestes sauvaiges et des oyseaux de proie, par Gaston Phebus de Foix, seigneur de Bearn.

(13) Peut-être le nom de Phébus lui fut-il donné aussi à cause de son amour excessif pour la Chasse.

(14) Les princes que nomme Froissart ne furent pas

les seuls à qui Gaston Phébus fit la guerre; il la fit encore et très-souvent au comte d'Armagnac son voisin, avec lequel le roi l'obligea enfin de faire la paix. Cette paix fut cimentée en 1377, par le mariage du fils aîné de Gaston Phébus avec la fille du comte d'Armagnac, que sa beauté et son esprit, dit l'abbé de Choisy (Hist. de Charles V, p. 396), avoient fait surnommer *la gaie Armagnagoise.*

(15) Ce seigneur ne seroit-il pas le même qu'un seigneur de Fontaines en Anjou, qui fut tué à la bataille de *Cravant,* vers l'an 1422, suivant ce qu'on lit dans le *Jouvencel,* manuscrit de M. d'Hérouville, vers la fin du recto de la feuille chiffrée 3. On peut voir l'Histoire de ce seigneur dans la Chronique d'Anjou, par Bourdigné, fol. 133, verso et autres, et fol. 136, verso, et 137, verso.

(16) Le duc d'Anjou, roi de Naples, étant revenu en France après la perte de son royaume, se retira à Angers, où il se livra au plaisir de la Chasse, pour s'étourdir sans doute sur son malheur, et pour en adoucir l'amertume. (Choisy, Hist. de Charles VI, p. 249.)

(17) Les chiens et les oiseaux du duc de Bourgogne, pour la vénerie et la fauconnerie, étoient plus grands même que ceux du roi. (Choisy, p. 222.)

(18) Le duc de Bourgogne envoya à Bajazet douze faucons blancs pour la rançon du comte de Nevers. *Ibid.,* 215 et 223.

(19) Charles VII, n'étant encore que dauphin, fut attiré à la chasse dans la forêt de Villeneuve-Saint-George, par le duc de Bourgogne, dont le dessein étoit de l'enlever, ce qu'il ne put exécuter. Le même dauphin, fils de Charles VI, ayant pris l'autorité en main, sans consulter davantage le duc de Bourgogne, accorda à tout le monde la permission de chasser, et supprima les capitaineries qui avoient été établies depuis quarante ans. C'étoit le moyen de soulager le peuple et de se l'attacher. (Choisy, Hist. de Charles VI, p. 403, 405 et 419.)

(20) Voy. Mathieu de Coucy, Hist. de Charles VII, édit. de Godefroy, p. 671, sous l'an 1453.

TROISIÈME PARTIE.

On peut opposer l'exemple de Louis XI aux moralistes sévères, qui pensent que les exercices tumultueux de la Chasse ne peuvent s'accorder avec les soins que demande le gouvernement d'un grand État. Jamais prince ne fut plus occupé de politique, de guerre et d'intrigue; jamais prince cependant n'aima plus passionnément la Chasse. C'est Philippe de Commines qui nous l'apprend. Il dit de ce monarque, « qu'il se connoissoit mieux à la
» Chasse que nul homme qui ait régné de son
» temps, selon l'opinion de chacun : il ajoute
» que pour tous plaisirs Louis XI aimoit la
» Chasse et les oiseaux en leurs saisons; mais
» n'y prenoit pas tant de plaisir comme aux
» chiens. Enfin qu'il couroit le cerf à force,
» se levoit fort matin et alloit aucunes fois
» loin, et ne laissoit point cela pour nul temps
» qu'il fît, et ainsi s'en retournoit aucunes fois
» bien las, et quasi toujours courroucé à quel-
» qu'un : car c'est matière qui n'est pas con-

» duite toujours au plaisir de ceux qui la
» conduisent... A cette Chasse étoit sans cesse,
» et logé par les villages jusqu'à ce qu'il ve-
» noit quelques nouvelles de la guerre. »

Au reste Louis XI ne regardoit lui-même la Chasse que comme un délassement, et il paroît qu'il s'étoit fait une loi de ne s'y livrer qu'après avoir rempli tous les devoirs de la souveraineté. C'est au moins ce qu'on peut conclure d'une de ses lettres datée d'Argenton, le 4 novembre : « J'ai été, dit-il, averti de
» Normandie que l'armée des Anglois est
» rompue pour cette année; je m'en retourne
» prendre et tuer des sangliers, afin que je
» n'en perde la saison, en attendant l'autre
» pour prendre et tuer des Anglois. »

Pendant sa retraite dans les États du duc de Bourgogne, lorsqu'il n'étoit encore que dauphin, il lia une étroite amitié avec le comte de Charolois : ils aimoient l'un et l'autre la Chasse avec passion, et ils s'y exerçoient souvent ensemble. Aussitôt que Louis fut parvenu à la couronne, le comte de Charolois se rendit à Tours, pour voir dans sa gloire un prince qu'il avoit aimé dans ses égarements. Le roi ne négligea rien pour signaler par des fêtes brillantes la reconnoissance qu'il lui devoit.

Monstrelet raconte à cette occasion une aventure qui prouve l'amitié, du moins apparente, qui subsistoit alors entre ces deux princes, qu'on vit dans la suite devenir ennemis si irréconciliables.

Le comte de Charolois, faisant une partie de Chasse avec le roi, se laissa tellement emporter à la poursuite d'une bête rousse, qu'il resta égaré dans les détours de la forêt. Surpris par une nuit très-obscure, il fut obligé de s'arrêter dans un village, et d'attendre le jour pour retrouver son chemin. Louis, rentré dans son palais de Tours, ne voyant point le jeune comte revenir, tomba dans de mortelles inquiétudes. Il envoya de tous côtés dans les bois des gens, avec des torches et des flambeaux, pour le chercher, jurant de ne boire ni manger qu'il n'en eût eu des nouvelles. Un exprès, dépêché du village même où le comte passa la nuit, remit enfin le calme dans l'esprit du roi. Le lendemain il reçut le prince avec les transports de la joie la plus vive. Ce fut le dernier plaisir qu'ils partagèrent ensemble. Le comte de Charolois devint duc de Bourgogne; alors les fureurs de la rivalité succédèrent tout-à-coup dans leurs cœurs aux doux sentiments de l'amitié. Une guerre funeste s'alluma entre eux.

et auroit peut-être entraîné la ruine des deux États, si la mort précipitée du duc n'eût pas promptement éteint le flambeau de la discorde.

Quoique Louis XI fût fort avare de ses trésors, il ne se faisoit cependant aucune peine de les répandre avec profusion pour fournir aux dépenses de ses Chasses, « comme celui » qui aimoit merveilleusement à chasser et à » voler. Il ne refusoit rien à ses braconniers » et à ses fauconniers, qui faisoient son déduit; à autres gens ne donnoit que peu ou » néant [1]. » Toutes nos histoires le taxent de la plus grande avarice. S'il ne s'étoit interdit les libéralités que pour subvenir aux besoins de l'État, en épargnant au peuple de nouvelles charges, on n'auroit eu qu'à louer son économie; mais on ne pouvoit lui pardonner qu'il prît les frais immenses de sa Chasse, sur les récompenses qu'il retranchoit durement à ses meilleurs serviteurs. Soit que sa passion pour la Chasse acquît de nouvelles forces dans sa vieillesse, soit que devenu infirme, languissant et presque mourant, il voulût se déguiser à lui-même son état, ou qu'il entrât dans les vues ordinaires de sa politique d'en imposer aux cours étrangères par une vaine apparence

de vigueur ; il fit venir à grands frais, des pays les plus éloignés, toutes sortes d'animaux pour sa ménagerie, son écurie, sa vénerie, et même des espèces de bêtes les plus rares, pour peupler ses forêts. Il faisoit acheter, dit Commines[*], « un bon cheval quoi qu'il coutât,
» ou une bonne mule... des chiens, en en-
» voyoit querir partout : en Espagne des al-
» lans, de petites levrettes; en Bretagne, le-
» vriers, épagneux, et les achetoit cher ; et à
» Valence de petits chiens velus, qu'il faisoit
» acheter plus cher que les gens ne les vou-
» loient vendre; en Sicile, envoyoit querir
» quelques mules, et spécialement à quelque
» officier du roi, et la payoit au double ; à
» Naples, des chevaux, et bêtes étranges de
» tous côtés ; comme en Barbarie, une espèce
» de petits lions qui ne sont point plus grands
» que petits renards, et les appelloit Aditz ;
» aux pays de Danemarck et de Suède, en-
» voya querir de deux sortes de bêtes, les
» unes s'appelloient Helles, et sont de corsage
» de cerf, grandes comme buffles, les cornes
» courtes et grosses; les autres s'appelloient
» Rengiers, qui sont de corsage et couleur de

[*] Tome I, liv. 6 de l'édition de Bruxelles, 1714.

» daim, sauf qu'elles ont les cornes beaucoup
» plus grandes : car j'ai vu Rengiers porter
» corps pour avoir six cornes. De chacune de
» ces bêtes donna aux marchands quatre mille
» cinq cents florins d'Allemagne. »

Le roi d'Angleterre, pour lui faire des présents conformes à son goût dominant, lui avoit envoyé des trompes de chasse et des bouteilles de cuir, ustensiles qui lui étoient utiles pour ses haltes².

Une espèce de chiens dont on avoit jusqu'alors assez négligé la race, prit faveur sous son règne; les écrivains du temps ont eu l'attention de nous en conserver fidèlement la généalogie et l'histoire. Ces chiens qu'on appeloit *Baux*, et que depuis on nomma *Greffiers*, avoient été peu recherchés, parce qu'en général ils n'étoient pas propres à courir toute sorte de bêtes, et qu'ils ne donnoient guère qu'au cerf. Le premier de cette espèce de chiens dont il soit fait mention dans les livres de vénerie, s'appeloit *Souillard*³. Il fut offert en présent à Louis XI par un pauvre gentilhomme. Le sénéchal Gaston, voyant que le roi n'en faisoit pas grand cas, le lui demanda pour le donner à la plus sage dame de son royaume. *Quelle est-elle?* dit le roi; c'est madame Anne de Beaujeu votre fille, répondit-il; *dites la moins folle*, reprit brusquement le roi, *car de sage femme n'y en a point au monde.*

Le chien passa du sénéchal Gaston au sénéchal de Normandie, qui le confia aux soins d'un veneur nommé Jacques de Brezé. Madame Anne de Beaujeu, sur les éloges qu'elle entendit faire de la beauté et de la bonté de cet animal, envoya une chienne pour avoir de sa race. Il en vint plusieurs chiens; et l'espèce s'en multiplia beaucoup en peu de temps.

Salnove, écrivain postérieur, beaucoup plus savant en fait de Chasse qu'en fait d'histoire, confond une partie de ce récit avec l'histoire des chiens gris amenés d'outre-mer par saint Louis : mais il nous indique l'étymologie du nom de *Greffiers*, donné aux chiens de cette classe. Si on l'en croit, *Souillard* couvrit une braque blanche et fauve d'Italie, qui appartenoit à un des secrétaires du roi, qu'on nommoit alors *Greffiers*. Il n'en fallut pas davantage pour désigner sous ce même nom les chiens provenus de cet accouplement. Nous verrons encore par la suite combien ces chiens furent recherchés.

Comme c'étoit le roi qui les avoit mis en honneur, la flatterie ne manqua pas de saisir cette circonstance pour faire sa cour à ce prince. Les poëtes célébrèrent à l'envi cette race de chiens, et surtout *Souillard*. L'auteur anonyme d'un Traité du Nouveau-Monde, composa un livre intitulé : *Le Livre de la Chasse du grand sénéchal de Normandie, et les dits du bon chien Souillard, qui fut au roi Loys de France onzieme du nom* [4].

Les passions d'un prince, quelles qu'elles soient, sont toujours redoutables pour ses peuples. Celle dont Louis XI étoit possédé pour la Chasse, l'entraîna dans des excès qui furent très-funestes à plusieurs de ses sujets. Il fit, dit l'évêque Claude de Seissel, « les dé-
» fenses de Chasse, dont il se délectoit, si
» âpres et si sévères, qu'il étoit plus rémis-
» sible de tuer un homme qu'un cerf ou un
» sanglier. »

Voulant jouir exclusivement d'un droit que jusqu'alors toute la noblesse avoit partagé avec son maître, il fit chercher et brûler dans toute l'étendue de l'Ile-de-France, tous les rets, filets et engins, servants à prendre quelque espèce de bêtes et d'oiseaux que ce fût. Personne ne put se soustraire à cette rigueur : les princes ne purent sauver leurs privilèges que pour les garennes qui leur appartenoient : les gentilshommes furent forcés de subir la loi; et, tandis qu'on leur imposoit cette dure servitude, le peuple étoit abandonné aux vexations des gens de guerre, qui entretenoient à ses dépens leurs chiens et leurs oiseaux. C'est ainsi que les plaisirs d'un prince, dont la puissance est absolue, peuvent devenir un fléau pour ses peuples, lorsqu'il est sourd à la voix de l'humanité [5].

Les nobles réclamèrent, sous Charles VIII, aux États de 1483, les droits dont ils avoient été dépouillés par les sévères ordonnances de Louis XI. Ils représentèrent qu'ayant joui sous Charles VII, et dans tous les temps antérieurs, de la liberté de chasser à toutes bêtes sauvages dans leurs bois, et en la gruerie du roi, ils en avoient été privés depuis *par l'exécution des commissaires et gens de petit état;* que les biens de la campagne étoient abandonnés aux bêtes sauvages, *plus franches que les hommes.* Ces dernières expressions des remontrances de la noblesse caractérisent la tyrannie la plus révoltante. Elle se plaint que dans plusieurs provinces, les grands veneurs du roi vont pour leur compte chasser dans les bois et forêts des nobles et hauts justiciers, comme si le roi y étoit en personne; qu'ils empêchent les propriétaires de chasser sur leurs terres, et forcent encore les vassaux de ces mêmes terres à les servir dans les Chasses faites au préjudice de leurs seigneurs. Elle déclare qu'elle veut bien consentir à tout, tant qu'il s'agira des plaisirs du roi, dont la puissance s'étend sur tout le royaume; mais elle demande que ses veneurs ne puissent chasser sur leurs terres que lorsqu'ils y accompagneront le monarque, que lorsqu'il chassera lui-même en personne sur les lieux, ou au moins lorsqu'il en sera assez près pour qu'on puisse lui envoyer la venaison qui aura été prise [6].

Il est arrivé rarement qu'on ait eu de pareilles plaintes à faire sous d'autres rois que sous Louis XI. Elles ne pouvoient manquer d'être écoutées par son successeur.

Charles VIII, qui n'aimoit la Chasse qu'avec cette sage modération qui convient à un souverain, rendit à la noblesse ses anciens priviléges, et la délivra de l'oppression de ses veneurs.

Son règne ne nous présente aucun fait de Chasse que nous puissions remarquer [7]; je n'y trouve de relatif à la matière que je traite, qu'un ouvrage en vers, composé en 1491, sous le titre de *Pipée*, ou *Chasse du Dieu d'Amour*.

Il est compris dans un recueil de poésies intitulé : *Le Château de Plaisance.*

L'auteur de cet ouvrage singulier est Octavien de Saint-Gelais, évêque d'Angoulême. Sa *Chasse du Dieu d'Amour* remplit à peu près les trois quarts du volume, qui est un in-4° gothique, petit format d'environ 300 pages. Il représente la mère de l'Amour se promenant dans un bois solitaire, qu'elle remplit de ses plaintes et de ses soupirs, et où elle déplore le malheur qu'elle a eu de perdre son cœur, sans lequel il n'y a plus ni joie ni plaisir pour elle. Cupidon son fils vient la consoler, il lui dit que s'il peut rencontrer un amant parfait, c'est-à-dire qui joigne les grâces et la vigueur de la jeunesse à la constance et à la fidélité, il le lui donnera pour remplacer l'ingrat qu'elle regrette, et que par le secours de cet amant loyal elle pourra reconquérir son cœur sur le perfide qui le lui a ravi. Tous les officiers de la reine d'amour viennent pareillement essayer d'adoucir le chagrin mortel de leur maîtresse. Ces officiers sont, *Beauté*, sa dame d'honneur ; *Plaisant-Regard*, mignon de la chambre ; *Loyauté*, secrétaire d'amour ; *Bonne-Foi*, successeur de *Loyauté* et son survivancier ; *Espoir-de-Jouir*, grand veneur de la reine ;

Hardiesse, son conseiller, et *Déduit-Joyeux*, son maître-d'hôtel. Dans un autre siècle que celui de Saint-Gelais, un poëte auroit peut-être composé différemment la cour de Vénus, mais je doute qu'il y eût mis des personnages plus allégoriques. Tous ces courtisans flattent à l'envi la reine de l'espoir de voir arriver bientôt dans son palais quelque chevalier digne de la servir; chacun d'eux promet de faire à cet étranger l'accueil le plus gracieux et le plus favorable. *Déduit-Joyeux* le mènera à la Chasse du cerf amoureux; *Hardiesse* le munira de tout son courage; *Jeunesse*, de sa fraîcheur; *Beauté*, de tous ses charmes; *Plaisant-Regard*, lui donnera ses coups-d'œil tendres et séducteurs; *Loyauté*, sa franchise; *Bonne-Foi*, sa fidélité; *Bel-Accueil* enfin, autre officier de la cour d'Amour, le recevra avec toutes les démonstrations de l'amitié la plus tendre; *Dame-Amour*, apaisée par des promesses si flatteuses, paroît oublier un moment sa douleur, et se laisse reconduire au *Château de Plaisance*. C'étoit le séjour de tous les plaisirs, le temple de la volupté. Tandis qu'on s'y livre à la joie, un jeune homme arrive à la porte du *Verger d'Amour*, peu éloigné du château. Il est avec trois compagnons fidèles qui l'ont suivi dans son pélérinage ; ce sont *Bon-Confort*, *Cœur-Libéral* et *Ardent-Désir*, êtres moraux peu propres à l'allégorie ; mais tout se personnifie sous la plume de notre poëte. Le voyageur se lamente et se désespère. Il conjure Cupidon de lui faire trouver la dame qui peut seule guérir la blessure que le *dard d'aimer* a faite à son cœur. Un homme charitable vient lui offrir ses services. Long dialogue entre eux sur les peines des amants. L'ami finit par dire au chevalier amoureux qu'il n'est pas éloigné du *Château de Plaisance*, et que c'est dans ce lieu charmant qu'il trouvera le remède à tous ses maux. Il l'invite en même temps à y aller, se chargeant d'être son introducteur. Le jeune homme est timide ; il n'ose se présenter à la porte d'un palais si merveilleux ; il craint d'être mal reçu de la beauté qui l'habite. L'ami le rassure, en lui disant que cette reine est toujours favorable aux étrangers qui viennent lui faire leur cour ; mais que pour être plus certain de réussir auprès d'elle et de gagner ses bonnes grâces, il n'aura qu'à suivre ponctuellement tous les conseils que lui donnera *Jeunesse*. *Bon-Confort*, *Cœur-Libéral* et *Ardent-Désir* pressent le chevalier de se rendre aux avis de l'obligeant inconnu. Il se laisse persuader. Les voilà tous entrés dans le *Verger d'Amour*, sur les traces du guide officieux qui, à la sortie, leur fait prendre le *chemin d'Espérance*, par où l'on arrive à la forêt de *Gracieux-Désir*. Le jeune amant fatigué demande à s'y reposer, afin de paroître plus frais lorsqu'il arrivera au *Château de Plaisance*. Ses compagnons ainsi que son conducteur le quittent pour aller pendant ce temps-là faire un tour dans la forêt. Il s'assied au pied d'un arbre et s'y endort. *Jeunesse*, qui se promenoit dans les environs, l'aperçoit; elle est touchée de l'aimable figure de ce chevalier. Il lui paroit très-propre à tirer la reine de l'ennui mortel où elle est plongée. Elle s'approche de lui, le réveille, lui adresse les compliments les plus flatteurs, et l'engage à la suivre au château voisin, où elle lui promet de le faire agréer pour amant à la dame qu'elle sert, et avec laquelle il goûtera tous les plaisirs de la tendresse. Elle lui apprend que cette dame est la *reine d'Amours*. L'amoureux voyageur refuse d'abord les offres de *Jeunesse*; il n'ose porter son ambition si haut; il convient cependant que d'après les merveilles qu'on lui a racontées au *Château de Plaisance*, il s'étoit déterminé à courir le monde afin de trouver cet heureux séjour, et s'y vouer au service du maitre et de la maîtresse qui y tenoient leur cour fortunée; mais que plus il en approche, plus il sent augmenter en lui la crainte qu'il a de n'y être pas admis; qu'en réfléchissant d'ailleurs sur les tourments et les peines qui sont le partage ordinaire des amants, il tremble de s'enrôler sous la bannière de l'Amour. *Jeunesse* l'enhardit, en le flattant de la réception la plus favorable de la part de la reine et de son fils, et en lui représentant que s'il y a des déplaisirs et des chagrins en amour, ce n'est que pour les cœurs faux, légers et infidèles ; mais

> Qu'on ne peut compter
> Tous les grands biens qu'Amour fait à ses gens,
> Qui à la suivre sont prompts et diligents.

Les compagnons du chevalier surviennent pendant cet entretien, et l'engagent à se livrer aveuglément aux conseils de *Jeunesse*. Il obéit. La dame le prend par la main, et l'emmène avec toute sa suite au château tant désiré. *Beauté*, dame d'honneur de la reine, se trouve à l'entrée du palais. Elle demande au jeune homme s'il est bien résolu de servir loyalement la dame dont il désire d'être le chevalier. Il lui jure que telle est sa volonté. *Beauté*, séduite par l'air de candeur du jeune étranger, se joint à *Jeunesse*, et ces deux dames de concert, le prenant chacune par une main, le conduisent dans une salle du château, où il trouve *Hardiesse*, sans l'assistance de laquelle il ne pourroit être présenté ni au maître ni à la maîtresse du château, malgré le crédit de *Jeunesse* et de *Beauté*. *Hardiesse* se met à la tête du cortége amoureux, et l'introduit dans l'appartement de *Cupidon* et de la *reine d'Amours*. Remerciments de leur part aux dames officieuses qui leur ont amené un sujet si aimable, un serviteur si parfait. La princesse est enchantée de la bonne mine et de la grâce qu'elle remarque en lui. Elle reprend un air plus serein et plus riant. Elle se promet encore des plaisirs et des jouissances. *Cupidon* retient le chevalier à sa cour, mais, avant de l'y fixer, on veut avoir des preuves de sa valeur, et qu'il se signale par quelque prouesse. Le cœur de *Dame d'Amours* est perdu, il faut le retrouver; c'est un cerf amoureux qui l'a pris, et les ennemis de la princesse effarouchent cet animal chéri, et l'empêchent d'approcher du château pour le rapporter. Il s'agit d'attraper ce cerf. On prépare une Chasse. La reine forme l'équipage galant du jeune homme; elle veut être elle-même de la partie, ainsi que son fils. Tous les personnages que j'ai nommés plus haut en sont pareillement. Cependant *Faux-Rapport*, *Faux-Semblant*, *Craintise*, *Trop-Envieux* et *Danger*, qui sont les ennemis jurés de *Dame-Amour*, et ceux qui recèlent le cerf amoureux, forment ensemble le dessein de ne jamais le découvrir. Notre jeune chasseur arrive dans la forêt de *Gracieux-Désir*, va droit au *Buisson-de-Tristesse*, où doit se tenir l'animal qu'il cherche. Il y trouve la bande des conjurés dont je viens de parler. Chacun d'eux s'efforce de le détourner du projet qu'il a de vivre sous les lois de la princesse. On lui dit que le cerf amoureux qu'elle l'oblige de chasser n'est qu'une chimère; qu'au lieu des plaisirs qu'il espère goûter au service de cette dame, il n'y trouvera que peines, souffrances, ennuis et dégoûts. Mais la reine l'avoit instruit, et lui avoit soigneusement recommandé de fermer l'oreille aux discours qu'on voudroit lui tenir sur son compte. Il profite de l'avis, méprise les propos de ces gens mal avisés, et continue à chasser. Enfin le cerf est lancé et pris dans les filets de l'Amour. Le cœur de la reine étoit attaché à son bois;

elle le reprend, et dans les transports de sa joie rend la liberté à l'animal. Grande réjouissance d'avoir retrouvé ce cœur égaré. Elle va, dit-elle, le garder avec plus de soin que jamais pour son vrai et loyal ami. Le chevalier amoureux croit qu'elle lui en fera présent sur-le-champ ; mais il n'est point encore arrivé au terme où il aspire. On retourne au *Château de Plaisance* au milieu des cris d'allégresse et des sons éclatants des cors. Là on oblige l'heureux chasseur à prêter foi et hommage à Cupidon et à sa mère, lesquels après cette cérémonie le récompensent de l'accolade. On lui fait ensuite jurer d'observer fidèlement les dix commandements du dieu d'Amour, qu'on lui donne gravés sur des tablettes d'or. Il promet tout en amant parfait, dont on lui donne le titre ; titre d'autant plus glorieux qu'il est plus rarement mérité. Après ces préliminaires la princesse et l'amant parfait se font un don réciproque de leurs cœurs ; Cupidon les perce tous les deux du même trait, afin de les unir inséparablement, et appelle *Jouissance*, entre les mains de laquelle il remet le chevalier pour en recevoir le prix réservé aux amants sincères et fidèles.

Quoique j'aie cherché à beaucoup abréger

cet extrait, le plaisir que j'ai eu à le faire m'a peut-être mené trop loin. Je reviens à nos rois.

Les voyages de Charles VIII et de Louis XII en Italie, firent naître une sorte de révolution dans nos usages et dans nos mœurs. Jusque-là chaque nation, concentrée en elle-même, ne tenoit aux autres que par quelques rapports fondés sur la guerre ou la politique. On songeoit peu à s'instruire des usages de ses voisins, encore moins à se les approprier. Il fallut que des circonstances extraordinaires entraînassent nos rois au-delà des monts, pour nous tirer de notre barbare ignorance. Nos liaisons avec les Italiens nous donnèrent du goût pour les lettres et les sciences, les arts et le commerce; elles eurent même quelques influences sur nos plaisirs et nos amusements.

Une ambassade envoyée, sous le règne de Charles VI, par le duc de Bourgogne, à Galéas Visconti, duc de Milan, avoit déjà fait connoître aux François l'espèce de magnificence que ce prince avoit introduite dans ses Chasses. Galéas, dit le moine de Saint-Denis, auteur de la Vie de Charles VI, Galéas passionné pour la Chasse, et voulant « s'y divertir » avec plus noble équipage qu'aucun autre

» prince, ne se contentoit pas de belles meutes
» de chiens en divers bourgs et villages, où
» ils étoient tous nourris aux dépens des
» paysans; il vouloit avoir des léopards et
» autres bêtes étrangères, pour les exercer
» contre celles des champs et des forêts. »
Mathieu de Couci, dans son Histoire, parle
aussi de la Chasse que ce duc fit faire aux
environs de Milan, pour amuser le duc de
Clèves et autres ambassadeurs du duc de
Bourgogne : « ils allèrent, dit-il, à l'esbat aux
» champs... où ils trouvèrent de petits chiens
» courants, chassants aux lièvres, et sitôt qu'il
» s'en levoit un, il y avoit trois ou quatre
» léopards à cheval derrière des hommes, qui
» sailloient et prenoient les lièvres à la course. »
Enfin le traducteur de Marco Polo avoit aussi fait
mention de cette Chasse; il en avoit même donné
la représentation dans les mignatures d'un manuscrit qui se trouve encore à la Bibliothèque du roi. Mais on s'en étoit tenu là, et cette
façon de chasser ne s'établit que long-temps
après en France. Charles VIII et Louis XII,
qui avoient peut-être assisté à un pareil divertissement pendant leur séjour en Lombar-
die, furent les premiers qui entreprirent d'en
donner le spectacle à leur cour.

Il est certain que Louis XII avoit des léopards dans ses équipages de Chasse. Ayant reçu l'évêque de Gurce, ambassadeur de Marguerite d'Autriche en 1510, il le mena à la Chasse, où il prit un lièvre avec un léopard; et le lendemain l'ayant encore conduit dans son parc, il fit prendre devant lui deux chevreuils par un léopard. Les lettres de Jean Caulier, qui avoit accompagné l'ambassadeur de Marguerite, nous apprennent ces particularités[8]. Plusieurs autres écrits du même temps supposent que Louis XII avoit pour la Chasse une passion si grande, que quelquefois elle le détournoit des affaires. Les environs de Blois, la Héronnière [9], le Plessis-lès-Tours et Pont-le-Roi, étoient les endroits où il aimoit à prendre ce divertissement. C'est dans ces mêmes lieux qu'il donna plusieurs fois le plaisir de la Chasse à l'archiduc [10], lorsqu'il passa en France ; et afin qu'il pût s'amuser sur sa route, il lui fit présent d'oiseaux de toute espèce propres à chasser au vol, soit dans les champs, soit sur les rivières.

Pendant un séjour d'environ deux mois que Louis XII fit au Plessis pour rétablir sa santé, ses divers amusements consistoient à voir tirer ses archers, à regarder monter ses grands chevaux et à chasser le sanglier dans les bois du parc. Lorsque dans le cours de ses voyages il rencontroit des lieux propres à la Chasse, il s'y arrêtoit volontiers. Étant à Grenoble avec la reine, lors de son retour d'Italie, « il y sé- » journa huit jours, en passant le temps à la » Chasse des grosses bêtes, et à la volerie, et » à plusieurs autres ébats divers et solacieux » déduits. »

L'exercice de la Chasse, pris avec trop de chaleur, expose souvent à des accidents funestes. Louis XII en fit la triste expérience. Un jour qu'il poursuivoit un grand cerf, son cheval s'abattit si rudement sous lui, que ce prince se démit l'épaule.

Au reste sa passion pour la Chasse put bien lui faire commettre quelque imprudence dangereuse pour lui-même ; mais elle ne le jeta jamais dans ces excès de jalousie où donnèrent quelques-uns de ses prédécesseurs, et surtout Louis XI. Loin de vouloir interdire à ses gentilshommes un droit qu'ils avoient acquis par leurs services militaires, il l'étendit à ses nouveaux sujets d'Italie, qui, sous leurs anciens maîtres, n'avoient jamais joui des priviléges de la noblesse françoise. Il étoit digne de cet excellent prince de montrer, par son

exemple, aux conquérants, que la meilleure manière d'user de la victoire, est de rendre heureux les vaincus. « Il meit l'état d'église en
» liberté et franchise, dit son historien, Saint-
» Gelais; si feit-il pareillement les nobles, en
» leur donnant faculté de vivre comme l'on
» fait en France, savoir est, d'avoir chiens et
» oiseaux, d'aller à la Chasse comme bon leur
» sembleroit, en leurs possessions et domaines,
» ce qu'ils n'avoient accoutumé de faire, mais
» avoient seulement permission de voler les
» cailles et perdrix aux esperviers, en payant
» une grande somme de deniers. »

Jamais souverain ne montra plus d'attention pour son peuple. Vrai père de ses sujets, il sacrifia tout à leur soulagement. Il aimoit la Chasse, mais il ne voulut point qu'elle devînt un fardeau public, en chargeant les peuples de la dépense de ses équipages, dont le logement, sous d'autres règnes, avoit été quelquefois plus onéreux que le logement même des gens de guerre. Il trouva, dans cette sage économie qu'il avoit introduite dans les diverses parties du gouvernement, le moyen de satisfaire à tout. Je ne puis me refuser au plaisir de rapporter les paroles même de Saint-Gelais. Le sentiment qu'elles respirent ne

peut qu'être agréable au lecteur. « Sa condi-
» tion est telle, dit l'historien, en temps de
» paix, quand il a pourvu à ce qui est néces-
» saire, d'aimer la Chasse et la volerie; et
» pour vrai, c'est un déduit qui est bienséant
» à tous princes et grands seigneurs ; car par-
» là s'en évite oisiveté, la plus dangereuse de
» tous vices ; et nul si grand maître que lui
» ne pratiqua ce métier si avant qu'il a fait,
» ne n'y eut oncques tant de plaisir à moins
» de frais : car j'ai vu du temps du feu roi
» (Louis XI), que c'étoit merveilleuse chose
» de la dépense qui se faisoit pour sa vénerie
» et fauconnerie, et le roi a d'aussi bons
» chiens et veneurs pour prendre le cerf à
» force que eult oncques prince, et si ne lui
» coûte point à moitié tant qu'il faisoit aux
» autres, et en cela comme aux autres choses
» se peut connoître son sens et sa prudence. »
Le même auteur, après de si justes éloges
donnés au prince, fait judicieusement la critique de l'ambition des gentilshommes qui se
piquoient de suivre son exemple. Plusieurs
voyant sa passion pour les oiseaux, quoiqu'ils
n'en eussent jamais porté sur le poing, étoient
devenus fauconniers, et en faisoient métier;
tant les goûts des princes influent sur les

mœurs générales. Le désir de leur plaire engage à les copier en tout, et fait souvent faire à leurs ridicules imitateurs des efforts qui les ruinent. C'est ce que Saint-Gelais reprochoit aux gentilshommes de son temps qui, avec mille livres de rente et moins, vouloient faire comme le roi, *et avoir vol pour héron, pour milan et toute autre volerie*. Il prétend que c'est folie de vouloir égaler ceux qui sont plus puissants que soi, et que de telles gens devroient se contenter d'avoir des oiseaux *pour rivière et pour les champs ;* mais l'habitude de faire au-delà de ses forces pour suivre le goût dominant, sera toujours la folie des François[*].

Louis XII, sur la fin de son règne, ne s'occupoit que du soin de former le cœur et

---

[*] Le seul ouvrage relatif à la Chasse qui ait été composé du temps de Louis XII, est une petite pièce d'environ deux cents vers qui a pour titre : *la Chasse du Cerf des Cerfs*. Pierre Gringore, qui en est l'auteur, ainsi que de plusieurs écrits qui ont pour objet les démêlés de ce prince avec les Vénitiens, la composa en 1510, étant à Etioles, près de Corbeil. C'est, dit l'abbé Goujet dans sa Bibliothèque françoise, une allégorie assez froide sur les différends des princes avec le pape, qu'il appelle le *cerf des cerfs*, en faisant allusion au titre de *servus servorum Dei* que prennent les souverains pontifes.

l'esprit du duc d'Angoulême, qui devoit monter après lui sur le trône. Il l'élevoit à sa cour, et ne négligeoit rien pour faire naître en lui les mêmes sentiments de tendresse dont il étoit animé pour son peuple; mais comme il aimoit beaucoup la Chasse, et qu'il est naturel que nous inspirions aux autres de l'affection pour tout ce que nous affectionnons nous-mêmes, Louis XII se plaisoit à entretenir dans ce jeune prince le penchant décidé qu'il montroit déjà pour cet exercice.

Dans un séjour que le duc d'Angoulême fit auprès de son oncle à Chinon, ce bon monarque eut souvent occasion de lui procurer ce noble amusement: « et là, dit l'historien,
» tant qu'il y séjourna, parce que ce jeune
» prince aimoit la Chasse sur tous autres dé-
» duits, il faisoit prendre les bêtes en la forêt
» de Chinon et partout ailleurs, pour ap-
» porter dans le parc pour son passe-temps,
» et pour donner desennui à son jeune ne-
» veu, qui tant y prenoit de plaisir. »

François Ier, parvenu au trône, eut les goûts de son prédécesseur, sans en avoir la sagesse. Ébloui du faste des cours d'Italie, dont les princes trouvoient, dans le commerce, des ressources pour suffire à leur magnificence, il crut qu'il n'étoit pas de la dignité d'un roi de France de leur céder ce frivole avantage, et à force de multiplier les impôts, il vint à bout de l'emporter même sur Charles-Quint, enrichi de tous les trésors du Nouveau-Monde. L'état de sa maison pour la Chasse étoit prodigieux; quoique Louis XII l'eût déjà mis sur un haut pied, il l'accrut encore par de nouveaux établissements; ce qui lui mérita, de la part des chasseurs, le titre de *père de la vénerie* [11].

Le seul équipage des toiles étoit composé d'un commandant (M. d'Annebaut), d'un lieutenant, de douze veneurs à cheval, de six valets de limiers, de six valets de chiens, chargés de panser soixante chiens courants, de cent archers à pied portant de grandes vouges (espèces de hallebardes), uniquement employés à dresser les toiles, obligés de suivre le roi, de dresser ses tentes lorsqu'il étoit à la guerre, et mis au rang de ses gardes en ce temps-là. Cinquante chariots, attelés chacun de six chevaux, ne servoient à autre chose qu'à porter les toiles et les planches pour les tentes; ils suivoient le roi à la guerre partout où il alloit. Cet équipage, qui étoit sur le même pied que les autres, coûtoit dix-huit mille francs par an, somme assez considérable dans ce temps-là. Nous allons faire connoître ici, d'après les Mémoires du maréchal de Fleuranges, quel étoit alors l'état de la fauconnerie de ce prince.

« La fauconnerie du roi est, dit Fleuranges, commandée par le grand fauconnier René de Cossé, *honnête gentilhomme, et de bonne maison*, et qui, outre ce *bel office*, est encore pourvu de celui de premier pannetier de France. Le grand fauconnier, dont l'état est de quatre mille florins, a sous lui cinquante gentilshommes qui ont d'état cinq ou six cents livres, et cinquante fauconniers-aides, à deux cents livres d'état; c'est lui qui nomme à ces divers emplois. Enfin son équipage monte à trois cents oiseaux; il est maître d'aller chasser où bon lui semble dans toute l'étendue du royaume; il lève un tribut sur tous les oiseleurs, qui ne peuvent, sans sa permission, vendre un seul oiseau dans aucune ville, ni à la cour, et cela sous peine de voir leurs marchandises confisquées. La fauconnerie suit le roi partout, ainsi que ses vèneries..

» Les veneurs et les fauconniers, continue notre historien, ont entre eux un usage fort singulier. Lorsque la Sainte-Croix de mai, qui est le temps de mettre les oiseaux en mue, est arrivée, les veneurs, tous vêtus de vert avec leurs trompes, et armés de gaules vertes, viennent mettre les fauconniers hors de la cour : car c'est la saison de courre le cerf; mais quand se vient la Sainte-Croix d'hiver, le grand fauconnier vient à son tour chasser les veneurs, qui doivent alors mettre les chiens au chenil : car les cerfs ne valent plus rien. Le roi qui règne aujourd'hui en use tout autrement, et chasse l'hiver comme l'été, et prend plus de plaisir à la vénerie qu'à la fauconnerie, dont la dépense peut monter à trente-six mille francs, sans l'état du grand fauconnier. »

On peut inférer de-là que l'ancienne querelle entre la fauconnerie et la vénerie, n'étoit pas entièrement assoupie, et qu'il en avoit été de ce procès comme de la plupart des autres, où la sentence des juges ne met pas fin à l'inimitié des parties. Nous avons vu cette fameuse cause discutée et jugée dans le poëme de la Bigne, en 1359. Elle fut plaidée de nouveau dans un ouvrage en vers, composé par Guillaume Cretin [12], poëte qui florissoit sous Louis XII et François Ier. Au lieu d'avocats,

Cretin fait parler deux dames. Les dames étoient en droit d'intervenir au procès comme parties intéressées, puisqu'alors elles prenoient part aux plaisirs de l'une et de l'autre Chasse. Il semble pourtant qu'elles inclinoient davantage pour la fauconnerie, selon ce passage de Rabelais : « Si c'étoit pour voler ou chasser, les
» dames montées sur belles hacquenées avec
» leur palefroy guerrier, sur le point mignon-
» nement engantelé, portoient chacune ou
» un espervier, ou un laneret, ou un émeril-
» lon; les hommes portoient les autres oi-
» seaux. »

La fauconnerie étoit en vogue plus que jamais sous le règne de François I*er*, quoique ce prince lui préférât la vénerie. On le vit combler de ses grâces un simple gentilhomme de médiocre fortune, qui s'étant avancé à la cour par son talent et par son amour pour les oiseaux, parvint à un état si considérable, qu'il entretenoit soixante chevaux pour sa seule fauconnerie.

Cette facilité à prodiguer les *récompenses* pour des services très-peu essentiels, excita bien des murmures. Messire André de Vivonne, sénéchal de Poitou, qui avoit été chambellan du roi, et gouverneur du dauphin son fils, osa un jour lui en faire des reproches. Ses anciens services et sa probité universellement reconnue, lui avoient acquis le droit de ne rien dissimuler. Il se conduisit toujours à la cour avec la franchise d'une ame généreuse, qui ne connoît ni les bassesses ni l'adulation.

François I*er*, après être sorti de prison, s'arrêta en revenant d'Espagne chez Vivonne, au château d'Anville, en Guienne. Ce prince, s'entretenant avec ses courtisans, leur faisoit le récit des dernières guerres, et rappeloit toutes les circonstances de la bataille de Pavie, sans oublier le cheval qu'il montoit et les pièces de son armure. « Vous étiez très-bien
» monté, sire, » lui dit le vieux gentilhomme, dont les termes méritent d'être conservés,
» mais vous aviez à dire la meilleure partie
» de votre harnois. Et laquelle? répondit le
» roi. Le cœur de votre noblesse, répliqua le
» sénéchal, que par ci-devant n'aviez reconnue
» nue et traitée comme vous deviez : car vous
» n'avez reconnu, traité et contenté que quatre
» ou cinq favoris, comme l'amiral Bonnivet,
» Montchenu, Montmorency et Brion, et autres
» tres qui seuls se sont ressentis de vos faveurs,
» veurs, bienfaits, honneurs et dignités, et
» les autres non. Car à quel propos Brion a-

» t-il tant de bienfaits de vous, que de sa
» seule fauconnerie il a soixante chevaux dans
» son écurie, lui qui n'est que gentilhomme
» comme un autre, et encore cadet de sa
» maison, que j'ai vu qui n'avoit pour tout
» son train que six ou sept chevaux? Si vous
» eussiez également répandu vos faveurs et
» moyens aux autres gentilshommes de votre
» royaume, ils vous eussent été plus affec-
» tionnés qu'ils n'ont été, et eussent crevé
» auprès de vous, et possible n'eussiez-vous
» été pris, et possible aussi que pour ce sujet
» Dieu a ainsi disposé de vous à ce coup,
» pour y aviser mieux à l'avenir et vous en
» corriger. » Heureux les rois qui ont des serviteurs assez zélés pour leur dire la vérité si
courageusement, et qui sont eux-mêmes assez
modérés pour l'entendre sans humeur.

François Ier trouva plus de courtisans in-
téressés à flatter ses penchants, que de gens
capables de lui parler avec cette candeur.
Chacun s'empressoit à servir son goût pour
la vénerie. M. d'Annebaut lui donna un grand
chien fauve, nommé *Miraud*, de la race ancienne des chiens fauves qu'avoient eus les
ducs de Bretagne, et qui avoient été entre-
tenus par ses ancêtres. La reine d'Écosse lui

envoya un autre chien blanc nommé *Beraud*, et l'un et l'autre servirent à fortifier encore la race dont *Souillard* avoit été l'auteur du temps de Louis XI. Outre la force et la bonté de cette race, elle avoit l'avantage de ne point être étourdie par la multitude des chevaux.

Les dames, peu faites pour supporter les fatigues de la vénerie, avoient été rarement disposées à en goûter le plaisir; tout au plus paroissoient-elles dans les grandes routes des forêts, pour se trouver aux accours où l'on donnoit les levriers. Il étoit réservé à une princesse italienne de leur donner un exemple qui parut admirable à quelques-unes, et inimitable au plus grand nombre. Il s'agit de Catherine de Médicis, alors dauphine de France, dont Brantôme parle en ces termes [*] : « Elle
» aimoit la Chasse bien fort, dit-il, sur quoi
» j'ai ouï faire ce conte à une grande dame
» de la cour d'alors, que le roi François ayant
» choisi et fait une troupe qui s'appelloit la
» petite bande des dames de la cour, des plus
» belles, gentilles et des plus favorisées, sou-
» vent se dérobant de sa cour, s'en partoit et

[*] Dames illustres de France, t. II, art. de Catherine de Médicis.

» s'en alloit en autres maisons courir le cerf
» et passer son temps, et y demeuroit ainsi
» quelquefois retiré huit jours, dix jours,
» quelquefois plus, quelquefois moins, ainsi
» qu'il lui plaisoit et l'humeur l'en prenoit.
» Notre reine, qui étoit lors madame la dau-
» phine, voyant telles parties se faire sans
» elle, que mesdames ses belles-sœurs en
» étoient, et elle demeuroit au logis, elle fit
» prière au roi de la mener toujours quant et
» lui, et lui fit cet honneur de permettre
» qu'elle ne bougeât jamais d'avec lui.... Le
» roi François lui sut bon gré d'une telle
» prière, voyant la bonne volonté qui étoit
» en elle d'aimer sa compagnie, qu'il lui ac-
» corda de très-bon cœur, et outre qu'il l'ai-
» moit naturellement, il l'en aima toujours
» davantage, et se délectoit à lui faire donner
» plaisir en la Chasse, en laquelle elle n'a-
» bandonnoit jamais le roi, et le suivoit tou-
» jours à courir; car elle étoit fort bien à
» cheval et hardie, et s'y tenoit de fort bonne
» grâce, ayant été la première qui avoit mis
» la jambe sur l'arçon, d'autant que la grâce
» y étoit bien plus belle et apparoissante que
» sur la planchette. »

La compagnie des dames ne put que fortifier, dans un prince galant, le goût qu'il avoit eu de tout temps pour la Chasse. Il s'y livra le reste de sa vie, et y fit éclater la magnificence qu'il mettoit dans tous les autres plaisirs de sa cour. C'est dans cette vue qu'il bâtit les superbes châteaux de Chambord, de Villers-Cotcrets *, la Muette près de Saint-Germain, Folembray dans la forêt de Coucy, etc., et qu'il augmenta d'un prodigieux nombre de bâtiments l'ancienne maison de nos rois à Fontainebleau, qu'eux-mêmes jusqu'alors n'avoient appelée que leur *désert*.

Outre ces maisons qu'il visitoit souvent pour chasser dans les forêts voisines, il alloit fréquemment à Dampierre, près de Chevreuse, à Limours, à Rochefort, à Chantilli, tous pays de Chasse. Ses voyages, loin de le distraire de ce plaisir, ne servoient qu'à le diversifier. Après un pélerinage à Notre-Dame-de-Liesse, il alla pendant huit jours se délasser en chassant le long de la montagne de Reims **.

Lorsque quelque étranger arrivoit à sa cour, il ne manquoit jamais de lui donner le plaisir de la Chasse. Quand Charles-Quint traversa la

---

* Voyez de Thou, t. VI, l. 47, p. 64.
** Mém. de Martin du Bellay, l. X, fol. 306, recto.

France, le roi le fit passer par le château de Lusignan, « pour la délectation de la Chasse aux
» daims, qui étoient là dans un des beaux et
» anciens parcs de France à très-grande foi-
» son; » et dans le nombre des divertissements qu'il lui procura en le recevant à Fontainebleau, celui de la Chasse ne fut pas un des moindres. Tous les princes étrangers étoient traités à la cour du monarque françois avec une *courtoisie* qui faisoit son caractère distinctif. C'est vraisemblablement à ce prince que doit remonter la coutume établie dans les Chasses de nos rois, de faire donner des chevaux de leur écurie aux étrangers qui désirent de les suivre.

S'il convenoit à sa grandeur de faire partager les plaisirs de sa cour aux étrangers, il étoit dangereux pour sa sûreté de leur être trop accessible. Sa gloire faisoit ombrage à plusieurs princes ses rivaux; la politique auroit dû l'engager à se tenir plus en garde contre leurs pernicieux desseins; mais la candeur et la bonne foi qui étoient si naturelles à ce héros, ne lui permettoient pas de se livrer à de pareilles inquiétudes. Tous les seigneurs qui venoient de loin visiter sa cour y étoient accueillis avec honneur; il leur suffisoit d'avoir une réputation de bravoure, pour mériter de lui des distinctions, et obtenir même toute sa confiance.

Un comte Guillaume de la maison de Saxe, la même, suivant l'opinion commune, que la maison de Savoie, dont la mère de François Ier étoit née, eut le bonheur de s'insinuer d'une manière particulière dans les bonnes grâces de ce prince, qui l'attacha au service de sa chambre. Quelques zélés serviteurs donnèrent avis au monarque peu vigilant, que le seigneur étranger tramoit un dessein contre sa vie. François, non moins généreux envers Guillaume que le roi de Macédoine ne l'avoit été à l'égard de son médecin, s'écarta un jour de la Chasse au fond d'un bois pour être seul avec le comte. Là, tirant son épée, il lui en fit admirer la trempe, et lui offrit de l'éprouver en brave et loyal gentilhomme. La réponse humble et respectueuse de Guillaume satisfit le roi. Sans s'arrêter plus long-temps, il piqua son cheval, et continua la Chasse qu'il avoit interrompue [13].

François Ier touche au bout de sa carrière. Foible, languissant, attaqué d'une maladie qui va le conduire au tombeau, il ne sauroit se détacher encore du divertissement de la

Chasse, ou plutôt en s'efforçant de ranimer sa passion pour ce genre de plaisir, il cherche à rappeler ses forces mourantes. Pour trouver du soulagement et de la dissipation à son mal, il va successivement à la Muette près de Saint-Germain, à Dampierre près de Chevreuse, à Limours et à Rochefort, et veut y chasser sans relâche. Les accès de fièvre qui le prenoient tous les soirs, pendant le séjour qu'il fit à Rochefort, le déterminent à se rapprocher de Saint-Germain, sa résidence ordinaire. Chemin faisant il vient coucher à Rambouillet, où il ne comptoit passer qu'une nuit; mais le plaisir qu'il y trouva en chassant, lui fit changer de dessein; il s'y arrêta; la fièvre devint continue, et l'emporta peu de jours après [14].

Sous le règne de ce prince, nommé le *père des veneurs*, l'exercice de la Chasse ne pouvoit manquer d'être familier aux seigneurs de la cour. Ils n'étoient pas moins ardents à le suivre dans les forêts, qu'à se signaler pour lui dans les armées. Le brave Bayard, dont le nom seul est un éloge, se trouve au rang des célèbres chasseurs de ce siècle. Il est dit de lui qu'il avoit obtenu de l'empereur, dont il fut prisonnier, la liberté de chasser à trois lieues aux environs de la cour. Cet exemple suffiroit presque seul pour prouver que c'est avec raison qu'on regarde la Chasse comme l'amusement des héros *.

* Saint-Julien, Mélanges historiques, p. 439.

NOTES HISTORIQUES

RELATIVES

A LA TROISIÈME PARTIE DES MÉMOIRES SUR LA CHASSE.

(1) En ce temps (année 1463) vint devers le roy en la ville de Senlis, la royne Isabelle de Savoye sa femme, en petit estat : car pour le temps le roy dépendoit (dépensoit) le moins qu'il pouoit, et entendoit à assembler trésor, tant pour rembourser le duc de Bourgogne des villes engagées sur la riviere de Somme, comme pour faire ses plaisirs, comme celuy qui aymoit merveilleusement à chasser et à voler, et donnoit largement à braconniers et à fauconniers, qui lui faisoient son déduit : à autres gens ne donnoit que pou ou néant, et ne tenoit compte de soy vestir ne parer richement; ains se vestoit le plus du temps de drap de petit pris et de pourpoints de futaine, plus meschamment que à son estat n'appartenoit : ains aymoit tous ceux qui ayans à besongner à luy venoient devers lui en simple estat. Il ne diminua tailles ne subsides en son royaume, ains en mettoit sus des nouvelles tous les jours, dont son peuple fut grandement foulé et travaillé. (Monstrelet, vol. 3, fol. 96 verso et 97 recto.)

(2) En ce tems retournerent du royaulme d'Angleterre

monsieur l'amiral et autres dessus nommés, qui ainsi s'en estoient allés avec ledit de Warvich, audit pays d'Angleterre, lesquels y demourerent longuement, et n'y firent riens. Et par eux ledit roy d'Angleterre envoya des trompes de chasse et des bouteilles de cuyr, à l'encontre des belles pieces d'or, couppe d'or, vaisselle, pierreries et autres belles besongnes, que le roy et autres seigneurs avoient donnés audit de Warvich, à son parlement de Rouen. (Chronique scandaleuse de Louis XI, à la suite de Commines, édit. de Godefroy, 1714, p. 115).

(3) Jacques de Fouilloux, gentilhomme poitevin, qui mourut sous le règne de Charles IX, auquel il dédia un ouvrage qu'il composa sur la Chasse, parle beaucoup d'un chien nommé *Souillard*, dont on tira une nouvelle race sous Louis XI. Voy. la Vénerie de Jacques de Fouilloux.

(4) L'abbé Goujet, parlant de l'anonyme auteur du Traité du Nouveau-Monde, dit : « J'ai beaucoup moins
» compris le but d'un autre petit poëme de douze
» feuillets, qui a été imprimé in-4° sans date, en ca-
» ractères gothiques. Ce poëme est intitulé : Le Livre
» de la Chasse du grand sénéschal de Normandie : et
» les dits du bon chien Souillard, qui fut au roy Loys
» de France onzieme de ce nom. Si c'est une allégorie,
» elle est si enveloppée, que je n'y ai rien entendu.
» L'anonyme y loue également la Chasse, les chiens
» qui y servent, et la beauté qu'il ne désigne point. »
(Biblioth. Fr., t. IX, p. 421, 422).

(5) Mézeray, t. II, p. 191, 192, de sa grande His-

toire, parlant de la liberté avec laquelle on se vengeoit après la mort de Louis XI, de la dureté de son gouvernement, et des propos qu'on se permettoit sur son avarice sordide, dont il restoit des monuments authentiques à la chambre des comptes, ajoute ces mots :
« Néanmoins que pour ses plaisirs rien ne lui avoit esté
» cher, spécialement pour la Chasse et pour les femmes;
» car pour la Chasse il avoit entretenu des légions de
» chiens, d'oiseaux, de veneurs et de fauconniers, s'es-
» tant rendu si jaloux de cet exercice, qu'il l'avoit dé-
» fendu sévèrement sur peine de la corde même aux
» gentilshommes, si bien que de son regne c'étoit un
» bien plus grand crime d'avoir tué un cerf qu'un
» homme, de quoi ils faisoient d'étranges contes. »
Louis XI aima la Chasse jusqu'à sa mort, qui arriva en 1483. Durant sa maladie au Plessis-lès-Tours, comme il ne pouvoit plus prendre ce divertissement, on attrapoit les plus gros rats qu'on pouvoit, et on les faisoit chasser par des chats dans ses appartements pour l'amuser.

(6) On peut voir dans Godefroy (Observations sur l'Histoire de Charles VIII, p. 407 et suiv.), les représentations que la noblesse fit à ce prince dans l'assemblée des États en 1484, au sujet des atteintes portées à leurs droits de Chasse par son prédécesseur, et les réponses favorables que le roi fit à chacun des articles de leurs doléances.

(7) On sait de quelle manière Charles VIII fut élevé. Il passa toute sa jeunesse dans le château d'Amboise, où Louis XI son père le tint séquestré du monde en-

tier; il vouloit, conformément aux principes de sa défiante politique, que son fils vécût ignoré autant qu'ignorant. Dubouchage encourut l'indignation de Louis XI pour avoir un jour, par complaisance et par pitié, mené le dauphin à la Chasse. Voy. la nouvelle Histoire de Marie de Bourgogne, p. 275.

(8) Parmi les Lettres de Louis XII, imprimées à Bruxelles en 1712, on trouve, t. II, une lettre de Jean Caulier, datée d'Amboise, à Marguerite d'Autriche, pour lui faire part de la réception qui avoit été faite en France à son ambassadeur, en 1510. « Cet évêque (de Gurce),
» dit-il, p. 42, fut mené à son logis, où il ne fut demi-
» heure, que le roy ne l'envoyast querir pour aller à
» la Chace, où il fut environ une heure, et n'y eust
» prinse que d'ung lievre, que print un léopard. A la
» p. 43, il ajoute : Et à l'après souper, environ entre
» quatre et cinq, ledit sieur de Gurce et nous alasmes
» avecq le roy chasser au parcq, où il fut tué un san-
» glier, et prins par un léopard, deux chevreux en notre
» présence et tout auprès de nous; ce fait ledit roy yscit
» hors dudit parcq et fist monstrer son écurie ». Ce passage et ce qu'on a dit des Chasses de Jean Galéas, duc de Milan, rendent très-vraisemblable ce qui a été rapporté de Charlemagne dans la première partie de ce Mémoire, où il a été fait mention des lions que ce prince avoit dans ses équipages de Chasse. C'étoit, selon toute apparence, des léopards, qu'on aura pris pour des lions.

(9) André des Borgo informant Marguerite d'Autriche des conférences qu'il avoit eues avec Louis XII, dans sa lettre datée d'Equirie près la Héronnière, du 27 avril

1511, lui mande : « Madame, hier matin me partis de
» Lyon; et m'en alis à la Héronnière où est le roy,
» lequel demeurit tant tard à la Chasse, que ne puis
» parler à luy, et fus contraint de venir ici, à mon logis
» loingtain de celluy du roy une lieue et demie; ce matin
» me suis tiré pardevers lui, lequel j'ay trouvé à table,
» et après beaucoup de devises de plaisir, tout inconti-
» nent qu'il a eu disné, s'est retiré en sa chambre avec
» moi. » (Lettres de Louis XII, t. II, p. 189.)

(10) Olivier de la Marche, p. 98 de l'Introduction à
ses Mémoires, édition de Gand, parlant avec éloge de
l'archiduc Maximilien, s'exprime ainsi : « Combien que
» ce fut lors un jeune prince, qui volontiers et moult
» bien joustoit et tourvoyoit et aimoit le deduit des
» chiens et d'oiseaux sur tous autres princes du monde,
» toutesfois il eslonga (éloigna vertueusement toutes ces
» plaisances, pour aller faire lever le siege d'Utrecht. »
Marie de Bourgogne, femme de l'archiduc Maximilien,
mourut le 25 mars 1482, d'une chute de cheval qu'elle
fit à la Chasse du héron, étant grosse. Voy. la nouvelle
histoire de Marie de Bourgogne, pag. 279, et l'abrégé
chronologique du président Hénault.

(11) François I*er* est appelé le *père des veneurs*
par Fouilloux, pag. 4 de sa Vénerie. Il fut aussi procla-
mé *père des arts et des sciences*, à son convoi funèbre,
par les crieurs publics de Paris, suivant la relation de
ses obsèques, au cinquième vol. de du Bellay.

(12) Guillaume Cretin a vécu sous Charles VIII, Louis
XII et François I*er*. Il était chantre de la sainte chapelle

de Paris, et trésorier de celle de Vincennes. A ces titres il joignait celui de chroniqueur ou historiographe du roi. Il se nomme quelquefois *Dubois*, soit par sobriquet, soit que ce fût un nom de seigneurie, comme on peut le voir par le commencement d'une épître qu'il adresse à frère Martin, religieux Célestin.

> Le gros Dubois, *alias* dit Cretin,
> En plumestant sur son petit pupitre,
> A minuté cette présente épître,
> Pour l'envoyer à frère Jehan Martin.

Cretin passoit pour le coriphée des poëtes de son temps. Sa muse est gaie, vive et facétieuse; si ses plaisanteries sont quelquefois de mauvais goût, c'est son siècle qu'il faut en accuser plutôt que son esprit. Celle de ses poésies qui a la Chasse pour objet est intitulée : Le Débat entre deux dames sur le passe-temps des chiens et des oiseaux. Voici comme il décrit un retour de Chasse :

> Joyeux devis se mirent à l'enchère,
> Menus propos furent en avant mis,
> Ainsi que on fait entre les bons amis.
> . . . .
> On chante, on rit, on s'accole, on se baise.

Cependant le souper s'apprête.

> On perce vins, on larde venaison,
> Poulets, pigeons ne se sauvent, ne oison.
> . . . .
> Les amoureux se devisent aux dames,
> Comptent leurs cas, jurent Dieu et leurs ames
> Que leur amour, tant les tourmente et nuit,
> Qu'ils n'ont repos la seule heure de nuit,

Font des piteux, soupirent et lamentent ;
Mais pour certain je crois qu'en cela mentent.

Voy. la Bibl. fr. de l'abbé Goujet, t. X, p. 23, art. de Guillaume Cretin.

(13) L'aventure de François Ier avec le comte Guillaume, dont le récit se trouve dans les Cent Nouvelles de la reine de Navarre, y est rapportée de façon à faire croire que ce n'est point un conte fait à plaisir, comme plusieurs autres histoires fabuleuses qui font partie de ce roman. Voy. la dix-septième nouvelle de la seconde journée, pag. 291 et suiv.

(14) Le roi (François Ier), dit M. de Thou (t. I. liv. III, p. 180 de son hist.), se sentoit extrêmement tourmenté d'un ulcère incurable, qui lui étoit venu vers le fondement, dès le temps que l'empereur passa par la France pour aller en Brabant, et qui s'étoit peu à peu étendu jusqu'à la vessie. Cet ulcère invétéré lui ayant enfin causé la fièvre, il voulut aller dissiper sa mélancolie dans une magnifique maison de plaisance qu'il avoit fait depuis peu bâtir au bout de la forêt de Saint-Germain. De-là il alla à Dampierre, près de Chevreuse ; ensuite à Limours et à Rochefort, qui sont des pays de chasse. Mais comme il s'en retournoit à Saint-Germain, la fièvre, qui d'intermittente étoit dégénérée en continue, l'obligea de s'arrêter à Rambouillet, où il mourut le dernier jour du mois de mars 1546, après avoir vécu cinquante-deux ans six mois et dix-neuf jours, et régné trente-deux ans trois mois moins un jour.

François Ier, suivant Brantôme (Cap. fr., t. I,

p. 254), se détermina à conclure le concordat avec Léon X, afin d'être en état de récompenser les services de sa noblesse par le don des abbayes et des biens de l'Église, dont il aimait mieux la gratifier que d'en laisser la jouissance à des « moines clostraux, gens inutiles, qui ne servaient » à rien qu'à boire et à manger, taverner, jouer, ou à » faire des cordes d'arbaleste, des poches de furets, à » prendre des connils (des lapins), à siffler des linottes. » Voilà leurs exercices, dit-il : encore étoient-ce les plus innocents.

Le goût de la Chasse étoit si général et si répandu alors, que les ouvrages même de dévotion étoient remplis de termes, d'images et de métaphores empruntés de cet exercice. On trouve dans la Bibliothèque de l'abbé Goujet (t. X, pag. 513 et 514) un Guillaume Michel, dit de Tours, qui vivoit sous François Ier. Cet abbé, parlant des ouvrages de ce poëte, s'exprime ainsi :

« Je commence par la forêt de conscience, contenant la Chasse des princes spirituels, imprimée en 1516. L'idée de ce livre est singulière. Sous l'emblème d'une Chasse, l'auteur veut apprendre à poursuivre les péchés, qui sont les bêtes les plus dangereuses qui puissent ravager la forêt de conscience, c'est-à-dire l'ame chrétienne. Pour exciter les ames chrétiennes à se livrer à cette Chasse, il entre dans le détail des péchés les plus connus, il en expose les effets, il en peint la difformité ; il décrit les ravages qu'ils font dans le monde et dans les divers états qui composent la société ; il montre les obstacles qui s'opposent à leur poursuite. Mais plus ces obstacles sont grands, plus il exhorte à se munir de toutes les armes qui sont nécessaires pour faire une Chasse heureuse. La crainte de Dieu, son amour, la confession, la pénitence, la satisfaction, la retraite, la fuite des occasions, voilà les cors, les chiens, les armes que son chasseur spirituel doit employer, et les gardes qui veillent sur la forêt On voit que tout cela ouvre un vaste champ à la morale. Quand l'auteur se sent fatigué de parler en vers, il a recours à la prose, qui est également dans le style figuré. »

QUATRIÈME PARTIE.

Tant que François Ier vécut, on avoit pu présumer que l'ardeur que montroit Catherine de Médicis pour la Chasse, n'étoit de sa part qu'une ruse politique pour s'insinuer davantage et plus facilement dans les bonnes grâces du roi. Les courtisans, qui supposent toujours des vues profondes aux actions les plus ordinaires des princes, dirent alors que ce goût si décidé en apparence pour la Chasse entroit dans le projet que cette princesse, *fine et habile*, avoit formé de ne jamais quitter le roi, d'observer de plus près ses démarches, et de pénétrer ses plus intimes secrets. Peut-être ne se trompoient-ils pas tout-à-fait dans leurs conjectures ; mais toute la suite de la vie de Catherine de Médicis fit voir que le plaisir de la Chasse n'en étoit pas moins chez elle une passion dominante. Le roi Henri II ne lui cédoit guère par son amour pour la Chasse ; non content de se livrer sans réserve à tous les exercices les plus violents, il chassoit dans toutes les saisons de l'année à la grosse bête, et surtout le cerf.

A l'ancienne race des chiens gris venue de ses prédécesseurs, il en ajouta une nouvelle de chiens blancs, *qu'il avoit mise au monde,* dit Brantôme, *plus roides que les gris, mais non si assurés, et d'aussi bonne créance que les autres.* La Chasse aux toiles, et la volerie des oiseaux n'étoient pour lui qu'un délassement.

L'an 1550, il publia un édit pour fixer le prix du gibier, et pour défendre aux paysans et aux artisans toute espèce de Chasse. M. de Thou attribue ce réglement au désir de réformer les excès et la somptuosité dans les tables, et de mettre un frein au luxe *. Il est plus naturel de penser que l'envie de maintenir les droits de la noblesse, et la crainte de voir tous les pays de Chasse dévastés par une liberté trop générale, furent les motifs qui l'engagèrent à publier cette loi. L'invention de l'arquebuse, dont on commençoit à faire usage, fournissoit à tout le monde des facilités pour la Chasse, dont il importoit de prévenir l'abus [1].

Jodelle, poëte du temps, dédia au roi une ode sur la Chasse, et Le Blond, autre poëte,

---

* De Thou, t. I, l. V, p. 401 et suiv.

publia, en 1553, un poëme intitulé : *le Temple de Diane, et plaisir de la Chasse*, dont l'abbé Goujet a donné un extrait*. Ce poëte, à l'imitation de La Bigne, ose mettre en parallèle la mélodie des chiens de chasse, et celle des chantres de la chapelle du roi. Il pousse même la comparaison jusqu'à l'indécence la plus outrée. Son imagination déréglée lui fait trouver des rapports entre les églises collégiales, les chanoines, les chapelains, les chantres, les cloches, les orgues, le bénitier, le parfum de nos temples, et l'aboi des chiens, les sons du cor, les oiseaux, les fumées, l'odeur des bêtes. Enfin, ce poëte viole si ouvertement toutes les bienséances, qu'on diroit que l'amour de la Chasse lui a fait perdre le jugement.

La régence de Catherine de Médicis, après la mort de Henri II qui périt victime des exercices qu'il avoit trop aimés, fut un temps de triomphe pour la vénerie. Plus maîtresse que jamais de suivre ses goûts, elle montra pour la Chasse une passion toute nouvelle, et s'attacha à inspirer le même goût aux princes ses fils. Voici le portrait que Brantôme nous a laissé de cette reine.

* Tome XI de sa Bibl., p. 167.

« Elle a toujours fort aimé, dit-il, d'aller
» à cheval jusqu'à l'âge de soixante ans ou plus,
» qui pour la foiblesse l'en privèrent, en ayant
» toutes les envies du monde : car c'étoit l'un
» de ses plus grands plaisirs à faire de grandes
» traittes, encore qu'elle en fût souvent tom-
» bée au grand dommage de son corps; car
» elle en fut blessée plusieurs fois, jusques à
» rupture de jambe et blessure de tête, dont
» il l'en fallut trépaner, et lorsqu'elle fut vefve
» et eut la charge du roi et du royaume, ac-
» compagnoit toujours le roi et le menoit avec
» elle, et tous ses enfants, et quand le roi
» son mari vivoit, elle alloit quasi ordinaire-
» ment avec lui à l'assemblée du cerf et des
» autres Chasses. S'il jouoit au pallemail, elle
» le vouloit voir le plus souvent jouer, et y
» jouoit elle-même. Elle aimoit aussi fort à
» tirer de l'arbalète à jallet, et en tiroit fort
» bien, et toujours quand elle s'alloit promener,
» faisoit porter son arbalète, et quand elle
» voyoit quelque beau coup, elle tiroit. »

François II donna un spectacle fort extraordinaire à toute sa cour, lorsqu'étant à Saint-Germain-en-Laye, il lui prit envie d'aller voir les cerfs en amour, accompagné *des princes ses plus familiers, et de quelques grandes dames et filles que je dirois bien ;* c'est encore Brantôme qui parle². Il n'en falloit pas tant pour aiguiser les langues des médisants ; l'un d'eux en parla dans des termes dont l'historien ne fait point grâce à la modestie du lecteur ; ces propos, indiscrètement hasardés, ne manquèrent pas, suivant l'usage, de revenir aux oreilles des princes et des dames. Le critique téméraire sentit bien qu'il ne pouvoit pas rester plus long-temps à la cour, sans s'exposer à quelque revers éclatant : il prit le parti de se retirer avant que l'orage vint fondre sur lui. François II n'étoit pas d'humeur à souffrir ces pestes de la société, dont la malignité ne respecte rien, et qui se font un jeu de la réputation des dames. Si son règne eût été plus long, il auroit réprimé cette licence. Brantôme, qui lui fait, avec raison, un mérite de ces louables dispositions, auroit bien dû profiter de la leçon, pour s'interdire une foule de traits satiriques qu'il lance contre les plus grandes dames de la cour, et ces propos licencieux qu'il se permet si souvent dans ses ouvrages.

Charles IX fut beaucoup moins sévère à cet égard que son prédécesseur. Il suffit, pour s'en convaincre, de lire, dans un ample traité de la Chasse, composé de son temps, les discours que l'auteur fait tenir aux chasseurs buvant ensemble, et s'entretenant de leurs bonnes fortunes, dans leurs assemblées. On a peine à comprendre qu'un officier de la vénerie du roi ait osé mettre sous les yeux de son souverain de pareilles indécences, dans un ouvrage qu'il lui dédioit. Au reste, ce traité renferme sur la Chasse plusieurs particularités intéressantes que je ne dois pas négliger.

L'auteur, Jacques de Fouilloux, après avoir parlé de ses qualités, et du goût qu'il eut dès son enfance pour marcher sur les traces de ses pères, qui volontiers *aimèrent filles, armes et vénerie*, nous instruit de toutes les pratiques du noble métier de la Cahsse; et, entre autres, d'un usage assez singulier qu'on pratiquoit alors, et qui consistoit à enfler avec des soufflets d'orgue des lits et matelas de peau, sur lesquels les chasseurs, arrivés au rendez-vous, s'étendoient pour écouter la voix des chiens. L'auteur répète une partie des burlesques hyperboles qu'avoit employées avant lui Gaston Phébus; il dit que la Chasse fut toujours aimée des princes, des grands seigneurs et des gentilshommes, surtout *de ceux de la France nourrice de toute noblesse, et fontaine des arts et sciences.*

Lorsqu'il est question de l'art de sonner, Fouilloux déclame avec force contre le relâchement introduit dans la pratique de cet exercice merveilleux ; il prend le ton d'un veneur qui auroit une mission particulière pour prêcher la réforme : il rappelle les heureux temps où cet art, cultivé avec soin, charmoit les oreilles des chasseurs, et faisoit entendre aux chiens tout ce qu'ils devoient faire. « Tant d'hommes, » dit-il, portent la trompe qui n'y entendent » rien et font plus de tort aux chiens que de » plaisir. » Il gémit de voir les princes et les seigneurs, aveuglés par les richesses, abréger leurs jours, perdre leur ame, renoncer à la douce et innocente félicité dont on jouissoit dans les siècles fortunés, où les forêts retentissoient continuellement du son harmonieux des trompes, mêlé au bruit des bouteilles et des flacons. « On ne sait pas, ajoute-t-il, son» ner de la trompe et parler aux chiens avec » ces cris et ces langages plaisants, comme les » héros de l'art des corneurs, le duc d'Alen» çon, Huet de Nantes, et le sire de Montmo» rency, qui se faisoient entendre pardessus » les autres veneurs. Aujourd'hui les piqueurs » ne se font plus un plaisir comme nos an-

» ciens de voir courir, chasser et requêter les
» chiens ; ils ne cherchent qu'à satisfaire l'im-
» patience qu'ils ont de voir prendre ou mou-
» rir un cerf ; à peine sont-ils au lancé qu'ils
» voudroient en être à la curée. » Ces lamen-
tations, qui nous paroissent risibles, partoient
de cet enthousiasme qui caractérise les vrais
amateurs en tout genre, et qui souvent leur
fait trouver des charmes dans les objets que la
multitude envisage avec la plus froide indifférence.

Charles IX, à qui Fouilloux dédia son livre, devoit se reconnoître au portrait qu'il fait des veneurs impatients. Ce prince entreprit ce qu'aucun autre n'avoit osé faire avant lui ; il attaqua un cerf à vue ; et, sans aide de chiens courants ni de levriers, sans prendre même de relais, il le poursuivit par monts et par vaux à course de cheval avec tant de fureur, qu'enfin le cerf fut forcé et rendu. Jean Antoine de Baïf[3] célébra cet exploit dans une pièce de vers, où Charles est comparé à l'Hercule de la fable. On juge bien que dans ce parallèle tout l'avantage est du côté du monarque. Un autre poëte eut un plus beau sujet pour exercer sa verve, lorsqu'il célébra la Chasse que fit Charles IX pour détruire un loup furieux, et venger une multitude de malheureux qu'il avoit dévorés.

Ce prince, livré tout entier à ses plaisirs, abandonnoit les soins du gouvernement à la reine sa mère, et au duc d'Anjou son frere. Un dépit soudain lui fit changer de résolution ; tout-à-coup il quitta ces amusements pour ne s'occuper que des affaires. Le duc d'Anjou, appelé au trône de Pologne, imaginoit sans cesse des prétextes pour éloigner l'époque de son départ. Charles n'avoit pris le parti de se mêler du gouvernement que pour vaincre l'indécision de son frère, et lui donner des dégoûts qui pussent le déterminer à partir. A la fin perdant patience, *il jura Dieu*, et déclara hautement que son frère ou lui sortiroit du royaume, et qu'en vain sa mère s'y opposeroit [1].

L'absence du duc d'Anjou, qui partit enfin pour la Pologne, rendit le roi à ses premières inclinations : il s'abandonna de nouveau à ses plaisirs avec si peu de ménagement qu'ils furent cause de sa mort. Ce prince décéda dans la vingt-quatrième année de son âge. Quelques-uns ont dit qu'il mourut pour avoir trop sonné du cor [5].

Brantôme, empruntant le langage des poëtes, met en problème si sa mort doit être attribuée aux excès de Vénus ou à ceux de Diane. En parlant des amours de ce prince avec sa liberté, ou plutôt sa licence ordinaire, il rapporte les propos que lui tint une dame de la cour, piquée du peu de goût que ce prince montroit pour les femmes, dans sa première jeunesse. « Vous faites, lui disoit-elle, plus de cas
» de la Chasse et de vos chiens que de nous au-
» tres. » Par cette raison, Brantôme croit que Charles fut plutôt la victime de Diane. « Pour
» quant à l'exercice de Diane, dit-il, je le
» crois fort; car il y étoit violemment adonné,
» fut à courir et à piquer après le cerf, fut à
» beau pied, à le détourner avec le limier, et
» y étoit si affectionné qu'il en perdoit le dor-
» mir, étant à cheval avant le jour pour y
» aller, et se peinoit aussi fort à appeler les
» chiens, fut de la voix, fut de la trompe. »

Charles IX nous a laissé un monument de son amour pour la Chasse, dans un traité qu'il dicta lui-même à son secrétaire Villeroi, et qui ne fut publié qu'après sa mort [6]. D'autres auteurs, pour lui plaire, avoient écrit sur la même matière; on distingue, dans le nombre, Claude Binet, qui composa une espèce de poëme, sous le titre de *Chant forestier* ou *le Chasseur* [7].

Jamais on ne vit les deux extrêmes se succéder si subitement que dans l'instant où Henri III succéda lui-même à son frère Charles IX. La cour, qui venoit d'être le théâtre de l'activité la plus impétueuse, devint tout-à-coup le centre de la mollesse la plus efféminée. Henri, dont l'exemple n'inspiroit que l'indolence et la volupté, auroit anéanti jusqu'aux dernières traces de la valeur nationale, si ce sentiment pouvoit s'éteindre dans le cœur des François. Ses courtisans, livrés à une vie molle, paroissoient cependant des hommes tout différents lorsqu'il s'agissoit de faire quelque action de bravoure ; c'étoit aussi la seule vertu par laquelle ils tenoient encore aux anciennes mœurs. Les exercices de la Chasse cessèrent d'être un amusement pour eux, et les délices d'une oisiveté sensuelle devinrent leur unique délassement après les fatigues de la guerre.

Le roi avoit des chiens pour sa vénerie, mais il n'en faisoit aucun usage. Quel goût pouvoit-il avoir pour ces animaux fiers et vigoureux, lui qui avoit mis toute son affection dans une nouvelle espèce de chiens, connus sous le nom de *chiens de Lyon*, et dont jusqu'alors il n'avoit jamais été question à la cour de nos rois.

Ces chiens, qui étoient de la plus petite taille, devinrent la passion de Henri. Il en portoit ordinairement plusieurs dans un panier pendu à son cou en écharpe. C'est ainsi qu'on le voit représenté dans quelques-uns de ses portraits ; c'est dans ce bizarre ajustement qu'il donnoit audience aux ambassadeurs ; il ne le quittoit même pas lorsqu'il entroit dans les églises pour assister à la prédication. L'entretien de ces misérables animaux montoit à des sommes exorbitantes. Voici ce que nous en dit M. de Thou, dont je vais rapporter les propres paroles.

« Le roi, ayant demeuré quelque temps en
» Bourbonnois, alla à Lyon pour être à portée
» de ses deux favoris, qui marchoient chacun
» avec une armée ; Joyeuse du côté de l'Auver-
» gne et du Gévaudan, et Epernon du côté de
» la Provence. Pendant qu'il étoit à Lyon,
» aussi tranquille que si tout le royaume eût
» joui d'une paix parfaite, il s'attacha à ras-
» sembler de ces petits chiens dont on est fort
» curieux dans cette ville. Tout le monde fut
» très-surpris de voir un roi de France, au
» milieu d'une guerre si terrible, et dans une

» disette extrême d'argent, donner à de sem-
» blables plaisirs tout ce qu'il avoit de temps
» et toutes les sommes qu'il pouvoit rassem-
» bler. En effet, quelque prodigue que fût
» ce prince, si l'on compare les profusions
» de sa maison avec celles qu'il fit à Lyon,
» pour des chiens, on trouvera ces dernières
» infiniment au-dessus des autres; sans comp-
» ter les dépenses en chiens de Chasse et en
» oiseaux de proie, qui vont toujours à des
» sommes considérables par an dans les mai-
» sons des rois, il lui en coûtoit tous les ans plus
» de cent mille écus d'or pour de petits chiens de
» Lyon, et il tenoit à sa cour, avec de gros ap-
» pointements, une multitude d'hommes et de
» femmes qui n'avoient d'autre emploi que de
» les nourrir. »

Un prince est bien à plaindre quand il ne craint pas de se dégrader par des fantaisies si humiliantes. Mais c'est trop nous arrêter à des temps qui n'offrent au souvenir de la postérité que des horreurs dignes d'être à jamais ense-velies dans l'oubli; je me hâte de passer à un règne plus glorieux, et de me prévaloir de la célébrité d'un de nos plus grands rois, pour relever mon sujet aux yeux des juges les plus sévères.

Henri IV, qui, dans les montagnes de Béarn, autrefois le théâtre des Chasses de Gaston de Foix, avoit reçu une éducation dure et austère, acquit de bonne heure cette force de corps dont il eut besoin pour supporter les fatigues d'une vie toute militaire. Il excella dans tous les exercices qui demandent de la vigueur, de l'adresse et de l'agilité : il y surpassa tous ceux des gentilshommes et des guerriers de son siècle, qui avoient retenu l'esprit et les mœurs de notre antique chevalerie. On peut voir dans les Mémoires de Sully le détail de tant d'exercices différents : il rendra croyable ce que j'ai dit ailleurs du maréchal de Boucicaut.

De tous les exercices, celui de la Chasse fixa plus particulièrement la constante prédilection de Henri. Son précepteur, Florent Chrétien [8], remarqua dans son élève ce goût naissant, et voulut sans doute le flatter en lui dédiant sa traduction de la vénerie d'Oppien. Henri aimoit, dit M. de Sully, « toutes sortes de Chas-
» ses et de voleries, et surtout les plus péni-
» bles et hasardeuses, comme ours, loups,
» sangliers ; il chassoit aussi les cerfs, che-
» vreuils, renards, fouines et lièvres ; vols
» pour héron, oiseaux de rivière, milans, hi-
» boux, corneilles, perdrix, à la terrasse, aux

» chiens couchants, et aux canards avec les
» barbets *. »

La Chasse lui fournit des ressources dans plus d'une occasion. Il racontoit lui-même à Sully qu'étant prisonnier en 1584, et ne sachant à quoi s'occuper, il charmoit ses ennuis en s'amusant dans sa chambre à faire voler des cailles. Deux ans après, ayant sujet de craindre les mauvais desseins d'une cour défiante, à qui il étoit toujours suspect, et qui le faisoit observer continuellement, il résolut de s'affranchir d'une contrainte peu convenable à son caractère. Il feignit de vouloir aller chasser dans la forêt de Senlis : il y alla effectivement courir le cerf ; mais sur le soir il s'écarta, et au lieu de revenir à Paris, il prit la route du Maine, et courut chercher, loin de la cour, la liberté dont il n'avoit depuis long-temps que les apparences [9].

Son intrépidité naturelle le portoit quelquefois aux plus indiscrètes témérités. Devenu roi de Navarre, il se plaisoit à chasser les ours dans les montagnes du pays de Foix, où il faisoit sa résidence ordinaire, et ne craignoit point de braver la fureur de ces féroces animaux. La

* Mém. de Sully, t. XII, p. 289.

cour de France s'étant transportée dans ses Etats, il ne fit aucune difficulté de proposer aux dames un si terrible divertissement ; mais on leur en représenta si vivement les périls, qu'il ne fut jamais possible de vaincre leur frayeur. Elles eurent grande raison de s'en défendre : car cette Chasse eut de funestes suites. Deux ours démembrèrent des chevaux d'assez bonne taille; quelques autres forcèrent dix suisses et dix arquebusiers. Un dernier, des plus grands qu'on pût voir, étant percé de plusieurs coups d'arquebuse, et emportant six ou sept tronçons de piques brisées sur son corps, embrassa sept ou huit hommes qu'il trouva sur le sommet d'un rocher, avec lesquels il se précipita en bas, et ils furent tous mis en pièces.

Parvenu au trône, Henri IV ne perdit aucune occasion de satisfaire son goût pour la Chasse ; il s'y exerçoit sans cesse à Saint-Germain-en-Laye, à Folembrai dans la forêt de Couci, à Fontainebleau, à Monceaux, dans tous les lieux abondants en gibier. Rien ne pouvoit l'arrêter, ni le mauvais temps, ni l'intempérie de la saison la plus rigoureuse, ni même le dérangement de sa santé. M. de Praslin écrivoit de Fontainebleau à M. de Sully:
« Depuis vous avoir laissé, je trouvai le roi

» qui chassoit à la volerie, laquelle finie, nous
» chassâmes aux loups, et pour la fin nous
» courûmes un cerf qui dura jusqu'à la nuit,
» qui nous fit l'honneur de nous accompagner
» trois ou quatre heures durant. Si le plaisir
» fut grand, la peine ne fut pas moindre; car
» après tout cela, il nous fallut faire retraite
» de six grandes lieues tous mouillés que nous
» étions, hormis le roi, qui changea de tout...
» Au retour de tout cela je ne pouvois man-
» quer de trouver sa majesté de bonne hu-
» meur, quoique fort lasse; car nous étions
» demeurés vainqueurs de toutes les bêtes
» que nous avions attaquées. » Dans la même
lettre il ajoute, en finissant, que le roi s'étoit
amusé toute la matinée et une partie de
l'après-dîner à visiter tout ce qu'il faisoit faire,
et qu'au retour de son parc il avoit eu un peu
de fièvre*.

Les propres lettres de Henri IV sont des
monuments de son ardeur pour la Chasse. En
parlant d'affaires avec ses ministres, et d'amour
avec ses maîtresses, il leur fait part de ses
courses dans les forêts. Il leur en parle dans
des termes qui expriment tout le feu de sa

* Mém. de Sully, t. IX, p. 292 et 293.

passion pour cette espèce de plaisir. « Mon » cher cœur, écrit-il à une maîtresse, j'ai pris » le cerf en une heure avec tout le plaisir du » monde. » D'autres fois : « Je pris hier deux » cerfs; je vis jouer des comédiens où je m'en- » dormis. » Un jour il mande : « J'ai pris trois » cerfs aujourd'hui, de quoi je suis bien mar- » ris, je suis fort las qui me fait finir. » Un autre jour : « J'ai pris aujourd'hui deux cerfs, » et je me porte bien *. »

L'auteur anonyme de l'Histoire de ses amours, publiée avec quelques-unes de ses lettres à ses maîtresses, nous assure avoir appris d'un homme de condition qui accompagnoit ce prince dans toutes ses Chasses, que jamais on ne lançoit un cerf qu'il n'ôtât son chapeau, ne fît le signe de la croix, et puis piquoit son cheval et suivoit le cerf **.

Au fort de la guerre, Henri profitoit du moindre loisir qu'il pouvoit se procurer, pour mêler le divertissement de la Chasse aux exploits militaires les plus périlleux. Je n'en citerai que deux exemples. Le premier concourt avec l'époque de la bataille d'Yvri. Sully, qui

* Amours et Lettres de Henri IV, p. 102, 135, 138.
** *Ibid.* à la suite des Amours et Lettres de Henri IV p. 13.

reçut à cette glorieuse journée plusieurs blessures, nous apprend que s'étant fait transporter sur un brancard dans son château de Rosni, peu éloigné du champ de bataille, il vit, en approchant de sa terre, la campagne couverte de chiens et de chevaux; c'étoit l'équipage du monarque victorieux, qui se délassoit ainsi des fatigues d'une action où il venoit de faire des prodiges de valeur. Bientôt il le rencontra lui-même, qui, après avoir pris quelque repos à Rosni, s'en retournoit à Mantes en chassant.

Le second trait dont je veux parler date de la reddition de Paris. Henri venoit de terminer le siége de cette ville, dont la conquête assuroit sur sa tête la couronne de ses pères; aussitôt il part pour Melun, est quatre jours à s'y rendre, et prend le divertissement de la Chasse chemin faisant : déjà même il s'occupe des projets que son autorité mieux affermie lui permettoit de faire pour le rétablissement de Fontainebleau, où il se proposoit de goûter le plaisir de la Chasse. Cependant il faut lui rendre cette justice qu'il ne consacroit à ce noble amusement que les instants dont il pouvoit disposer sans que les affaires d'État en souffrissent.

Suivons-le dans sa vie privée, voyons-le dépouillé de l'appareil de la dignité royale, tel enfin que Sully nous le représente.

Après s'être levé de grand matin, et avoir tué ou pris à l'oiseau une quantité prodigieuse de gibier, il revient chez lui les deux mains chargées de perdrix, de cailles et autres bêtes : il ne parle que de sa Chasse : il en fait distribuer les fruits entre la reine sa femme et les seigneurs de sa cour; enfin ayant fait mettre à part les cailles un peu pincées de l'oiseau, comme les meilleures pour être servies sur-le-champ, il couronne par les plaisirs de la table ceux qu'il a eus dans la journée. La plume du sage Rosni, en traçant les grands traits d'une vie pleine d'héroïsme, n'avoit garde de négliger ces détails; il sentoit combien ils étoient propres à caractériser l'ame de son bon maître [11].

Les Chasses du roi faisoient l'entretien des princes étrangers avec nos ministres. Le roi d'Angleterre, Jacques Ier, en parloit souvent à M. de Rosni, ambassadeur de France à Londres. Comme il n'avoit régné précédemment qu'en Écosse, où il n'y avoit point de cerfs, il se fit un plaisir et une espèce de gloire d'envoyer à M. de Rosni un quartier du premier cerf qu'il venoit de prendre dans son nouveau royaume *. Rosni, instruit à l'école des veneurs françois, trouvoit bien des défauts à relever dans les pratiques de la vénerie angloise, et faisoit part à son maître des disputes qu'il avoit à ce sujet avec Jacques. Henri IV, dans ses réponses, lui fait part du plaisir que lui a donné la lecture de cet article de ses dépêches, et le charge de notifier au roi d'Angleterre la permission qu'il avoit obtenue de ses médecins d'aller à la Chasse, à condition pourtant d'y apporter plus de modération qu'à l'ordinaire : « Ce que je » commence à observer, ajoute-t-il, depuis » votre partement, de façon que je me suis » trouvé à la mort de cinq ou six cerfs sans » aucune incommodité [12].

L'ambition d'imiter le roi dans son amour pour la Chasse, animoit tous les seigneurs; les dames mêmes n'en étoient pas exemptes. Brantôme qui, dans l'éloge du maréchal de Biron, avoit dit de lui que « les travaux de la guerre » ne l'avoient pas détourné des plaisirs de la » Chasse qu'il aimoit extrêmement, et où il » alloit le plus souvent quand l'envie lui en

* Mém. de Sully, t. VI, p. 56.

» prenoit, » fait ailleurs en ces termes le portrait de la maréchale sa femme : « L'exercice
» et les plaisirs de laquelle pour la plupart
» sont plus à la Chasse, et à tirer de l'arque-
» buse, qu'à autre exercice de femme ; et avec
» cela une très-sage vertueuse dame, comme
» sa patrone Diane chasseresse *. »

Dans les dernières années du règne de Henri, on étoit si occupé de la Chasse, qu'on en transportoit le langage et les usages aux amusements qui y ont le moins de rapport. Ainsi l'on donna le nom de *quitterotes* à des espèces de jetons de la valeur de cinquante pistoles, dont les joueurs se servoient, parce qu'on appeloit *quitterots* des chevaux anglois vendus au même prix par un marchand qui portoit ce nom, et que ces chevaux, inconnus jusque-là en France, y devinrent fort à la mode, tant pour les voyages que pour la Chasse [13]. La danse rappeloit encore aux veneurs les plaisirs de leur état. On vit dans les divertissements de la cour à Fontainebleau, pour le mariage de M. de Vendôme, des chasseurs et des fureteurs figurer dans les ballets.

Une main parricide trancha dans la per-

* Brantôme, Cap. fr., t. III, p. 367.

sonne de Henri, des jours que ce prince destinoit uniquement au bonheur de ses peuples, et fit dans le cœur de la nation une de ces plaies profondes qui ne se referment jamais [14].

Marie de Médicis, régente du royaume, ne laissa point ralentir l'émulation des chasseurs. Son goût décidé pour cet exercice engagea un officier des Chasses, nommé Guillaume Du Sable, à lui adresser, dès la première année de son veuvage, des vers sous le titre de *Muse Chasseresse* [15]. Il devoit être le doyen du Parnasse et de la vénerie, puisque Louis XIII étoit le septième roi qu'il avoit servi, et il ne se paroît pas d'un faux titre en se qualifiant d'un des plus anciens gentilshommes de la vénerie du roi.

Catherine de Médicis, femme de Henri II, avoit, comme on a dû le remarquer plus haut, fait naître parmi les dames de la cour un goût très-vif pour la Chasse. Jalouses de disputer aux hommes les seuls dangers qu'elles pussent partager avec eux, leur courage avoit triomphé de l'effroi des accidents. Marie, princesse du même sang, voulut marcher sur ses traces, en imitant son activité intrépide. La cour, vers la fin de l'année qui suivit celle de la mort du roi, s'étant rendue à Fontainebleau, la reine douairière fit plusieurs Chasses à cheval, où on la vit accompagnée des dames et princesses aussi à cheval, et suivie de quatre ou cinq cents gentilshommes. Cette partie de plaisir fut un peu troublée par la chute de la princesse de Conti, qui tomba de dessus sa haquenée, et se blessa [16].

Le jeune roi Louis XIII, prince d'un caractère doux et paisible, d'une complexion foible et délicate, et d'une humeur sérieuse et mélancolique, ne porta point à la Chasse autant d'ardeur que le roi son père; mais il y mit peut-être plus d'étude et de réflexion. Dès l'an 1620, âgé de quinze à seize ans, il passa trois jours à la Chasse à Montfort *.

Salnove, auteur d'un Traité très-ample et très-savant sur toutes les espèces de Chasses, reconnoît devoir à ce prince et au roi son pere tout ce qu'il sait de ce noble métier [17]. Il attribue à Louis d'avoir donné des loix aux veneurs, réglé les temps auxquels ils devoient sonner et parler aux chiens, d'avoir formé et poli les termes de la langue qu'on leur parloit. Il assure que ce prince alloit souvent au bois pour y détourner lui-même avec les plus

* Mém. de Villeroy, t. VI, p. 30.

habiles veneurs, afin d'acquérir ces connoissances de détail, sans lesquelles on n'arrive jamais à la perfection d'aucun art quel qu'il soit : il lui attribue enfin l'honneur d'avoir perfectionné celui de la Chasse par une étude réglée et suivie. Le même auteur, après avoir parlé avec tant d'éloge des loix et des réformes de ce monarque sur le fait de la Chasse, s'exhale en plaintes très-amères sur les désordres qu'il y voyoit régner. Toutes sortes de personnes, dit-il, s'adonnent à la Chasse et y cherchent l'utilité et le profit plus que l'exercice et le plaisir. Il tremble que la Chasse, si cet abus continue, ne devienne bientôt roturière : elle se dégrade, se perd et s'avilit entre les mains de ceux qui l'exercent. De jeunes veneurs sans expérience se mettent à la tête de belles meutes réglées, qui demanderoient des maîtres consommés dans la vénerie. Ils se croient les premiers hommes du monde pour sonner du cor, tandis qu'ils ne savent pas faire la différence du gros ton d'avec le grêle, n'y appliquer l'un ou l'autre aux divers temps de la Chasse, ainsi que Henri IV et Louis XIII l'avoient prescrit, afin de donner confiance aux chiens, et de leur faire entendre ce qu'on leur demande. L'auteur désire instamment qu'on rétablisse le bel ordre qui régnoit sous ces deux grands rois, et qu'en même temps on fasse revivre les beaux termes usités autrefois pour parler aux chiens. La nation françoise, s'écrie-t-il avec tout le zèle d'un patriote, n'emprunta jamais rien des étrangers. Qu'avons-nous besoin d'eux? Tenons-nous en aux héros et aux maîtres de notre vénerie. Quoi donc! tandis que nos rois ont toujours pratiqué la Chasse du cerf d'une façon noble et généreuse, l'attaquant sans surprise et à force ouverte; au lieu de suivre leurs leçons, nous irons prendre celles des autres nations, dont les souverains n'osèrent jamais l'attaquer qu'en prenant leur avantage dans les lieux fermés, avec des levriers, se servant encore de toutes sortes de panneaux et de filets, et tirant de l'arquebuse et de l'arbalète! Si parfois quelqu'un d'eux en a usé autrement, ce ne fut jamais qu'à l'imitation des François qui leur en apprirent la manière, et dont le courage et l'esprit servent de modèle à tous les autres peuples. La vénerie de nos rois se peut dire la première du monde, et nos chiens venus des races du cardinal de Guise et de M. de Souvray, valent bien ces chiens anglois qu'on nous vante tant.

L'auteur dont je copie à peu près le langage, revient souvent à la charge contre les amateurs des nouveautés en fait de vénerie, et développe les motifs secrets qui les font agir, la paresse, l'ignorance et la vanité. Les chiens anglois, dit-il, n'ont pas plus d'esprit et de jugement que les chiens françois, mais ils ont naturellement plus d'obéissance et plus de docilité : ils conviennent par cette raison aux chasseurs paresseux : les ignorants y trouvent encore mieux leur compte : à la manière dont on s'y prend, il n'y faut pas grande habileté : quelques mots anglois qu'on se pique de savoir, en font l'affaire : on les écorche, on les prononce tout de travers, de façon qu'il n'y a ni hommes ni chiens sur terre qui puissent les entendre. L'art de sonner ne coûte pas davantage à ces chasseurs novices. Tous les tons sont également propres à tous les temps de la Chasse, et l'on ne donnera jamais deux fois le même ton pour le même temps. On n'entend sans cesse que des fanfares, la plupart de caprice et de fantaisie, et jamais des tons réguliers.

Enfin la vanité de nos chasseurs ignorants et paresseux, est flattée encore de cette nouvelle façon de chasser, qui ne connoît ni principes, ni è gles, ni discipline. Il est du bel air de s'affranchir des vieux principes, et de secouer le joug des usages anciens. Il est beau de se faire le chef d'une nouvelle secte.

Pour revenir aux chasseurs anglois, Salnove en parle néanmoins sans prévention et sans injustice. Il consent qu'on adopte ceux de leurs procédés qui ont quelque chose d'avantageux; mais il exige surtout qu'on ne s'écarte point de la régularité de nos pratiques qui ont toujours été les meilleures. Il veut que nos jeunes veneurs s'y assujettissent scrupuleusement, et qu'au lieu d'afficher ces airs de suffisance qu'il vient de leur reprocher, ils se piquent de soutenir la réputation des François, qui jusqu'à présent ont fourni des modèles aux étrangers, pour toutes les choses qui dépendent de l'esprit et du jugement.

Pour prouver combien les François excellent sur les autres nations dans l'art de la vénerie, il cite l'exemple de Jacques Ier, roi d'Angleterre, qui pria Henri-le-Grand de lui envoyer ses plus habiles veneurs, afin qu'ils donnassent aux siens des renseignements sur la manière de reconnoître les allures du cerf, de le détourner et de le poursuivre avec le limier, voulant dorénavant le chasser dans les forêts de ses États, et non pas dans des enceintes, comme ses pères avoient fait jusqu'alors.

Henri, répondant aux vœux de ce prince, lui avoit envoyé M. de Beaumont. Sous le règne de Louis XIII, vers le temps auquel Salnove écrivoit, d'autres veneurs allèrent remplacer en Angleterre ceux que M. de Beaumont y avoit conduits pour former les Anglois à notre manière de chasser, qui étoit beaucoup plus savante que celle que pratiquoient ces étrangers. Un pareil exemple auroit dû fermer la bouche à cette espèce de novateurs qui se faisoient alors un point d'honneur bizarre d'élever, en fait de Chasse, les Anglois au-dessus de notre nation. On pouvoit tout au plus leur accorder la préférence pour la Chasse du renard, la seule dont ils eussent fait une étude réglée, à cause de la multitude de ces animaux dont leurs forêts étoient remplies. Louis XIII emprunta peut-être d'eux quelques connoissances et quelques pratiques pour cette espèce de Chasse; mais pour toutes les autres, nous leur avions donné de tout temps des leçons.

On ne peut que louer ce jeune prince de ce qu'il avoit le bon esprit de préférer les

Chasses d'où il pouvoit résulter quelque bien pour ses peuples. Il s'attacha surtout à faire la guerre aux loups. Les premières années qui suivirent son avénement au trône, ne firent que trop voir combien il étoit à souhaiter qu'on les exterminât. On compta dans le Gatinois plus de trois cents personnes victimes de ces animaux carnassiers.

Comme les renards sont presque aussi nuisibles que les loups, Louis XIII crut devoir mettre en honneur la Chasse à ces animaux. Il la pratiqua beaucoup lui-même, et il perfectionna la manière de la faire. On sait les fortunes brillantes qui, sous le règne de ce prince, furent la récompense des talents pour la Chasse, et du zèle avec lequel les seigneurs servirent le goût qu'il montroit pour ce genre d'exercice [18].

Louis XIV, dont la minorité et l'éducation eurent tant de conformité avec celles de Louis XIII, étoit né avec des qualités plus grandes et des sentiments plus fiers. L'élévation de son caractère se peignit dans tous les événements de son règne, et se faisoit sentir jusque dans ses amusements les plus ordinaires. Il montra dans les fêtes et les spectacles qu'il donnoit, une supériorité de goût et de magnificence, qui faisoit l'admiration de toute l'Europe; et voulant être grand en tout, il surpassa dans ses Chasses tous les rois ses prédécesseurs. Durant le séjour qu'il fit à Chambord en 1668, les cerfs les plus forts tenoient à peine devant lui une demi-heure [19]. Trois ans après, étant à Chantilly, il entreprit ce qu'aucun chasseur n'avoit jamais osé : il courut un cerf au clair de la lune, et le força [20].

C'est tout ce que je dirai des Chasses de ce prince. Son histoire est dans les mains de tout le monde, et le souvenir de ses exploits en cette matière se conserve encore parmi les officiers de la vénerie. On sait qu'il fit à la Chasse plusieurs chutes très-dangereuses : il exposa plusieurs fois sa vie à la fureur des bêtes qu'il attaquoit. Malgré de si fâcheuses épreuves, il conserva encore pour la Chasse le goût le plus vif dans un âge très-avancé, et jusqu'à la fin de la plus longue carrière qu'aucun monarque ait fournie sur le trône. *Il chasse le plus souvent qu'il peut*, disoit madame de Maintenon, dans une de ses lettres à son frère M. d'Aubigné; *mais vous savez que ses plaisirs ne vont qu'après ses affaires.* La même lettre nous apprend que Louis inspiroit par son exemple cette passion au jeune dauphin son fils, à qui M. de Fermat dédia, peu d'années après, sa traduction françoise des anciens auteurs grecs de la vénerie [21].

Ainsi la Chasse fut de tout temps le plaisir des héros, et l'amusement des rois : regardée toujours comme un heureux apprentissage des mouvements, des ruses de guerre, et même des périls inséparables du métier des armes, elle devint partie essentielle de l'éducation militaire ; les princes les plus belliqueux, les capitaines les plus vaillants crurent qu'ils ne pouvoient trop s'y exercer, ne connoissant point de moyen plus propre à les endurcir aux fatigues et à leur préparer du succès dans les combats. Cette persuasion a toujours été si forte, que le maréchal de Fleurange, parlant d'une bonne place de guerre, ajoute, comme un complément de perfection à ce qui peut en assurer la défense, l'avantage d'être située dans un pays abondant en gibier, afin que ses défenseurs trouvent en temps de paix, dans l'exercice de la Chasse, une occupation qui entretienne en eux l'habitude de supporter les travaux les plus fatigants. Combien en effet les pratiques ordinaires de la Chasse ne fournissent-elles pas de leçons utiles à ceux qui parcourent la carrière des armes? L'artifice de la surprise, la vivacité de l'attaque, l'ardeur de la poursuite, tous les moyens possibles de harceler, d'arrêter, de forcer l'ennemi, s'y présentent à leurs yeux. Les exemples de courage et de sagesse que donnent les bêtes elles-mêmes, dans les ressources que leur fournit leur instinct pour leur propre sûreté, semblent leur fournir des instructions dont ils peuvent profiter; de-là ce proverbe commun qui recommandoit autrefois aux guerriers de se rappeler sans cesse *l'attaque du loup, la défense du sanglier*, et *la retraite du renard*.

Les princes, qui sentoient combien les talents du chasseur avoient de liaison avec ceux de l'homme de guerre, ne se contentoient pas d'enflammer le courage des chevaliers, en leur offrant dans leurs galeries le spectacle des armes qu'avoient portées les héros des siècles passés; ils tâchoient encore d'exciter leur émulation pour la Chasse, en transmettant à la postérité les bois des cerfs mis à mort; c'étoit des monuments publics qui attestoient les exploits des anciens chasseurs, et qui devenoient par-là très-propres à perpétuer parmi leurs descendants le goût et l'estime pour la Chasse.

Xénophon, un des plus grands maîtres qu'ait

eu l'antiquité dans la science des armes, pensoit que la Chasse est la passion la plus digne d'un héros. Son opinion se trouve confirmée dans l'ouvrage d'un fameux écrivain politique du quinzième siècle, qui emploie à la soutenir d'excellentes raisons empruntées des rapports qu'on peut remarquer entre le chasseur et le guerrier; en effet l'un et l'autre se rencontrent souvent dans les mêmes circonstances.

La Chasse a encore bien d'autres titres qui doivent lui assurer la supériorité sur les divers exercices qui peuvent faire l'amusement des hommes. Le plus beau et le plus respectable de ces titres consiste en ce qu'elle est un des principaux devoirs de la noblesse ; si le plaisir qu'elle peut procurer est le partage exclusif des gentilshommes, ce n'est qu'aux conditions que leurs concitoyens en recueilleront tout l'utile. Consultons nos anciennes coutumes ; nous y verrons qu'en exaltant l'état de nos gentilshommes, qu'en déclarant qu'ils sont francs à tous égards, elles semblent ne leur accorder ces distinctions qu'à la charge de s'acquitter de trois grandes corvées indispensables, la guerre, l'administration de la justice et la Chasse. Suivant l'esprit de la coutume, les gentilshommes sont solidairement obligés de défendre par les armes le corps entier de la nation contre les ennemis du dehors; de soutenir et protéger les droits des particuliers dans les tribunaux ; et de mettre, par des Chasses continuelles, les terres du cultivateur à l'abri des dévastations auxquelles elles ne se trouvent que trop souvent exposées de la part des bêtes fauves. Aussi voyons-nous des villes et des provinces entières réclamer la protection de leurs princes et de leurs seigneurs contre les bêtes sauvages; je pourrois citer ici des titres par lesquels certaines communautés se soumettent envers leurs seigneurs à des redevances perpétuelles sur leurs récoltes, à proportion du besoin qu'elles avoient d'être gardées, et du soin que ces mêmes seigneurs apporteroient à les défendre ; mais ne m'étant point proposé d'établir le principe, et de faire l'apologie du droit de Chasse, je renvoie pour cet objet à la préface des *Autores rei venaticæ*.

Les chasseurs n'ont abusé que trop souvent de leur droit de Chasse. Ils en ont plusieurs fois perverti l'usage et la destination, soit par des réserves onéreuses qui exposoient les terres aux ravages du gibier trop abondant, soit par des violences inhumaines contre ceux qui osoient remplir à cet égard le devoir négligé par les nobles. Philippe II, roi d'Espagne, voyant sa fin approcher, entra avec sa conscience dans un examen sérieux des fautes qu'il avoit à se reprocher, et se rendant compte à lui-même des désordres de son règne, il s'occupa surtout des dommages que ses Chasses avoient causés à plusieurs de ses sujets. Il fit l'aveu de ses injustices, et donna tous les ordres nécessaires pour les réparer[22]. Heureux si, attentif à les prévoir et exact à les prévenir, il eût épargné à ses peuples des vexations, dont l'excès va communément plus loin qu'on ne croit, dont l'exemple est toujours plus contagieux qu'on ne pense, dont la réparation n'est jamais aussi entière qu'on le veut.

L'histoire de saint Louis, et c'est par où je terminerai ces Mémoires, nous apprend tout à la fois, et les excès affreux auxquels peut entraîner la fureur de la Chasse, et de quelle rigueur doit s'armer un prince équitable pour les réprimer. Enguerrand de Couci, seul héritier des biens de sa maison, par la mort de Raoul son frère aîné, tué à la bataille de la Massoure, fut accusé d'avoir fait pendre trois jeunes gentilshommes, que ses gardes avoient surpris chassant dans ses bois. Il les fit exécuter sur-le-champ, sans vouloir ni les en-

tendre, ni leur donner le temps de se préparer à la mort. Louis, informé de cette barbarie, fit instruire le procès. Tout parloit en faveur du coupable : les services de son frère et ceux de ses ancêtres, les alliances avec tout ce que la cour avoit de plus grand, sans excepter le monarque ; le droit prétendu de la pairie, l'offre de se défendre par la voie du duel ; saint Louis ne veut rien écouter : inflexible aux larmes et aux prosternations de l'accusé, sourd aux instantes supplications du roi de Navarre, de tous les prélats et seigneurs, des juges mêmes qui se défendoient d'opiner, il veut que le plus illustre sang de France soit sacrifié à la justice. Enfin s'il accorde la vie au criminel Enguerrand, ce n'est qu'en la lui faisant racheter par des peines et des expiations proportionnées, autant qu'il se pouvoit, à l'énormité du crime dont il s'étoit rendu coupable : « Enguerrand, lui dit-il, si je
» savois certainement que Dieu m'ordonnât
» de vous faire mourir, toute la France, et
» notre parenté même, ne vous sauveroient
» pas [*]. »

[*] Abbé de Choisy, Hist. de saint Louis, p. 295 et 298.

NOTES HISTORIQUES

RELATIVES

A LA QUATRIÈME PARTIE DES MÉMOIRES SUR LA CHASSE.

(1) Les arquebuses furent perfectionnées par M. d'Andelot, général de l'infanterie françoise, vers 1554; c'est à cette époque que l'usage s'en introduisit à la Chasse. Voyez Brantôme, Cap. Fr., t. IV, p. 290.

(2) « Après ledit roi Henri vint le roi François II,
» duquel le règne fut si court que les médisants n'eu-
» rent loisir de se mettre en place pour médire des
» dames, encore que s'il eût régné long-temps il ne
» faut point croire qu'il les eût permis en sa cour; car
» c'étoit un roy de très-bon et très-franc naturel, et qui
» ne se plaisoit point en médisances, outre qu'il estoit
» fort respectueux à l'endroit des dames, et les honoroit
» fort; aussi avoit-il la reine sa femme, et la reine sa
» mère, et messieurs ses oncles qui rabrouoient fort ces
» causeurs et piqueurs de langue. Il me souvient qu'une
» fois lui estant à Saint-Germain-en-Laye, sur le mois
» d'août et de septembre, il lui prit fantaisie d'aller
» voir les cerfs en leurs ruts dans cette belle forêt de
» Saint-Germain, et y menoit des princes ses plus
» grands familiers, et aucunes grandes dames et filles

» que je dirois bien. Il y en eut quelqu'un qui en voulut
» causer, et dire que cela ne sentoit point sa femme de
» bien ni chaste, d'aller voir de telles amours et tels
» ruts des bestes, d'autant que l'appétit de Vénus les
» en échauffoit davantage à telle imitation et telle vue, etc.
» Le roi le sçut, et les princes et les dames qui l'avoient
» accompagné. Assurez-vous que si le gentilhomme
» n'eût aussitôt escampé il eût esté très-mal ; il ne pa-
» rut à la cour qu'après la mort du roi et son règne. »
(Brantôme, Vies des Dames galantes, t. II, p. 466 et
467.)

(3) Baïf (Jean-Antoine de), édit. de Paris, 1573,
l. II de ses poëmes, fol. 56, verso, et 57, recto et verso,
employa ses talents poétiques à célébrer les exploits du
roi Charles IX à la Chasse; il ne fit pas difficulté de le
comparer à Hercule, et même de lui adjuger la préférence sur ce héros. Voici les vers qu'il adressa au Monarque :

Au mont Ménalien, Hercule si bien guette,
Comme dehors du fort l'estrange cerf se jette,
Cherchant son viandis, que d'un trait non fautif
Il traverse le flanc de ce monstre fuitif;
Mais vous, non pas d'aguet, combien que d'embuscade,
Vous peussiez le tirer de seure arquebuzade,
Trop plus juste tireur que ce vaillant archer ;
Mais tout ouvertement vous aimastes plus cher,
A course de cheval le poursuivant à veue,
Une Chasse achever non encore cogneue,
Ny faicte d'aucun roy. Sans levriers, sans clabauts,
Avez forcé le cerf et par monts et par vaux,
Maumené de vous seul, monstrant que la vitesse
Ne sauve le couart, quand le guerrier le presse.

C'est le cheval guerrier qui, sous un roy vaillant,
Magnanime, guerrier, non vaincu, bataillant,
Orgueilleux de sa charge, et de course non lente,
Acconsuivit la beste en ses membres tremblante,
Et sous vostre esperon légier obéïssant,
De la prise espérée vous rendit jouissant.
Que ne suy-je Conon, maistre en la cognoissance
Des astres du haut ciel ! là haut vostre semblance
En veneur estoilé, la trompe sous le bras,
L'épieu dedans le poing, vostre cheval plus bas,
D'estoiles flamboyroit. Orion qui menace
La tempeste et l'éclair, vous quitteroit sa place,
Non pour donner l'orage aux humains malheureux,
Mais pour favoriser les veneurs bienheureux.
Moy donc (ce que je puis) vous, mon grand roy je chante,
Avecque le cheval, la beste trébuschante,
Au coup de votre main, sur un chesne branchu,
Vouant du chef du cerf le branchage fourchu,
Le roy Charles neufvième, et premier qui à vue,
Sans meute, sans relais, à la beste recrue,
Piquant et parcourant fait rendre les abbois,
En consacre la teste à la dame des bois.

(4) « Enfin tout étant prêt pour le départ du roi de
» Pologne, il sortit de Paris le 28 de septembre. Le
» roi qui ne s'occupoit auparavant que de la Chasse,
» sembloit avoir remis son autorité et toutes les affaires
» de l'État entre les mains de son frère; mais voyant
» que ce dernier reculoit toujours son départ, et qu'il
» ne cherchoit qu'un prétexte pour passer l'hiver à
» Paris, il changea tout d'un coup comme un homme
» qui se réveille d'un profond sommeil. Piqué de tous
» ces retardements, il jura Dieu, ce qui lui étoit très-
» ordinaire par la mauvaise éducation qu'on lui avoit
» donnée, et il déclara qu'il falloit que son frère ou lui

» sortît à l'instant du royaume, et qu'en vain sa mère
» entreprendroit de l'empêcher. » (De Thou, liv. 57,
t. VII, p. 14.)

(5) L'auteur du Journal de Henri III, édit. de 1719,
p. 34, après avoir fait le récit de la mort de Charles IX,
âgé de vingt-trois ans, dit que ce prince aimoit trop la
Chasse. M. de Thou ajoute que la passion de ce jeune
monarque pour cet exercice le rendit cruel. Cet historien remarque en même temps qu'il joignoit à ces plaisirs bizarres beaucoup de goût pour la musique et la
poésie, et que peu de temps avant sa mort, il fit venir
d'Allemagne Roland de Lasso, qui étoit au service
d'Albert, duc de Bavière. Il réussissoit lui-même dans la
poésie, et faisoit cas des poëtes, dont il disoit qu'il falloit les traiter comme les chevaux excellents : les nourrir,
mais non pas les engraisser. Un de ceux qu'il estima le
plus fut Pierre de Ronsard, qu'on n'a pas fait difficulté
de comparer aux plus grands poëtes de l'antiquité, quoique depuis il ait beaucoup perdu de sa réputation. Ronsard fut souvent honoré des bienfaits de ce prince, mais
il n'en reçut jamais de fort considérables. Le roi lui
adressoit quelquefois des vers de sa composition, et
nous en avons d'imprimés qui ne sont pas indignes de
la majesté royale. Nous avons aussi de Charles IX un
livre sur la Chasse, qu'il a dicté à Villeroy.

(6) Le Traité de Charles IX, sur la Chasse, a été
imprimé pour la première fois à Paris, chez Rousset, en
1625, sous le titre de *Chasse royale, composée par le
roi Charles IX,* in-8°. On peut voir ce que Colomiés a
dit de cet ouvrage dans sa Bibliothèque choisie.

(7) Voyez la Bibliothèque françoise de l'abbé Goujet, t. 12, p. 253, à l'article *Claude Binet*.

(8) La traduction de la Vénerie d'Oppien, par Florent Chrestien, précepteur de Henri IV, lorsqu'il n'étoit encore que prince de Béarn, et à qui il l'a dédiée, est moins ignorée, dit l'abbé Goujet dans sa Biblioth. fr., t. IV; p. 321 ; il la fit imprimer en 1575, in-4°. Les vers en sont alexandrins. Jean Dorat, et Jean de Lavardin, abbé de l'Étoile, ont célébré dans leurs poésies cette traduction de Florent Chrestien; elle est encore recherchée aujourd'hui.

« Florent Chrestien étoit d'Orléans, et d'une famille
» noble, originaire des confins de Bretagne. Il avoit
» une grande pénétration et une patience qui lui per-
» mettoit d'exécuter de sang froid la multitude des idées
» que lui présentoit son imagination. Il avoit beaucoup
» de goût pour les langues anciennes qu'il cultiva avec
» succès. Le président de Thou, qui étoit son ami, dit
» qu'il faisoit des vers grecs et latins si heureusement
» qu'on pouvoit les comparer aux anciens. Son style est
» aussi bon qu'il pouvoit l'être de son temps, mais sa
» versification est dure. » C'est ainsi que s'exprime, sur le compte de Florent Chrestien, M. Le Verrier de la Conterie, auteur de l'École de la Chasse aux chiens courants, p. 22.

(9) Le vendredi 3 février 1576, « le roi de Navarre
» qui, depuis l'évasion de Monsieur, avoit fait sem-
» blant d'être en mauvais ménage avec lui, et n'affecter
» aucunement le parti des huguenots, sortit de Paris,
» sous couleur d'aller à la Chasse en la forêt de Senlis,
» où il courut le cerf le samedi, et renvoya un gentil-

» homme que le roi lui avoit donné lui porter une lettre
» en poste; et, partant de Senlis sur le soir, prit le
» chemin de Vendôme, puis alla à Alençon, et de-là
» se retira au pays du Maine et d'Anjou, où il com-
» mença à prendre le parti de Monsieur et du prince de
» Condé, reprenant la religion qu'il avoit été contraint
» d'abjurer. » (Journal de Henri III, t. I, p. 62 et 63.)

(10) Amours et Lettres de Henri IV, p. 102, 135, 138.

(11) « Sa Majesté étant, dit-il, saine, gaillarde, dis-
» pote et en bonne humeur, à cause de divers bons
» succès en ses affaires domestiques, et des agréables
» nouvelles qu'elle avoit reçues des pays étrangers et
» provinces de son royaume, et voyant que le temps
» étoit beau, et qu'il y avoit apparence que le jour se-
» roit serein, elle se leva de grand matin pour aller
» voler des perdreaux, avec dessein de revenir d'assez
» bonne heure pour les venir manger à son dîner, di-
» sant ne les trouver jamais si bons ni si tendres que
» quand ils étoient pris à l'oiseau, et surtout lorsque
» lui-même les leur pouvoit arracher de sa main; en
» quoi toutes choses lui ayant succédé à souhait, il re-
» vint lorsqu'il vit que le chaud commençoit à piquer,
» tellement qu'étant arrivé au Louvre, ayant en sa main
» les perdreaux, et monté en sa grande salle, il aper-
» çut au bout d'en haut d'icelle la Varenne et Coquet
» qui s'étoient arrêtés à causer ensemble, attendant son
» retour, auquel il cria tout haut : Coquet, Coquet,
» vous ne nous devez pas plaindre notre dîner, à Ro-
» quelaure, Termes, Frontenac, Harambure, ni à moi,
» car nous apportons de quoi nous traiter. Mais allez
» vîtement faire coucher à la broche, et, leur réservant

» leur part, faites qu'il y en ait huit pour ma femme et
» moi, à laquelle Bonneil que voilà portera les siens de
» ma part, et lui dira que je m'en vais boire à elle ; mais
» je veux que l'on réserve pour moi de ceux qui ont été
» un peu pincés de l'oiseau, car il y en a trois bien
» gros que je leur ai ôtés, et auxquels ils n'avoient en-
» core guères touché.

» Comme un de ses officiers vint sur ces entrefaites
» lui apporter des melons : J'en veux manger aujour-
» d'hui mon saoul, continua-t-il, d'autant qu'ils ne me
» font jamais mal quand ils sont fort bons, que je les
» mange quand j'ai bien faim, et avant la viande,
» comme l'ordonnent mes médecins ; mais je veux, dit-il
» en s'adressant aux quatre seigneurs qui avoient chassé
» avec lui, que vous quatre y ayez aussi part ; c'est
» pourquoi n'allez pas après les perdreaux que vous
» n'ayez vos melons, que je vous donnerai après que
» j'aurai retenu la part de ma femme et la mienne, et
» de quoi en donner deux à qui j'en ai promis ; et comme
» il eut fait tous ces partages de perdreaux et de melons,
» il s'en alla en sa chambre, où en entrant il bailla deux
» melons à deux des garçons qui étoient à la porte, et
» leur dit quelque chose à l'oreille : alors voyant un de
» ses officiers qui lui apportoit des projets de patrons de
» diverses sortes d'étoffes, de tapis et de tapisseries, il
» dit que ce n'étoit pas de ces viandes creuses qu'il lui
» falloit pour le moment présent, qu'il mouroit de faim :
» Je veux dîner avant toutes choses, dit-il, et en atten-
» dant mieux, je m'en vais me mettre à table pour com-
» mencer à manger mes melons, et boire un trait de
» muscat. Il remit après son dîner à voir ces patrons,
» et à les faire voir à sa femme et à un homme qui le

» contrarioit souvent sur ces sortes de choses, et qui les
» appeloit babioles et bagatelles. M. de Sully étoit ce-
» lui même qu'il désignoit; et quand il fut venu, après
» lui avoir parlé avec une franchise pleine de cordialité
» d'un petit démêlé survenu entr'eux quinze jours aupa-
» ravant, il lui dit que plusieurs choses, grandes et pe-
» tites, l'avoient remis dans la joyeuse humeur où il le
» voyoit; la principale est, ajouta-t-il, qu'il y a plus
» de trois mois que je ne m'étois trouvé si léger ni dispos
» que cejourd'hui, étant monté à cheval sans aide et
» sans montoir. J'ai eu un fort beau jour de Chasse;
» mes oiseaux ont si bien volé, et mes levriers si bien
» couru que ceux-là ont pris force perdreaux, ceux-ci
» trois grands levrauts. L'on ma rapporté le meilleur de
» mes autours que je pensois avoir perdu ; j'ai fort bon
» appétit, j'ai mangé d'excellents melons, et m'a-t-on
» servi demi-douzaine de cailles des plus grasses et des
» plus tendres que j'eusse jamais mangées. » (Mém. de
Sully, t. VII, p. 379 et suiv.)

(12) Dans une très-longue lettre que Henri IV écrit
de Monceaux, le 3 de juillet 1603, à M. de Sully, alors
son ambassadeur en Angleterre, il lui mande : « J'ai
» aussi telle créance et fiance en votre prudence et affec-
» tion, que j'approuverai toujours tout ce que vous ferez
» en exécutant mes commandements, ayant pris un sin-
» gulier plaisir aux contestations et disputes qui se sont
» passées entre ledit roi et vous sur le fait de la Chasse,
» de laquelle vous lui direz que les médecins ne m'ont
» défendu l'usage, mais ils me conseillent d'en user un
» peu plus modérément que je n'ai fait ci-devant; ce

» que je commence à observer depuis votre partement. »
(Mém. de Sully, t. VI, p. 226.)

(13) Nous demeurâmes, dit Bassompierre dans ses Mémoires, t. I, p. 206 et 207, édit. d'Amsterdam 1723, quelques jours à Fontainebleau, jouant le plus furieux jeu dont on ait ouï parler; il ne se passoit journée qu'il n'y eût vingt mille pistoles pour le moins de perte et de gain. Les moindres marques étoient de cinquante pistoles, lesquelles on nommoit *quitterotes*, à cause qu'elles alloient bien vite, à l'imitation de ces chevaux d'Angleterre que *Quitterot* avoit amenés en France plus d'un an auparavant, qui ont depuis été cause que l'on s'est servi des chevaux anglois tant pour la Chasse que pour aller par pays, ce qui ne s'usoit point auparavant.

Les marques plus grandes étoient de cinq cents pistoles; de sorte qu'on pouvoit tenir dans sa main à la fois plus de cinquante mille pistoles de ces marques-là. Je gagnai cette année-là plus de cinq cent mille livres au jeu, bien que je fusse distrait par mille folies de jeunesse et d'amour.

(14) Tout le monde sait de quelle manière périt ce grand prince. On avoit déjà plusieurs fois attenté à sa vie; entre autres, sur la fin de l'année 1605, un homme appelé Jean de Lisle, natif de Senlis, l'arrêta comme il passoit sur le Pont-Neuf, au retour d'une Chasse. Il le tira par son manteau, et le fit tomber sur la croupe de son cheval. La plupart de ceux de sa suite s'étoient retirés à cause de la nuit. Les valets de pied accoururent et saisirent cet homme, et l'auroient tué à coups de poing si le roi ne l'eût empêché. Ce misérable fut mis en pri-

son, et quoiqu'on lui eût trouvé un couteau dans ses poches, cependant il passa pour fou, et on se contenta de le condamner à une prison perpétuelle où il mourut au bout de quelque temps. (De Thou, liv. 133, t. XIV, p. 433 et 434.)

On est redevable à Henri IV d'une ordonnance qui fut rendue, en 1598, contre le port d'armes, pour rétablir la sûreté publique. Ce prince défendit à toutes personnes, de quelque qualité et condition qu'elles fussent, de porter sur les grands chemins des arquebuses, pistolets et autres armes à feu; il n'en excepta que ses gardes du corps en quartier, *et les gentilshommes qui auroient besoin de ces armes pour chasser sur leurs terres.* (De Thou, liv. 120, t. XIII, p. 218 et 219.)

(15) Le poëme de Guillaume Du Sable est entièrement inconnu; personne n'en a parlé. On ne le trouve ni à la bibliothèque du roi, ni à celle de Saint-Germain, ni à celle de Sainte-Geneviève. Tout ce qu'on en sait, c'est qu'il fut imprimé à Paris en 1611.

Ce poëte, qui fut consécutivement domestique de sept de nos rois, qui les servit dans leurs Chasses, et les célébra tous dans ses vers, depuis François Ier jusqu'à Louis XIII, sous lequel il écrivoit, ne se borna pas encore à cette longue carrière : il remonta au règne de Louis XII pour nous donner l'histoire d'un chien gris nommé *Relais*, qui, à proportion, ne s'étoit pas moins distingué que son historien par ses longs services à la cour. « *Relais*, issu de la race des chiens gris, dans la vénerie, appartenoit au duc de Bourgogne, et avoit été donné, à l'âge de douze mois, à Louis, duc d'Orléans, qui étoit alors en Bretagne. Il le servit dans ce duché jusqu'à ce que ce prince fût parvenu à la couronne. La France entière devoit être le théâtre des exploits de ce fier animal : il fut dans toutes ses provinces et dans toutes ses forêts la terreur des bêtes qu'on abandonnoit à sa poursuite. Affranchi de la couple qui tient les autres chiens sous un joug qu'il eût trouvé indigne de son courage, il marchoit comme un général à la tête de tous les autres, leur montroit toujours la droite voie, ou les y ramenoit quand ils s'en étoient écartés : la nuit avoit-elle dérobé un cerf à ses recherches, il couchoit sur la place, et se relevant avec le jour, et *des jambes neuves*, il reprenoit ses erres, et ne revenoit point qu'il n'eût obtenu la victoire ; on ne parloit que de lui, il étoit chéri de tout le monde, et surtout de son roi qui lui fit l'honneur d'être son historiographe, et d'écrire l'histoire de sa vie pour animer les descendants d'un si brave chien à se rendre aussi bons que lui et encore meilleurs. Il étoit dans sa treizième année lorsque, le jour même de sa mort, à la vue du roi et de tous ses courtisans, il attaqua et força corps à corps un fort cerf de dix cors jeunement. Le roi ne fut pas ingrat, et ne fit pas mentir le proverbe qui dit que *le bon serviteur a souvent plus qu'il ne pense.* Il fit écrire et publier ce dernier acte de la vie d'un si brave et fidèle serviteur. » C'est l'animal même qui parle dans cette pièce. On sera moins choqué de l'entendre ainsi s'exprimer après sa mort que de lui entendre dire en finissant : *D'un tel prince après mort au ciel l'ame puisse être.*

(16) Bassompierre (t. I de ses Mém., édit. d'Amsterdam, 1723), écrivant sur la fin de l'année 1611, dit, p. 317 : Nous retournâmes sur l'automne à Fontaine-

bleau ; il y faisoit fort beau, car la reine alloit à la Chasse
à cheval, accompagnée des dames et princesses aussi à
cheval, et suivies de quatre ou cinq cents gentilshommes
ou princes. Madame la princesse de Conti tomba de
dessus sa haquenée et se blessa. Madame la duchesse de
Lorraine, tante de la reine, la vint trouver à Fontainebleau ; la reine alla au-devant d'elle et la reçut avec
grand apparat.

(17) Après avoir passé les années de l'éducation en
qualité de page avec Henri IV et Louis XIII, M. de Salnove fut conseiller, maître de l'hôtel, lieutenant de la
grande louveterie de France, écuyer de madame royale
Christine de France, sœur de Louis XIII, et duchesse
de Savoie. Il fut aussi gentilhomme de la Chambre de
S. A. R. Victor Amédée, duc de Savoie. Guidé par
l'expérience que doivent procurer trente-cinq années
passées dans la vénerie et à la guerre, Salnove composa
son ouvrage, et le dédia à Louis XIV. Il réclame avec
confiance les suffrages des principaux seigneurs de la
cour, et de tous ceux qui s'y distinguoient le plus dans
l'art de la Chasse, comme autant de garants de ses préceptes. Le jugement de cet écrivain sur lui-meme n'étoit
point dicté par un amour-propre aveugle ; il fut bientôt
justifié par la grande réputation que son ouvrage lui acquit. C'est ainsi que M. de la Conterie parle de cet auteur
dans son École de la Chasse aux chiens courants, p. 135
et suivantes.

(18) L'auteur de la Vie de Marie de Médicis (t. II,
notes, p. 381) remarque, d'après l'auteur de l'Histoire
de la mère et du fils, que M. de Luynes, devenu depuis

connétable de France, et ses deux frères, durent leur fortune et leur élévation à leur assiduité auprès de Louis XIII, à leurs complaisances pour ce prince, et surtout à l'adresse avec laquelle ils savoient dresser des oiseaux qu'il aimoit beaucoup.

(19) Pélisson, dans ses Lettres hist. publiées en 1729, t. III, écrivant, en 1668, à mademoiselle Scudéry, à l'occasion des fêtes de Chambord, pendant le séjour du roi, lui mande, p. 412 et 413 :

« Le roi et la reine sont allés assez souvent à la Chasse ; rien n'est égal à la magnificence de leurs équipages et au bonheur avec lequel on a pris tout ce qu'on a attaqué. Les plus grands cerfs ont à peine duré une demi-heure. Les chasseurs de profession, voyant que les courtisans étoient surpris de voir que les cerfs étoient plus fatigués et plutôt lassés qu'eux, ont allégué des raisons naturelles auxquelles tout le monde s'est rendu. »

(20) « J'avois dessein, dit madame de Sévigné (t. I de ses Lettres, p. 175), de vous conter que le roi arriva hier au soir à Chantilly. Il courut un cerf au clair de la lune. Les lanternes firent des merveilles. Le feu d'artifice fut un peu effacé par la clarté de notre amie. »

Elle mande dans une lettre à M. d'Aubigné, du 20 octobre 1685 : « Ce que l'on vous a dit de la Chasse est véritable. Le sanglier étoit furieux : si le roi n'eût levé la jambe à propos, il eût été blessé. Le duc de Villeroy fut renversé. »

(21) L'abbé Goujet, t. IV, p. 323 et suiv. de sa Bibliothèque françoise, en parlant des Traités de la Chasse,

en prose, traduits du grec, et dédiés à M. le Dauphin, fils de Louis XIV, dit : « L'anonyme qui nous a donné, en 1690, un recueil en prose de plusieurs traités de la Chasse, traduits du grec, a négligé les deux premiers, et n'a traduit que le troisième et le quatrième (d'Oppien). Je ne vous dis rien, continue-t-il, du *Traité de la Chasse, par Arrien*, que le même traducteur a donné en prose, et qu'il a dédié, avec sa traduction d'Oppien, à feu M. le Dauphin, qui resta fils unique de Louis XIV. Arrien n'a point écrit en vers. Je serai d'ailleurs obligé de vous parler ailleurs de ces différents Traités de la Chasse. Il me reste seulement à vous découvrir notre traducteur anonyme : c'étoit M. de Fermat, conseiller au Parlement de Toulouse, comme je l'ai vu écrit sur l'exemplaire de son ouvrage qui est à la bibliothèque du roi. Mais il y a eu plusieurs magistrats de ce nom dans le même Parlement. Ce ne peut être Pierre de Fermat, célèbre mathématicien dont il est souvent parlé dans la vie de Descartes, par M. Baillet. Il étoit mort dès 1655, et le traducteur des Traités d'Arrien et d'Oppien parle de la prise de Philisbourg faite en 1688. C'est donc peut-être Samuel de Fermat, fils du fameux mathématicien, et qui fut aussi conseiller au Parlement de Toulouse. Julien de Héricourt, dans une lettre qu'il lui adresse, et que l'on trouve à la suite de son Histoire latine de l'Académie de Soissons, en parle en effet comme d'un magistrat qui avoit une grande érudition, versé dans les langues savantes, qui faisoit également bien des vers latins et françois, et qui s'étoit familiarisé avec les meilleurs écrivains de l'antiquité. Or, avec la traduction d'Arrien et d'Oppien, on trouve des vers latins et françois qui sont aussi du traducteur.

Ma conjecture cependant n'est qu'une conjecture, je ne vous la donne pas pour une décision. »

(22) Philippe II, roi d'Espagne, dit M. le président de Thou, liv. 120, t. XIII de son Hist. univ., p. 227, ordonna qu'on élargît toutes les personnes qui étoient détenues pour fait de Chasse, et accorda la grâce des criminels qui avoient été condamnés à mort. Et plus bas, p. 230 et 231, ce prince ordonnoit, par son testament, qu'on payât de bonne foi toutes ses dettes; qu'on indemnisât les propriétaires qui souffroient quelques pertes par les défenses qui avoient été faites dans tout son royaume, de chasser dans les forêts et les lieux destinés au plaisir du roi.

Ce fut à ce prince que le roi de Perse envoya une ambassade pour lui proposer d'établir un traité d'alliance entre la cour d'Ispahan et la maison d'Autriche. Le roi de Perse, dit M. de Thou, liv. 138, t. XIV, p. 635, accompagna ses lettres de présents considérables. Il envoyoit au roi d'Espagne les statues d'Ismaël, d'Inchel, et la sienne : elles étoient ornées de pierreries et de perles; un bureau à la persane, enrichi de diamants; quatre chiens qui étoient sortis du ventre de leur mère tout mouchetés de rouge, de jaune et de bleu; deux pièces de tapisserie brochées d'or, et chamarrées de pierreries et de perles; quatre cors de chasse d'un éclat extraordinaire, et d'une matière inconnue en Europe.

Extrait du Livre de Gaces de la Bigne, ou la Bune, des Déduits de la Chasse. (Manuscrits du Roi, n° 7626, fol. 1.)

GASSE DE LA BIGNE, jadis premier chapelain du roi Jean, que Dieu absolve, commença à Helfort en Angleterre, l'an 1359, ce *Roman des Déduits*, par l'ordre de ce prince, pour l'instruction de son quatrième fils, Philippe, duc de Bourgogne, encore jeune, et acheva depuis cet ouvrage à Paris.

L'auteur, qui se soumet à la correction de l'Église, s'il commet quelque faute, recommande à celui qui désire d'avoir de bons oiseaux d'éviter les péchés de colère et d'orgueil ; et, continuant ses leçons à son disciple, fils du roi, il veut lui faire prendre différentes armes qui sont autant de vertus *. Il ne lui donne pas encore une lance, parce qu'il est enfant, mais une épée d'amour par raison ordonnée, qui diffère en tout point de la périlleuse épée d'amour désordonnée : description de la galanterie honnête, mise en opposition avec celle qui ne l'est pas : réputation ou honneur, combien difficile à acquérir et aisée à perdre.

* Plates aures d'umilité,
Afin que parmi le cousté,
Orgueil ne te puisse blecer
Au cueur ne nullement toucher.
De patience soit l'escu.
. . . .
. . . .
Les plates soient bien clouées,
Et les bouglettes bien fermées,

Nécessité d'abandonner les déduits pour défendre son pays lorsque la guerre y survient : vertus qui sont bannies des lieux où elle règne, et qui se réfugient à la cour d'un roi qui craint et aime Dieu. Détail des postes qu'elles y occupent, et des fonctions dont elles y sont chargées pour la justice aux conseils du roi. Amples moralités sur ce sujet. Démêlé de justice avec grâce et pitié qu'elle voudroit exclure de la cour du roi, pour n'être point gênée dans la poursuite des crimes. L'auteur reprend le propos des péchés qu'il faut fuir pour avoir de bons oiseaux, et parle de gourmandise et de luxure, pays de paresse, avarice et envie. Récit à ce sujet d'une Chasse du vol qui se fit à Saint-Denis, où se trouvèrent Avarice et Envie, avec les vertus morales propres aux bons fauconniers. Mauvais personnage qu'elles y firent. Autre Chasse du vol qui, sans leur participation, fut entreprise par les Vertus, près de Bondi, sur la rivière qui courre à Vaujoy (p. e. Vaujour). Ces vices et leurs compagnons se trouvent à la Chasse au même lieu avant les vertus. Combat de part et d'autre, où les vertus eurent tout l'avantage.

Orgueil et Ire, coupables du blasphème, et qui mé-

> Et te garde bien qu'en l'escu
> Il n'ait nul défaut de vertu.
>
> . . . .
>
> . . . .
> De raison feras bacinet.
> . . . .
>
> . . . .
> Tu ne porteras point de lance,
> Pour ce qu'es encore en enfance,
> Mais auras une belle espée.

ritent d'avoir la langue percée d'un fer chaud, supplice infligé par la nouvelle ordonnance de saint Louis, sont remis à quatre sergents de la douzaine qui passoient par-là, menant un meurtrier pris vers les bois de Senlis, et sont avec lui conduits au Châtelet de Paris, en prison, pour être jugés par le prévôt de Paris. Cette Chasse finit par un souper au Bourget, près de Saint-Denis, à l'hôtel de la Fleur de lys. Usages de la table et des bâtimens.

Conseil tenu avant que de se mettre à table, entre toutes les vertus morales, au sujet des vices leurs ennemis, qu'elles veulent exclure de la fauconnerie.

Récit que *Déduit* leur fait d'une Chasse du vol, mal menée par la troupe de ces vices, et du mauvais souper qui la termina, où il est parlé des mauvais augures tirés de la rencontre des moines et des preudomes contraire à la Chasse, au lieu des ribaudes qui sont, suivant la vicieuse bande, des augures favorables. Ils avoient été interrompus par les reproches de l'hôte honnête homme, qui dit avoir étudié il y a trente ans, à Toulouse et à Montpellier, et n'avoir pas moins bien appris la fauconnerie ; il leur fait une sage remontrance sur la folie et l'impiété de pareilles divinations, et conseille à *Déduit,* qui est avec eux, de se séparer d'une si mauvaise compagnie, et d'aller se joindre comme il a fait à celle des vertus à qui il parle. Suite des avis qui furent donnés au souper des vertus, pour exclure les vices de la fauconnerie. Raison s'y oppose, de crainte d'allumer une guerre dans laquelle les vices trouveroient des alliés dans toutes les nations, entr'autres les Illemons. Détails qu'on voit à ce propos sur la guerre, et les ordres de bataille. Réflexions sur le peu de support que trouveroient les vertus, attendu la corruption du siècle qui court. La conclusion fut de bannir les vices de la fauconnerie, et le cri public de ce bannissement fut fait à son de trompe.

Description du souper que firent ensuite les vertus : détails de la salle à deux cheminées, de cette maison ; de la table, du vin de Beaune et du vin françois, des différents services après le cérémonial, des compliments de civilité pour y prendre les premières places, qu'on veut donner à *Honneur* et à *Vaillance*, comme étant de la maison de France : les grâces, après ce souper, furent dites par un prêtre nommé Gasses (l'auteur). Contes ou propos merveilleux des exploits de fauconnerie qui furent la matière de la conversation de l'après-souper. On boit enfin le vin du coucher, et chacun veut payer son écot; mais *Honneur* défraie la compagnie, et l'on ne s'y oppose pas parce qu'il est de royale lignée.

Alliance faite par serment sur le livre des Évangiles, apporté par Gilles, et serment que font toutes les vertus de soutenir la guerre contre les vices qu'elles ont bannis, et conseil indiqué au lendemain matin, sur les moyens de la faire. Proposition d'en donner le commandement à *Honneur* qui, dès son enfance, a toujours été accompagné de Hardiesse, et mérité le nom de Hardi : allusion à Philippe-le-Hardi, duc de Bourgogne, qui aime les oiseaux, Dieu et l'Eglise.

A peine fut-il nommé, qu'il arrive un messager mal courtois ; c'est *Dépit* qui, sans faire aucun cérémonial de civilité en usage parmi les hérauts d'armes, vient faire une déclaration de guerre au nom de l'armée des vices, campée depuis Louvre jusqu'à Corbueil.

La guerre est acceptée, et la réponse portée au camp

de Pontablon, outre la rivière, par le même *Dépit*, qui rend compte des forces de l'armée qu'il a trouvée au Bourget, à trois lieues de Paris, et qui, peu après, envoyé lui-même pour reconnoître les ennemis, voit la bannière de fleurs de lis semée : c'étoit celle d'*Honneur*, leur général. Guerre, batailles, maréchaux, et autres détails contenant le préambule de l'événement du combat. Troupes de *Luxure* et de *Gloutonnerie* qu'on fit venir du plat pays d'Argenteuil et du gibet de Paris, pour renforcer l'armée des vices, où il y a tous les ordres monastiques, excepté les *Billettes*, qui semblent se distinguer par leur continence, comme on verra plus bas les gens de la ville d'Issi distingués par leur paresse.

Vœu du paon qu'avoit fait la troupe de *Luxure* et de *Gloutonnerie*, pour la défense d'une forte maison, ou place, près du Pontablon; prise de *Luxure* comme elle se sauvoit pour se réfugier à Paris, où elle étoit sûre d'une bonne réception. Victoire complète remportée par les vertus, à cause de la quantité de bons fauconniers qui ne manquent jamais de les suivre.

Honneur et *Déduit*, après cette glorieuse journée, vont à la cour du roi dont il a été parlé dans ce Traité, et qui avoit *Prudence* et autres vertus pour conseillers. Il leur fait une réception digne d'une telle victoire, et leur donne un dîner où la table est servie magnifiquement. Arrivée d'un chevalier nommé *Déduit de chiens*, qui vient demander justice de *Déduit d'oiseaux*. Le roi donne jour à l'un et à l'autre au premier de mars pour entendre leurs raisons. *Déduit de chiens*, comme demandeur, vint à la cour de justice ou parlement, le premier avant le jour marqué, puis le défendeur, chacun accompagné de ses amis. Conseillers du roi qui l'assistent, au nombre de six, à ce lit de justice. Plaidoyer de *Déduit de chiens*, par son avocat, *Amour de chiens*; il s'y plaint d'un prêtre qui a fait un roman de fauconnerie, où il prétend que le mot *Déduit* par excellence n'appartient qu'à la fauconnerie, et l'avocat demande que ce nom soit affecté au *Déduit des chiens* par excellence, comme très-supérieur à celui des *oiseaux*.

Réponse de *Déduit d'oiseaux*, par son serviteur *Amour d'oiseaux*, son avocat. Il convient que son maître *Déduit d'oiseaux* et le prêtre ont compilé et composé un livre qu'ils ont nommé simplement *Déduit*; mais il défend le prêtre, 1° du reproche qu'on lui fait d'être venu on ne sait d'où; 2° de ce qu'il s'est fait fauconnier dans sa vieillesse, malgré les loix qui interdisent aux prêtres le métier des oiseaux. Sur le premier chef il est dit que ce prêtre est de Normandie, de quatre races de noblesse (des quatre côtés de lignée) qui ont beaucoup aimé les oiseaux, savoir des La Bigne, des Aigneaux, des Clinchamp et des Buron; que dès l'âge de neuf ans il portoit des hobereaux aux champs, et qu'à douze on lui fit dresser (*affaitier*) un faucon; mais que bientôt après il quitta le métier des oiseaux pour faire ses études, et que dans la suite le bon cardinal de Prenestre, nommé Pierre des Pray, l'ordonna prêtre [*], le retint chez lui pour gouverner sa chapelle, et lui fit beaucoup

---

[*] Le prestre est né de Normandie,
De quatre costés de lignie,
Qui moult ont amé les oyseaulx,
De ceux de la Bigne et d'Aigneaux,
Et de Clinchamp, et de Buron,
Yssit le prestre dont parlon...

de bien en cour de Rome : qu'à la vérité ce prêtre alloit une ou deux fois la semaine ès Flaches de Bedaine, se divertir avec le fauconnier, (nommé Petre) le plus habile de ce métier, mais que c'étoit toujours après avoir dit sa messe et son office. Ce même prêtre a été maître chapelain de trois rois de France qui lui ont fait une fortune telle que rien ne lui manque, et quand ces princes alloient voler en rivière, il ne restoit pas derrière, sans pour cela être fauconnier, puisqu'il n'y gagnoit rien, et qu'il y cherchoit seulement une honnête récréation dont les loix ne défendent que l'excès. Saint Bernard et le docteur Innocent sont cités en témoignage.

Le prêtre ayant été tenu pour excusé par le roi, *Amour de chiens* reprend la parole, et soutient que les chiens sont préférables aux oiseaux, et plus nobles. Éloge des chiens, et histoires à leur honneur récitées ici; particulièrement celle du chien peinte à Montargis, dont le maître, nommé Aubery de Montdidier, fut tué par Makaire, au bois de Bondi, à trois lieues de Paris. Duel auquel le chien fut amené le premier comme appelant, et dont il sortit victorieux de la lice, aux Prés-Notre-Dame, à Paris, etc. Réfutation d'un proverbe qui dit qu'amour d'épervier ne vaut rien, et allégation d'un autre qui dit que trop est fol qui dit mal des dames.

Depuis il a fait grant vaillance,
Car a servy trois rois en France,
En leur chapelle souverain,
De tous trois maîstre chapelain,
Lesquels lui ont fait tant de bien,
Qu'il m'a dit qu'il ne lui fault rien.

Amour d'oiseaux répond que la Chasse des chiens ne demande que des connoissances assez bornées qu'il détaille, et dit qu'après avoir passé son enfance à étudier la grammaire, il vint à la cour de France, où de tout temps on aima la Chasse des chiens et des oiseaux, et s'instruisit pendant bien des années de la vénerie et de la fauconnerie, dont il a souvent ouï faire des questions, et soutenir d'ennuyeuses disputes, et rapporta le mal qu'il y a à dire des chiens, usant de la liberté des avocats que les juges devroient punir; et fait l'éloge des oiseaux, en disant que si étant mal attachés ils s'envolent, ils ne font qu'user du droit des prisonniers de guerre qui sont gardés dans une étroite prison, sans être retenus sur leur parole, et à l'égard du grand vent qui les fait envoler, il cite Denis-le-Grand, évêque de Senlis, auteur d'une Chasse de faucons, où, entre autres instructions, il recommande de ne point voler par le grand vent qui emporte l'oiseau de force : il cite encore Philippe de Victri, évêque de Meaux, dans un de ses motets, dont il entendit la composition mieux que personne. Éloge de l'épervier sur tous les autres oiseaux, confirmée par une histoire arrivée il n'y a pas plus de vingt ans, en Berri, à un chevalier dont l'épervier enleva à la femme de son maître un estourneau qui parloit et qui étoit sorti de sa cage, il le rendit sans lui avoir fait aucun mal. L'auteur tient ce fait d'un homme qui le vit, et le lui a juré par les saints de Rome : le chevalier chez qui il se passa étoit Pierre d'Orgemont, que le roi a fait président en son Parlement de Paris, puis chancelier de France. Supériorité de l'épervier, en ce qu'il est dressé très-promptement, au lieu qu'il faut que le chien ait plus de deux ans, quoique les oiseaux vivent plus que les chiens, témoin le lanier du chevalier, seigneur de Feuquerolles en Normandie, qui vécut pendant vingt-deux ans, et ne mourut que par accident.

Réplique faite par *Amour des chiens*. Justification contre ce qui a été dit de la rage des chiens. Médecine contre ce mal; récrimination en alléguant de pires maladies des oiseaux.

Duplique faite par *Amour d'oiseaux*, qui disculpe les oiseaux de l'accusation du mal caduc, de la lèpre, etc., et propose la médecine pour les en garantir ou les guérir. Il renvoie à ce sujet au Traité fait par le vaillant et habile guerrier, le comte d'Auxerre, sur les remèdes contre les maladies des oiseaux, comme très-expert dans la fauconnerie : autres défenses contre les accusations faites aux oiseaux, et qu'il impute à la malhabileté des fauconniers, tels qu'Hativet, dont il reprend la manière de traiter les oiseaux qu'il se fait donner par le roi ou le grand seigneur (p. e. le grand fauconnier) pour les dresser; on voit encore cette censure, p. 113, c. I. Il donne en même temps toutes les leçons nécessaires sur la façon de les gouverner, de les faire voler, etc., et conclut qu'il n'y a pas moins de différence que du ciel à la terre, entre la noblesse des oiseaux et celle des chiens, à ne considérer que la différence des pays et des régions où les uns et les autres font l'exercice de leurs talents.

Raison, qui a écouté les parties, les fait retirer afin que le roi en délibère; mais elles furent rappelées aussitôt pour savoir si *Déduit d'oiseaux* avouoit son avocat le damoiseau, qui avoit parlé pour lui, ce qu'il fit. *Prudence* ne juge pas à propos que l'arrêt soit rendu avant d'accorder encore une audience sur une seconde question, et remet l'affaire au lendemain matin que le roi reviendra en son Parlement tenir sa cour de justice, et chacun va dîner.

Le roi ayant pris séance le jour suivant, et le conseil du roi s'étant placé près de lui, *Raison* s'adresse à *Déduit de chiens* qui est acteur dans cette cause, et lui dit de faire proposer les raisons par son avocat : c'étoit *Amour de chiens* qui prend la parole.

Plaidoyer en faveur des chiens, pour prouver que le déduit en est meilleur que celui des oiseaux. L'utilité publique fit imaginer, pour la défense de l'humanité contre les bêtes sauvages, de recourir aux chiens qui sont propres à les combattre, et les dresser à cet usage, tant les levriers, les allants, les grands mâtins et les chiens courants, que les autres qui ne sont pas nommés ici. Usage de coiffer le loup et le sanglier par les chiens. Les oiseaux n'éprouvent et n'exercent pas le courage des hommes par le péril, ne servent pas à la défense du peuple et de ses bestiaux, ni de ses héritages, et ne donnent pas aux hommes une nourriture ample et solide, comme leurs chiens, par leurs Chasses. Description de la Chasse du cerf, appelée Chasse royale, et instructions pour la bien faire. Limier, appelé aussi levrier, conduit à la botte pour connoître les erres ou allures du cerf par les pieds, par les fumées, par le frayoire, par les portées et par le viandis, pour le détourner en faisant ses brisées. Rapport à l'assemblée où se trouve le roi, qui considère ses sages chiens d'Allemagne, ses bons chiens de Bretagne et autres meutes, et où se rendent les autres veneurs à qui l'on a distribué les buissons pour quêter, et qui tous apportent leurs fumées, dont chacun parle, surtout les moins habiles, plus que les autres. Déjeuné. Arrivée des chiens, veneurs à cheval, aides, pages, valets de chiens tous en habits verds. Le roi monte un fier et prompt coursier de Pulle (Apouille) bien embouché, fait lesser dix ou douze de ses bons chiens pour divertir lui et son maître veneur (p. e. le grand-maître de la vénerie), homme de grand honneur qui près de lui ordonne tout, et lui conseille de ne donner que trente-huit ou quarante chiens. Le roi en veut cinquante à cette fois pour le laisser courre; car Chasse de roi doit se faire à grands cris et à grand bruit. On sonne du cor, et le roi fait découpler les cinquante chiens qui vont après le limier. Voyez la comparaison de cette mélodie avec celle de la chapelle du roi, où l'on trouve des détails très-savants et très-curieux sur la musique, vers 1360. Le roi lui-même sonne fortement du cor, et baissant la main voit passer le cerf vingt-huit cors, et attend que tous les chiens, qui étoient bien ensemble, soient aussi passés, puis courre le cerf qui se forlonge; le roi à qui l'on propose de donner une seule lesse de levriers qu'on y tenoit, la refuse, voulant que le cerf soit pris à force sans relais.

Refuites du cerf sur lui-même, et ses ruses, puis le change qu'il fait prendre aux chiens qu'il met en défaut. Cri d'*arrière-arrière* que font les veneurs pour les faire requêter, jusqu'à ce qu'un des sages chiens, relevant le défaut, les entraîne sur la bonne voie. Le cerf va à l'eau, d'où les chiens qui l'aboient le font sortir. Prise de la bête qu'un veneur perce de son épieu. Sons de tous les cors qui font si grande mélodie

<pre>
         Que il n'est home si les or,
         Qui voulsist autre paradis.
</pre>

On fait avec art la dépouille du cerf que les rois qui ont régné en France ont toujours pris grand plaisir à voir; on le dépèce, et l'on régale les dames du pays où il a été forcé. On donne la curée aux chiens, puis on leur jette les boyaux en criant : *Appelle, appelle!*

Souper du roi. Propos sur la Chasse faits à la table, où on lui apporte les dintiers, qu'il donne avec grand plaisir; la tête lui est aussi présentée pour en considérer le beau ramage et les grosses moles près de la tête. L'après-souper est employé par les veneurs à faire chacun quelque récit d'événement de Chasse merveilleux qui apprête à rire au roi, et dont quelques médisants voudroient rendre suspecte la vérité; mais les gens qui entendent la Chasse savent combien il y arrive d'aventures suivant le proverbe :

De chiens, d'oiseaux, d'armes, d'amours,
Pour une joie cent douloups.

Autre Chasse, c'est celle du sanglier dont l'avocat, qui continue de parler, fait une description plus sommaire : il y a de la folie de l'attaquer à pied autrement qu'avec l'épieu, mais on le peut à cheval avec l'épée forte, longue et bien amourée (p. e. émoulue, aiguisée, tranchante), un peu large et bien fendante : l'attaque en est plus redoutable que celle d'un homme armé, mais la victoire en est aussi bien glorieuse; et quelle joie aussi, au milieu du souper, de distribuer d'amples et bons morceaux. On peut, même au clair de la lune, se donner le plaisir de chasser le sanglier avec les chiens au vautret (en vautreant); mais il y faut être jeune et fort pour attendre l'animal et se colleter avec lui. Il y a encore beaucoup de science aux Chasses du loup, du lièvre et du renard, et le langage varie suivant ces diverses Chasses.

Chasse du loup, à laquelle il paroît qu'on faisoit dans le bois une enceinte : qu'une partie de cette enceinte étoit garnie de filets ou toiles (harnois) où l'on plaçoit à un bout des levriers forts et hardis, et à l'autre des gens armés de grands épieux et massues pour garder le passage, et tandis que le reste du bois étoit rempli de batteurs qui faisoient, avec de grands cris et des bâtons, lever les loups qu'ils poussoient devant eux. On pend aux arbres les loups qu'on a pris. Chasse du renard, qui se fait en garnissant de bourses les bouches des terriers, ou en les étoupant : s'il est dehors, on le donne aux levriers lorsqu'il va pour s'y terrer ; s'il est terré, on met après lui ces bons chiens terriers qui l'aboient jusqu'à ce qu'on l'ait découvert avec la pioche, et qu'on le prenne. Les oiseaux détruisent-ils des bêtes aussi nuisibles au commun peuple que celles-là ? *Raison* dit à l'avocat d'abréger ses récits, sans quoi on le laissera pour donner audience à la réplique de son adverse partie : il répond qu'il n'est pas de la nature du coucou qui dit en un mot tout ce qu'il a à dire, puis continue son plaidoyer.

Chasse du lièvre au levrier. Indications suivant les différents temps de pluie, de sécheresse, de vent, etc., pour connoître en quels lieux les lièvres font leurs gîtes. Cette Chasse est un plaisir commun à tous les États, aux grands, aux moyens, aux petits ; mais voici comme s'y prennent le roi, les princes et les seigneurs. Toute la troupe des chasseurs marche sur une ligne, et l'on a trois lesses de trois levriers chacune, qui sont menées par autant de valets ; deux de ces lesses sont placées aux deux extrémités, et la troisième dans le milieu où se tient le roi : un lièvre est-il levé, il n'y a que deux levriers de la lesse découplée qui le courrent appuyés de deux hommes bien montés, criant : *s'en ira-t-il? mauvais levriers.* La troisième va l'attendre au passage d'un bois, lorsqu'il veut le gagner, et le prend. Chasse qui est faite par gens d'un état moyen, comme curés, chanoines, écuyers, barons, prévôts et moines. Récit que fait l'avocat d'une Chasse où le menèrent six personnes de ces six espèces, dans une campagne entre Troyes et Châlons. Portrait du meilleur de tous les levriers, qui étoit et qui appartenoit à l'écuyer, c'est le modèle d'un levrier parfait [*]. Cri de *va-là, va-là,* fait aux levriers, et prise du lièvre par le chien de l'écuyer. L'avocat qui parle toujours, dit y avoir perdu en courant son chapeau de bierre, habillement de tête.

Chasse des paysans au lièvre. Ils vont environ cinquante ou soixante ensemble avec une quarantaine de chiens, après les vendanges, courir les lièvres dont il y a grande quantité, et en prennent jusqu'à vingt et trente.

---

[*] Museau de luz (brochet) avoit sans faille,
Arpe de lion, col de cingne,
Encore y avoit autre cigne,
Car il avoit oil d'espervier,
Tout estoit blanc le lévrier.
Oreille de serpent avoit,
Qui sur la teste lui gisoit;
Espaule de chèvre sauvaige,
Coste de biche de bocaige,
Loigne de cerf, queue de rat,
Cuise de lièvre, pié de chat :
Il ressembloit un leu servier.

Ils en prennent aussi à la croupie avec leurs chiens lorsqu'ils viennent dans leurs jardins, et en font bien leur profit en les vendant, au lieu que le meilleur faucon qui auroit pris près de Paris cygnes cornants, ne leur seroit bon que pour le manger.

Chasse de la loutre, appelée en France *luerre*. Des chiens qui paroissent ne rien valoir les poursuivent sous l'eau, et les en font sortir pour être tuées à coups de fourchefaeres, appelées fouies dans les termes de l'art, ou pour être prises par un levrier qui les attend.

Cette Chasse et les autres produisant les trois espèces de biens que définit Ysidore, le profitable, l'honnête et le délectable; le *Déduit des chiens*, suivant la conclusion de son avocat, est préférable au *Déduit des oiseaux*, et demande que celui-ci soit condamné à payer amende et dépens.

Réplique de l'avocat *Amour d'Oiseaux*. Il réfute ce qui a été dit de la musique des chiens, et relève plusieurs autres points du précédent plaidoyer. Il remontre le grand inconvénient des dépenses qu'exige la Chasse sur laquelle on voit encore ici quelques détails. Si l'on compte que le roi ne prend pas un cerf qui ne coûte cent livres de bons parisis (monnoie vers 1360.) Il n'y a rien à dire; il est assez riche pour y fournir; mais on y tue aussi beaucoup de chevaux, et souvent il y a eu des barons et des seigneurs à qui il en a coûté la vie, comme il arrive à la Chasse du sanglier, qui tient aux chiens, et qu'on va attaquer à pied avec l'épieu; si trois levriers le prennent alors par derrière, et souvent le chasseur, deux des chiens y sont éventrés, et le troisième blessé ou estropié rudement. Éloge de la Chasse aux oiseaux, nommément du vol au faucon fait par le roi, dont on donne ici la description. Il y a une trentaine d'oiseaux à la tête desquels est le maître fauconnier (peut-être grand maître de la fauconnerie), un gentil chevalier qui s'entretient avec lui des oiseaux, et ordonne ceux que l'on fera voler ensemble aux grues et autres. La Chasse commence sans chiens, hormis trois ou quatre qu'on tenoit, et le moindre étoit écarté derrière à un trait d'arc. Le roi et lui lâchent chacun le leur pour voir à qui feroit le mieux. Beaux exploits qu'ils firent tous les deux : le roi descendit de cheval, et fit donner à son faucon le cœur de l'oiseau qu'il avoit volé.

Autre vol fait aux faucons sur un étang, d'où l'on fit lever les oiseaux au bruit de quatre tambours : hérons et grues prises par d'autres faucons que l'on fit voler, et où ceux du roi ont toujours l'avantage sur ceux du maître fauconnier : trois levriers sont postés à l'écart au vol des grues, et les courent quand elles ont été portées à terre par des faucons. Autre vol qu'il fit faire par des gerfaux, par des outardes, par l'autour (ostour) de son autourcier (ostrucier). Enfin le maître fauconnier avertit le roi qu'il est près de midi, et temps d'aller dîner : mais le repas fait dans un village fut léger, comme c'est l'usage quand le roi chasse : on se réserve pour le grand souper (grand couvert) du soir : après souper les seigneurs qui sont avec lui, tandis qu'on sert les autres tables, l'entretiennent de ce qu'on a fait, sans compter des mensonges qu'on laisse aux chasseurs; car il ne se passe rien au vol, dont tous les yeux ne soient spectateurs.

Conclusion pour la préférence, tant des oiseaux sur les chiens, que des viandes de la fauconnerie sur celles de la vénerie : le déduit des oiseaux n'est pas réservé aux ducs, rois et princes seulement, les gens du moyen état peuvent se le procurer aussi bien que celui des chiens, et avoir de meilleurs faucons que les plus grands seigneurs. Récit que fait l'avocat des oiseaux d'une Chasse de vol à laquelle il passa huit jours, avec une douzaine de personnes d'état moyen, non princes ni barons, mais chevaliers, chanoines, bourgeois et écuyers, ayant entre eux tous une vingtaine d'oiseaux. On voloit jusqu'à midi, on dînoit, puis on se remettoit à voler jusqu'au soir, qu'on soupoit et que l'on conversoit plus librement que parmi ces seigneurs, avec qui on n'ose rien dire qu'ils n'aient parlé les premiers; encore tremble-t-on de laisser échapper quelques propos qui leur déplaisent. Avantages de cette vie sur celle des chasseurs. Réponse à ce qui a été dit des oiseaux, qui ne sont pas faits comme les chiens pour les petites gens; ce leur est un mérite de plus d'être si nobles et si délicats, qu'ils ne peuvent souffrir d'être touchés par de si rudes mains que celles des vilains, tels que bouviers, vignerons ou charretiers, à qui l'avocat reproche de lui avoir fait rôtir son oiseau entre Paris et Palaiseau. L'avocat finit par montrer les qualités que doit avoir un bon épervier, qui ne veut être gouverné par gens d'âge trop jeunes ni trop vieux, mais par un homme de vingt à quarante ans, *qui soit monté sur un cheval (roussin) gros, bien trottant, bon et fin*, et même deux pour mieux faire; et qui ait avec lui quatre chiennes d'Espagne bien quêtantes et bien retrouvantes; savoir, deux pour le matin et deux pour le soir. Énumération des oiseaux bons à manger, que les compagnies bien composées de chevaliers et d'écuyers, de dames et de damoiselles prennent ensemble avec leurs éperviers, et bons pâtés qu'on en fait pour la table. Voyez-en la description singulière * et la comparaison de ce manger avec la venaison grossière du cerf. Autre privilége de la fauconnerie, celui d'en communiquer le plaisir aux dames ; les reines, princesses, duchesses, comtesses et autres femmes qui sont dames ou damoiselles, peuvent, avec le gré de leurs maris, porter l'épervier par honneur, sans donner lieu à la médisance, et prendre part à tous les divertissements de la volerie, au lieu qu'à la Chasse elles n'y peuvent honnêtement aller au plus que bien accompagnées de leur suite dans les routes larges et bien alignées des bois, marchant l'amble sur leurs palefrois, pour voir passer les chiens, et se trouver aux accours pour voir courir les levriers : rien n'est perdu pour elles au vol des oiseaux. Reine, duchesse, damoiselle, che-

---

* Si puis dire que grant profit
Peult bien venir de tel déduit,
Car on peult bien faire un tel pasté
Qu'onques meilleur ne fut tasté;
Et pour ce ne me vieul pas taire,
Qu'au jeune ne l'apreigne à faire.
Trois perdriaux gras et refais,
Au meilleu du pasté me mès;
Mais gardes bien que tu ne failles
A moi prendre six grosses cailles,
De quoi ne les apoieras,
Et puis après tu me prendras
Une douzaine d'alouettes,
Qu'environ les cailles me mectes,
Et puis prendras de ces mechés,
Et de ces petis oyselés.
Selon ce que tu en auras,
Le pasté m'en belleteras.
Or te fault faire pourvéanche

valeresse, elle peut décemment voir tout ce que font les éperviers, émérillons, hobereaux et autres oiseaux de proie détaillés ici. Sur quoi l'avocat des oiseaux conclut contre celui des chiens aux dépens et à l'amende à la justice.

Réplique de l'avocat des chiens pour justifier ce qu'il a dit de leur musique, comparée à celle de la chapelle du roi, et répondre à la réfutation qu'en avoit faite son adverse partie; il y parle du chant harmonieux que font à Paris les roues des moulins du Temple, et de l'harmonie des marteaux sur l'enclume découverte par Pythagore. Réponse à ce que le même avocat des oiseaux avoit hasardé de dire sur ce que le déduit des chiens étoit commun aux vilains, qui étoient exclus de celui des oiseaux; et autres réfutations des diverses allégations faites contre le déduit des chiens, nommément la fable d'Actéon, appliquée à la dépense énorme et ruineuse que cause la

> D'un poy de lart sans point de ranche,
> Que tu tailleras comme dez,
> S'en sera le pasté poudrez :
> Se tu le veux de bonne guise,
> De verjus la grape y soit mise,
> D'un bien poy de sel soit poudré,
> Si en sera plus savouré.
> Se tu veux que du pasté taste,
> Fay mectre des œfs en la paste,
> Les crutes un poi rudement,
> Faites de flour de pur froument,
> Et se veux faire comme saige,
> N'y mects espices ni fourmaige.
> Où four bien à point chaut le mét,
> Et quant sera bien à point cuit,
> Il n'est si bon manger, ce cuit.

Chasse des chiens. Instructions données pour bien gouverner les chiens dont les meutes sont de quarante ou cinquante, de manière à ne les point fatiguer, et récrimination contre les défauts des oiseaux, entre autres l'assujettissement à les porter, tandis que les chiens suivent sans donner aucun soin, et qu'avec ses trois levriers on peut continuellement en voyage prendre le plaisir de la Chasse, et qui plus est, la Chasse des oiseaux ne se peut faire sans le secours des chiens : à l'égard des pâtés pour la table, l'avocat des chiens dit qu'il n'est pas pâtissier, mais que les pâtés de venaisons sont plus solides et plus profitables que ceux de hérons, canettes, alouettes, etc., et taxe l'avocat des oiseaux qui prêche pour les viandes délicates, d'être malade en le renvoyant à la médecine, qui le mettra à l'eau de poulet. Nouvel avantage de la Chasse, d'y joindre le plaisir de l'ouie à celui de la vue, qui est le seul qu'on ait au vol, et qui est encore moins parfait qu'on ne l'a à la vénerie; car il n'est rien de plus délicieux que celui qu'on trouve dans les connoissances qui se tirent des fumées, du froyuer, des portées, du pied, du viandis, pour savoir quelle est la bête, où elle va, et si elle est de refus ou non, grasse ou maigre, ou lasse de fuir devant les chiens, sans compter celui qu'on a aux accours, lorsqu'on voit courir les levriers. L'avocat des chiens répond enfin à ce qui a été dit du plaisir de la fauconnerie, que l'on partage avec les dames, que suivant la Bible ceux qui s'adonnent (entendent) aux oiseaux vont en enfer, au lieu que l'église approuve la Chasse, puisque, par un décret en droit, on donne une portion (satisfaction) aux curés du produit de la Chasse, et que quelques rois en font payer la dîme aux curés. Qu'Isaac envoya son fils Esaü à la Chasse, que les rois de France ne l'auroient pas aimé comme ils ont fait aussi bien que plusieurs saints canonisés, et renvoie à ce que dit la légende de l'invention des corps de saint Denis et de ses compagnons, en ajoutant que, sans les chasseurs, les bêtes dévoreroient les hommes tous vivants, et détruiroient tous les fruits de la campagne. La récapitulation des moyens ci-dessus est terminée par la conclusion que demande l'avocat des chiens, à ce que le déduit des chiens soit par excellence nommé simplement *déduit,* et la protestation de tous dépens et intérêts, comme il avoit déjà conclu ci-devant.

L'avocat de déduit des oiseaux demandant encore à parler, et en ayant obtenu la permission de *Raison*, attaque la logique et la dialectique de son adverse partie, au sujet du chant des chiens, des roues qui sont à Paris au moulin du Temple, et des marteaux de Pythagore, et fait la distinction du son avec le chant. Il réfute pareillement pied à pied les articles du précédent plaidoyer; faisant des reproches de lâcheté aux chasseurs d'attaquer les cerfs dans le temps que leur graisse et la pesanteur de leur bois les rend plus aisés à forcer : il dit qu'il ne faut qu'un leurre et un gant pour porter son oiseau en voyage, et qu'on trouve partout quelque poule pour le paître; mais qu'il faut un bien autre attirail pour les meutes de chiens. A l'égard de la nécessité d'avoir des chiens avec l'épervier, il prétend qu'on peut s'en passer en faisant mener aux champs par trois valets trois bons chevaux bien ensellés, qui traîneront une corde de cent toises, et qu'ils feront lever tant d'oiseaux que les éperviers en voudront prendre. Il soutient que, par le cri du héron dans les nues, et par le bruit des sonnettes de l'épervier, l'oreille n'est pas moins réjouie que la vue au vol des oiseaux. Il démontre la mauvaise foi de l'adverse partie à citer la Bible pour prouver que ceux qui aiment les oiseaux vont en enfer, et cite la distinction que fait Albert des cas où les ecclésiastiques même peuvent chasser et voler sans péché, comme le cas où les revenus des monastères consistent au produit de la Chasse. Il ne disconvient pas que le plaisir de la Chasse, justifié par les dîmes qu'en retirent quelques églises, et par l'ardeur avec laquelle les rois de France s'y sont livrés, ne soit légitime et innocent; mais il prétend que celui de la fauconnerie est plus délicieux, en ce que les dames en toute honnêteté y prennent plus de part qu'à celui de la vénerie, etc., et conclusion comme ci-devant à tous dépens et intérêts.

Raison dit que le roi ayant suffisamment entendu le fait des parties, veut prendre les avis, appointer, et puis rendre arrêt sur-le-champ. Alors l'huissier fait sortir tous les assistants, hors ceux du conseil du roi : il y avoit des princes, barons qui aimoient passionnément les oiseaux, et d'autres seigneurs de terres qui n'aimoient pas moins les chiens; le roi les retint pour savoir leurs opinions : entre eux étoit le comte de Tancarville, le plus éloquent de tous les seigneurs de deçà la mer sur la matière en question.

Raison, qui étoit président, expose (met en termes) l'affaire par l'ordre du roi, et va aux opinions, en commençant par demander l'avis de *Prudence*, puis ceux des autres plus grands seigneurs qui étoient fort partagés; car les uns soutenoient la supériorité des oiseaux, les autres celle des chiens. Le roi, qui avoit pris grand plaisir à leurs débats, parla fortement à l'avantage des oiseaux, quoiqu'il aimât bien mieux les chiens, mais la

vérité ne ménage rien. Lorsque tous les seigneurs eurent
fini d'opiner, Droit, Justice et Loyauté furent encore
entendues, et étalèrent une doctrine immense, dont le
roi ne pouvoit rien conclure, à cause de la diversité des
avis; il eut recours à *Vérité*, qui ne demande jamais que
la justice. Discours de *Vérité*, qui dit ne se guère connoître en fauconnerie et vénerie, parce qu'elle est rarement fréquentée par les fauconniers et les veneurs, mais
qu'elle a suffisamment entendu les avocats proposer, répondre, expliquer et alléguer, et les juges opiner, pour
n'avoir rien à ajouter, si ce n'est que la noblesse des
oiseaux est bien démontrée par la région céleste qu'ils
occupent, et par la liberté dans laquelle ils y règnent,
au lieu que le chien, fait pour servir l'homme qui le
nourrit, est privé de ces avantages : il est vrai aussi qu'il
procure les biens honnêtes, profitables et délectables,
comme son avocat l'a bien prouvé, ainsi il y a compen-
sation de l'un à l'autre : reste donc un troisième objet
de la contestation, savoir le titre de *Déduit* tout simplement, que chacun prétend avoir exclusivement : ils ont
tort, de part et d'autre, puisqu'il y a bien d'autres plaisirs qui leur disputeroient ce nom. Pour ne parler que de
celui d'amour, qui est le plus grand de tous; mais *Amour
de Dieu*, qui est sans peine et sans amertume, et non
Amour Mondain, qui en est rempli. *Raison*, à qui le roi
commande de dire enfin son avis, se range à celui de
Vérité, qui est suivi aussi par Droit, Justice et Loyauté.
La plupart des autres juges reviennent aussi au même
avis. Le roi ordonne à *Raison*, premier président, de
prononcer. Elle fait ouvrir les portes. Tout le monde
entre en foule pour entendre cet arrêt du parlement,
puis répétant sommairement ce qui a été dit par les

avocats dont l'un étoit de Meaux, pour prouver d'une part la noblesse des oiseaux, et de l'autre l'utilité des chiens, elle dit qu'étant midi passé, il faut aller dîner, et terminer ce procès. La noblesse est pour les premiers; l'utilité pour les seconds; mais qu'à l'égard du mot *déduit*, employé simplement par excellence, que chacune des parties prétend s'approprier exclusivement à l'autre, le roi leur défend de le prendre tout seul sans y ajouter, l'une celui d'*oiseaux*, l'autre celui de *chiens*, et ordonne que les dépens soient compensés. Elle ajoute qu'attendu le besoin que tous les princes ont de leurs services, entre autres Édouard, roi d'Angleterre, qui ne le cède à aucun dans l'art des déduits, ni dans la valeur à la guerre, le roi veut que la fauconnerie et la vénerie, avant de partir de la cour, y laissent de leurs officiers qui sachent parfaitement les deux métiers, et qui aiment les chiens et les oiseaux. Là étoit le comte de Tancarville, franc, loyal et sincère parent des deux parties, qui les aimoit autant qu'il se pouvoit; l'un et l'autre le prièrent de prendre pour eux congé du roi, ce qu'il fit en le remerciant, en leur nom, du jugement qu'il a rendu, et en lui promettant qu'ils seroient éternellement à son service.

Le roi leur fait donner coursier et palefroi, après quoi ils se retirèrent et partirent.

L'auteur finit par ces mots :

Ici fine mon Roman.

Gasses a fait ceste besoigne
Pour Phébus, duc de Bourgoigne,
Son très-cher redoubté seigneur,
A qui Jhesucrit croisse honneur;

Si lui supplie à son povoir,
Qu'en gré la vieulle recevoir,
En suppliant, quand le verra,
Les défaulx qu'il y trouvera :
Et prie à ceulx qui l'orront lire,
Que de leur grace ilz vieullent dire
Que Dieux lui pardoint ses déffaux,
Car moult ama chiens et oiseaux.

FIN.

TABLE ANALYTIQUE

DES

MÉMOIRES SUR L'ANCIENNE CHEVALERIE.

A.

ABUS de l'ancienne Chevalerie. Ils étoient grands et ne détruisoient point ses avantages; tome I, page 337.

ACCIDENT arrivé à Henri II dans un tournoi ; il devient la source de la ruine entière de la Chevalerie. I, 366, 425.

ACCLAMATIONS usitées dans les tournois pour célébrer le nom du vainqueur. I, 81 et suiv., 143.

ACCOLADE, cérémonie observée à la réception des chevaliers ; en quoi elle consistoit. I, 63, 108.

ADMINISTRATION de la justice ; elle appartenoit autrefois, par préférence, aux chevaliers. I, 66, 113

ADOLPHE IV, duc de Clèves, créé en 1417, mourut en 1448 ; il avoit épousé, vers 1406, Marie, fille de Jean-sans-Peur, duc de Bourgogne, morte en 1463. II, 146.

ADOLPHE DE CLÈVES, seigneur de Ravestein, chevalier de la Toison-d'Or ; il étoit fils du précédent. Il naquit le 13 mars 1425, et mourut le 17 septembre 1493; il avoit épousé, en 1450 ou 1453, 1° Béatrix de Portugal Coimbre, qui mourut en 1468; 2° Anne, bâtarde de Philippe-le-Bon, duc de Bourgogne, morte en 1504. II, 150.

Adolphe, fils d'Arnould, duc de Geldres. Il épousa, en 1463, Catherine, fille de Charles, duc de Bourbon, et fut tué près de Tournai, en 1477. Il étoit fils de Catherine de Clèves, qui étoit fille d'Adolphe, duc de Clèves, et de Marie de Bourgogne. II, 159.

Age qu'il falloit avoir pour être admis à la Chevalerie. I, 27, 51.

Agnès de Bourgogne, duchesse de Bourbon. Elle étoit fille de Jean-sans-Peur, duc de Bourgogne ; elle épousa, en 1425, Charles, duc de Bourbon, et mourut fort âgée en 1476. II, 149.

Aiguillon (le châtelain d'.) livre Monségur aux Anglois; est pendu à Toulouse comme traître. II, 39.

Aix-la-Chapelle. Ses eaux découvertes par Charlemagne. II, 231, 249.

Aliénor de Poitiers, vicomtesse de Furnes. Elle étoit fille de Jean de Poitiers, seigneur d'Arcy. En 1474 elle épousa Guillaume, sire de Stavelle, vicomte de Furnes, qui mourut en 1469, et mourut elle-même en 1506 ou 1508. II, 143 et suiv.

Ambassades honorables. Elles étoient autrefois composées de chevaliers. I, 258, 304.

Amour antique fort enseigné et peu pratiqué dans les anciens temps. I, 347, 348, 387, 388 et suiv.

Amour. Chasse du dieu d'Amour ou Pipée. Ouvrage qui parut sous Charles VIII. II, 312.

Andelot (d'), général de l'infanterie françoise, perfectionne les arquebuses. II, 388.

Angleterre (le roi d') envoie à Louis XI, par forme de présents, des ustensiles de Chasse. II, 308, 342, 343.

Anglois (les) viennent secourir le duc de Montfort, II, 33 et suiv.; portent la guerre en Gascogne, 36; excellent dans la Chasse au renard, mais le cèdent aux François dans les autres Chasses. 378, 379.

Anne de France, dame de Beaujeu. Elle étoit fille de Louis XI. Elle naquit vers 1461, épousa, en 1474, Pierre de Bourbon, seigneur de Beaujeu, et duc de Bourbon, en 1488, par la mort de son frère. Elle mourut en 1522. II., 163.

Antoine, bâtard de Bourgogne, chevalier de la Toison. Il naquit en 1412 ou 1421, et mourut en 1504. Il épousa, avant le 17 février 1453, Marie de la Vieville. Il étoit fils naturel de Philippe-le-Bon, duc de Bourgogne. II, 185.

Antoine de Croy, comte de Porcean, naquit bien avant 1415, et mourut fort vieux en 1475. Il avoit été fait grand-maître de France en 1462, et avoit épousé 1°, en........., Marie de Roubais; 2° Marguerite de Lorraine Vaudemont. II, 151, 152.

Appareil de la promotion des chevaliers. Il étoit extrêmement pompeux en temps de paix, I, 73; il étoit plus expéditif, plus simple et plus militaire en temps de guerre. 165.

Appareil de la dégradation des chevaliers, et cérémonies extraordinaires qui se pratiquoient à cette occasion. I, 269.

Aristote parle d'une Chasse à l'oiseau connue des Thraces. II, 253.

Armes. Premières armes que les princes et les rois remettoient à leurs enfants. I, 9.

Armes assignées exclusivement aux chevaliers, leur nature, leur forme et leurs diversités. I, 246, 276.

ARMES. Richesse extraordinaire de quelques-unes de ces armes. I, 283.

ARMOIRIES que les chevaliers faisoient peindre sur leurs écus, I, 249; ces armoiries étoient transmises aux chevaliers qu'ils adoptoient. 294.

ARNOULD ou ARNAULD, duc de Geldres. Il étoit comte d'Egmont, et devint duc de Geldres par la mort de Renaud IV, son grand-oncle maternel, arrivée en 1423. Il épousa Catherine, fille d'Adolphe IV, duc de Clèves, et mourut en 1473. II, 185.

ARQUEBUSE (l') facilite le plaisir de la Chasse, II, 352; cette arme perfectionnée par d'Andelot. 388.

ARTEVELLE (d') excite les Flamands à la révolte. II, 21.

ARTOIS (Robert d'), banni de sa patrie pour crime de faux, se réfugie à Londres, II, 21; fait jurer sur un héron le roi d'Angleterre et tous les seigneurs de sa cour d'attaquer la France. 1 et suiv.

AVENTURIERS. *Voyez* Cavalerie.

B.

BACHELIER, grade inférieur de Chevalerie; ce que c'étoit proprement que ce grade. I, 260.

BACINETS, espèce d'armure, ou partie de l'armure du chevalier. I, 8.

BAÏF (de), poëte françois. Vers adressés à Charles IX. II, 389.

BAISER que le chevalier vainqueur dans les tournois avoit droit de donner à la dame qui lui présentoit le prix. I, 85.

BAJAZET donne le plaisir de la Chasse aux prisonniers

françois, après la bataille de Nicopolis; il envoie des autours et des faucons à Charles VI. II, 287.

Banneret. Chevalier banneret, grade de la Chevalerie supérieur aux autres, et très-distingué. I, 260, 306.

Banquet singulier; du festin extraordinaire et magnifique donné aux gens de la cour par le duc de Bourgogne. I, 160.

Bastfol (Hugues) commande dans Monségur; ne veut pas se rendre aux Anglois; les habitants l'emprisonnent et le forcent à capituler, II, 38.

Bataille. Manière de se ranger en bataille qui étoit en usage dans les temps de l'ancienne Chevalerie. I, 18, 19.

Bataille de Poitiers, extrêmement funeste à la France; mais journée très-honorable à la Chevalerie. I, 184.

Baux, nom donné à une race de chiens en vogue sous Louis XI; on les appela depuis greffiers. II, 308.

Bayard (le chevalier) étoit fameux chasseur. II, 340.

Beaujeu (Anne de), fille de Louis XI. Le sénéchal Gaston demande un chien de chasse pour cette princesse au roi son frère. II, 309.

Beaumont (Jean de), comte de Hainaut, rabat les fanfaronnades des seigneurs anglois. II, 7, 8, 9, 10.

Béatrix de Portugal, fille du duc de Coimbre, dame de Ravestein; elle étoit fille de Pierre de Portugal, duc de Coimbre; fut mariée, en 1450 ou 1453, à Adolphe de Clèves, seigneur de Ravestein, et mourut en 1468. II, 145.

Beraud, nom d'un chien que la reine d'Écosse envoya à François Ier. II, 335.

Bergerac, ville de Gascogne, attaquée et prise par les anglois. II, 36.

Bertoald, maire du palais de Bourgogne, chasse sur le

territoire d'Orléans; est poursuivi par le fils de Clotaire, roi d'Orléans; se sauve dans une église de cette ville. II, 248, 249.

BIGNE (Gace de la). *Voyez* Gace.

BILLETTES, distingués des autres moines par leur continence. II, 407.

BINET (Claude). Poëme sous le titre du Chant forestier, ou le Chasseur. II, 360, 361.

BIRON (le maréchal et la maréchale de) aimoient la Chasse. II, 371, 372.

BLASON. Quelle a été son origine; ce sont les tournois qui en ont fait naître l'idée. I, 250, 251.

BLOND (le), son poëme du Temple de Diane et Plaisir de la Chasse. II, 352, 353.

BOHÊME (le roi de) est tué à la bataille de Créci, en combattant pour la France quoique aveugle. II, 84, 85, 86.

BRABANT (Jean III, duc de) reçoit le comte d'Artois, ce qui déplaît à Philippe-de-Valois. II, 90, 91, 92.

BRANTÔME. Portrait qu'il fait de Catherine de Médicis, II, 354; cité au sujet du maréchal et de la maréchale de Biron. II, 371, 372.

BRASSARDS, pièce de l'armure du chevalier qui étoit destinée à couvrir et à garantir ses bras. I, 46.

BRETAGNE. Guerre pour la succession de ce duché donne lieu à Mauny de se signaler. II, 24 et suiv.

BRIGANDAGES commis par les anciens chevaliers. I, 354.

BUFFLE (Chasse au), par Childebert II. II, 225.

C.

CAMBRAI assiégée par Édouard III. Sommation singulière faite à l'évêque de cette ville pour l'obliger à la livrer aux Anglois. II, 61, 62.

CARLOMAN II, grièvement blessé à la Chasse. II, 252.

CASTILLE, espèce particulière de combat, d'où est venu parmi nous le mot de Castille, pour signifier querelle, altercation. I, 76, 131.

CATHERINE DE MÉDICIS aimoit la Chasse, II, 335, 336. Ardeur de cette princesse pour la Chasse, comment interprétée, 351. Elle s'attache à inspirer à ses enfants son goût pour cet exercice, 353. Portrait de cette princesse, par Brantôme, 354. Elle fait naître parmi les dames de la cour l'amour de la Chasse. II, 373.

CATHERINE ET MARGUERITE DE BOURBON. Il y a apparence que cette Catherine est la même que Catherine de Bourbon, fille de Charles Ier, duc de Bourbon, qui épousa, en 1463, Adolphe duc de Gueldres, ou Geldres, et que Marguerite sa sœur est celle qui épousa, en 1471, Philippe, duc de Savoie; elles étoient sœurs d'Isabelle, duchesse de Bourgogne.
II, 150.

CAVALERIE (la) ancienne étoit sans discipline. II, 86.

CÉRÉMONIE usitée parmi la noblesse pour passer de l'état de page à celui d'écuyer. I, 9, 33.

CÉRÉMONIES instituées avec beaucoup de solemnités pour la création d'un chevalier. I, 60, 110, 111.

CÉRÉMONIES fort extraordinaires qui étoient en usage pour la dégradation d'un chevalier. I, 269, 328 et suiv.

CERF. Les rois de la première race chassoient au cerf pendant le mois d'août, II, 231. *Le dit de la Chasse du cerf* est le premier ouvrage didactique qui ait été fait sur la vénerie ; il est du temps de saint Louis, 238, 239. Chasse au cerf blanc, 240. Peaux de cerf servant à couvrir les livres, à faire des ceintures et des gants, à ensevelir nos rois, 253. Cerfs ailés supports des armoiries de Charles VI, 276. Cerf trouvé dans la forêt de Senlis, portant au col une chaîne avec le nom de César, 276. Chasse au cerf, appelée Chasse royale, 412. Le roi ne prend pas un cerf qui ne lui coûte cent livres de bons parisis, vers 1360. 417.

CHAMBELLAN, titre particulier aux écuyers, pour signifier l'écuyer de la chambre. I, 12, 35.

CHANISE (chemise). Traduction littérale d'un ancien poëme des trois chevaliers et de la chanise, II, 112, 126. Observations sur ce poëme. II, 126 et suiv.

CHANSONS en usage pour célébrer les louanges du vainqueur dans les tournois. I, 89, 151.

CHAPERONS, espèce de vêtement dont on usoit autrefois pour se couvrir la tête. I, 8.

CHARLEMAGNE prenoit quelquefois le plaisir de la Chasse, II, 228, 229. Il découvre les eaux d'Aix-la-Chapelle, 230, 231, 250. Il s'endort après une Chasse, et a un songe qui lui annonce les malheurs dont le pape Léon III est menacé, 249. Il permet aux moines de Saint-Denis et de Saint-Thin la Chasse du cerf. 253.

CHARLES-LE-CHAUVE, si jaloux de la Chasse que son fils ne pouvoit chasser sans sa permission. II, 252.

CHARLES III, roi de Navarre, né en 1361 et mort le 8 septembre 1425. Il avoit épousé, en 1375, Éléonore de Castille, morte en 1416. II, 159.

CHARLES D'ARTOIS, comte d'Eu, né vers l'an 1394, et mort en 1472, épousa 1°, en 1448, Jeanne de Saveuse; 2°, en 1454, Hélène de Melun. II, 147.

CHARLES, premier du nom, duc de Bourbon, né après l'an 1400, et mort en 1456. Il avoit épousé, en 1425,

Agnès, fille de Jean, duc de Bourgogne, surnommé sans Peur, morte en 1476. II, 206.

CHARLES DE BOURGOGNE, comte de Charrolois, puis duc de Bourgogne. Il étoit fils de Philippe-le-Bon, duc de Bourgogne, auquel il succéda en 1467. Il étoit né en 1433, et fut tué devant Nancy, le 5 janvier 1476 (vieux style). Il avoit épousé 1°, en 1439, Catherine de France; 2° Isabelle de Bourbon, en 1454; 3°, en 1467, Marguerite d'Yorck. II, 146.

CHARLES DE BOURGOGNE, comte de Nevers. Il naquit en 1413, épousa, en 1456, Marie d'Albret, et mourut en 1464. II, 145.

CHARLES, duc d'Orléans, chevalier de la Toison-d'Or. Il naquit en 1391, et mourut le 4 janvier 1465. Il avoit épousé 1°, en 1406, Isabelle de France; 2°, en 1410, Bonne d'Armagnac; 3°, en 1440, Marie de Clèves, morte en 1487. II, 161.

CHARLES V s'applique sagement à maintenir parmi les François l'ancien esprit de Chevalerie. I, 172, 173. Ce prince chassoit, mais sans passion. Il réduit le nombre des officiers des Chasses, II, 271, 294. Il interdit à ses sujets toute espèce de divertissements, excepté le maniement de l'arc et de l'arbalète, et pourquoi. II, 282.

CHARLES VI montre beaucoup d'ardeur pour les exercices de la Chevalerie, I, 357. Histoire de la Chasse sous ce prince, II, 273. Sa passion pour cet exercice, *ibid.* Songe de ce prince, dans lequel son imagination lui représente une Chasse au faucon, 274. Ses armoiries ont toujours pour support deux cerfs ailés, et pourquoi, 275. Il rencontre dans la forêt de Senlis un cerf portant au col une chaîne avec le nom de César, 276.

Ordonnances de ce prince sur le fait des Chasses, 270. Il fait des réformes dans sa vénerie et sa fauconnerie, *ibid.* Il ôte à M. de Gamaches l'office de grand veneur, parce qu'il l'avoit exposé à l'affront de manquer la bête, 277. Ordre de Chevalerie, sous le nom de Notre-Dame-d'Espérance, fondé par ce prince pour satisfaire à un vœu qu'il avoit fait s'étant égaré à la Chasse, 295. Né en 1368, et mort en 1422. Il avoit épousé, en 1385, Isabelle de Bavière, morte en 1435. 159.

CHARLES VII, roi de France, né en 1402, et mort en 1461, le 22 juillet; avoit épousé, en 1422, Marie d'Anjou, morte le 29 novembre 1463, II, 151. Ce prince, encore dauphin, invité à une Chasse. II, 301.

CHARLES VIII, roi de France, né le 30 juin 1470, et mort le 7 avril 1498; il avoit épousé, en 1491, Anne, duchesse de Bretagne, II, 153. Sous son règne, les gentilshommes obtiennent de ce prince d'être rétablis dans les droits de Chasse dont ils avoient été dépouillés par Louis XI, 311. Charles VIII n'aimoit la Chasse qu'avec modération. 312.

CHARLES IX. Son goût pour la Chasse célébré par Jacques de Fouilloux, dans un ouvrage sur la Chasse; Notice de cet ouvrage, II, 355. Discours indécents que les chasseurs de son temps tenoient entre eux, 356. Ce prince attaque un cerf à vue, et le force à course de cheval, sans aide de chiens, 358; détruit un loup furieux, 359. On a prétendu qu'il étoit mort pour avoir trop sonné du cor, *ibid.* Il préféroit aux femmes le plaisir de la Chasse; reproche qui lui fut fait à cette occasion, 360. Charles IX compose un Traité sur la Chasse, *ibid.*, 391. Il aimoit la Chasse, la musique, la poésie. *ibid.*

CHARLES-QUINT. François Ier lui donne à Lusignan et à Fontainebleau le divertissement de la Chasse. II, 337, 338.

CHAROLOIS (le comte de). Sa liaison avec Louis XI, alors dauphin, et sa passion pour la Chasse, II, 304. Dans une Chasse que ce prince fit à Tours avec Louis XI, il s'égara ; inquiétude de Louis XI à cette occasion, 305.

CHASSE. Amusement favori des Francs et des Germains, II, 221. Usage chez les François de suspendre à des arbres antiques les bêtes qu'ils avoient tuées à la Chasse, 223. Clovis dut en partie à la Chasse sa victoire sur Alaric, *ib.* Colère de Gontran, roi d'Orléans, contre un de ses officiers accusé d'avoir tué une bête réservée pour ses plaisirs, 224. Chasse au buffle, par Childebert II, 225, 226. La noblesse et le clergé avoient une grande passion pour la Chasse, 227. On s'abstenoit de la Chasse les dimanches, 228. Histoire de la Chasse sous Charlemagne et ses successeurs, *ibid.* et suiv. Ses institutions relatives à la Chasse, 229. Manière dont les Chasses se faisoient alors, 230. Nos premiers rois chassoient au cerf en août, au sanglier en septembre, 231. Il étoit d'usage qu'il y eût Chasse lorsqu'on tenoit cour plénière, *ibid.* Histoire de la Chasse sous les rois de la troisième race, 232. Chasse aux oiseaux, 234. La Chasse moins fréquentée depuis l'invention des armes à feu, 235. Histoire de la Chasse sous saint Louis, 236. Chasse au lion, *ibid.* et 237. *Le dit de la Chasse du cerf*, ouvrage composé sous saint Louis, 238. Chasse au cerf blanc; particularités qui l'accompagnoient, 240. Cette Chasse a encore lieu en Allemagne, 241. Chasse au sanglier; plus elle étoit dangereuse, plus elle avoit d'attrait, *ibid.* Chasse au tigre, guère connue en France; elle étoit en usage dans le Levant, 242. Moyen dont on usoit pour enlever à une tigresse ses petits, *ibid.* Chasse aux videcoqs (bécasses), se faisoit au miroir, *ibid.* Chasse aux oiseaux aquatiques, 243. Le jeune Louis, comte de Flandre, profite d'une Chasse pour se sauver en France, *ibid.* La Chasse paroît être aussi ancienne que le monde, 245. Chasse sous le roi Jean, 261 ; il fait composer un ouvrage en vers sur la Chasse, pour l'instruction de son fils, par Gace de la Bigne, *ibid.* et 262. Idée de cet ouvrage, 262. Extrait de ce même ouvrage, 291. Séjour du roi Jean en Angleterre, est peut-être cause que les Anglois se sont autrefois distingués dans l'art de la Chasse, 263. Description d'une Chasse avec tous ses détails, 264, 265 et suiv. Après la prise du roi Jean, les Anglois parcourent les provinces de France avec de nombreux équipages de Chasse, 270, 271. Chasse accordée aux bourgeois par saint Louis, 257, 258. Hist. de la Chasse sous Charles V, 271, 272. Abus sur le fait des Chasses réformés par ce prince, 272. Histoire de la Chasse sous Charles VI, 273, 274. *Voyez* Charles VI, ouvrage de Gaston Phœbus sur la Chasse, 278, 279. Enthousiasme avec lequel il s'exprime; il ne tient pas à lui qu'on ne regarde la Chasse comme une voie sûre pour arriver au salut, 279. La Chasse utile pour la santé, 280. Gaston méprise la Chasse qui se faisoit à l'arc et à la flèche, et la renvoie aux Anglois, 281, 282. Ouvrage sur la Chasse, intitulé Trésor de la vénerie; Notice de ce livre, 284. Le duc de Bourgogne avoit un équipage de Chasse aussi magnifique que nos rois, 286. Équipages de Chasse de Bajazet, empereur des Turcs, 287.

Le règne de Charles VII peu fécond en faits sur la Chasse, 288. Louis XI aimoit passionnément la Chasse, 303. Le comte de Charrolois se perd à la Chasse, et donne beaucoup d'inquiétude à Louis XI, 305. *Voyez* Louis XI. Chasse sous Charles VIII, 311, 312. Chasse du dieu d'Amour, ouvrage qui parut sous Charles VIII. Notice de cet ouvrage, 313 et suiv. Magnificence de Galéas Visconti, duc de Milan, dans ses Chasses, 321, 322. Louis XII aimoit passionnément la Chasse, 323. Louis XII accorde le divertissement de la Chasse à ses nouveaux sujets d'Italie, 324. Détail des officiers des Chasses de François Ier, 328, 329. Le livre de la Chasse du grand duc de Normandie, et les dits du bon chien Souillard, 343. Passion de Henri II pour la Chasse, 351, 352. *Voyez* Henri II, Histoire de la Chasse sous Charles IX, 358 et suiv.; Charles IX, Histoire de la Chasse sous Henri III, 361; Henri III, Histoire de la Chasse sous Henri IV, 366; Henri IV, Histoire de la Chasse sous Louis XIII, 374 et suiv.; Louis XIII. La Chasse est le plaisir des héros, et l'amusement des rois, 382. La Chasse est une image de la guerre, 382 et suiv. Droits de la Chasse, comment acquis à la noblesse, 384 et suiv. Abus de ce droit, 385. Chasse pendant la nuit, 400. Traité de la Chasse, traduit du grec, 401. Extrait du livre de Gace de la Bigne, intitulé *Déduits de la Chasse*, 403 et suiv. Plaidoyer entre la Chasse aux oiseaux et la Chasse aux chiens, 405. Eloge de la Chasse aux chiens, 407, 409. Description d'une Chasse aux cerfs, 412 et suiv. Chasse aux loups, 415. Aux lièvres, *ibid*. Chasse de la loutre, 417. Éloge de la Chasse aux oiseaux. 408 et suiv.

CHASSEURS. Discours indécents que les chasseurs, du

temps de Charles IX, tenoient entre eux. II, 356.

CHAUSSURES des chasseurs au sanglier. II, 241.

CHEMISE. *Voyez* Chanise.

CHEVAL. Diverses espèces de chevaux : cheval roussin, cheval amblant, cheval coursier, cheval de bataille ou destrier. I, 18, 42.

CHEVAUX de chasse anglois, appelés Quitterots. II, 372.

CHEVAUX (grands). Monter sur ses grands chevaux ; ce qu'on entendoit par-là. I, 18, 41.

CHEVALERIE. Degrés différents par où il falloit passer pour y parvenir, I, 24, 48. Son ancienneté : elle étoit connue du temps de Charlemagne, 57, 94. Son institution très-utile est fondée sur les plus sages motifs, 58, 59. Sa véritable origine ne remonte qu'au onzième siècle, 58, 96. Esprit de la Chevalerie ranimé par la fameuse pucelle d'Orléans, 176. Causes de la décadence et de la ruine entière de l'ancienne Chevalerie, 359. Prodiguée à de jeunes gens, 360, 412. Presque inconnue depuis François Ier. 366.

CHEVALIERS. Formule des vœux que les chevaliers faisoient, II, 2 et suiv. On ne pouvoit être reçu chevalier qu'après des exploits militaires, I, 20, 21. Les anciens chevaliers s'abandonnèrent souvent à leur témérité, II, 29. Chevaliers du lièvre. 63.

CHEVALIER. Sa principale charge étoit de protéger les foibles, les opprimés, les orphelins, les veuves, et autres gens sans appui, I, 65, 111. Il étoit obligé de rendre compte de ses aventures, 67. Il étoit juge-né de tous ses pairs, c'est-à-dire de ses égaux, 66. Vertus très-relevées que le chevalier devoit pratiquer. 67, 114.

CHEVALIERS. Ils étoient dans l'usage, en temps de guerre,

ANALYTIQUE. 443

d'offrir le combat à l'ennemi, pour lui disputer l'avantage singulier d'avoir la plus belle dame, I, 186, 230. Effets très-particuliers qu'a eus quelquefois cette galanterie, 230. On en a trouvé des traces dans les guerres qui se sont faites sous le règne de Henri IV et même de Louis XIV, 188. L'union et l'intelligence parfaite qui régnoit entre eux, 190, 191, 234, 235. Ils étoient reçus dans les châteaux avec empressement et avec distinction, 264. On se faisoit un devoir de les combler de présents, 265. Ils recevoient des récompenses des princes et des seigneurs au service desquels ils s'étoient dévoués, 265, 266. Les riches veuves et les riches pupilles leur confioient la garde de leurs châteaux, 266, 267. Les riches veuves récompensoient quelquefois du don de leur main le zèle des chevaliers à les bien protéger, 267. Progrès rapides que les chevaliers faisoient dans la carrière des armes, 268.

CHEVALIERS errants et de la Table ronde, 341, 377. Leurs aventures merveilleuses, 341. Ils étoient chargés de redresser les torts, 341, 379. Les voyages différents qu'ils entreprenoient, 342, 381. Le profit qu'ils retiroient de leurs voyages, 342, 343. Ils étoient vêtus de vert, 342, 381. Abus qu'ils faisoient de leurs droits. 344.

CHEVALIERS appelés dans les conseils et dans les cours de justice. I, 366, 420, 421.

CHEVALIERS avoués des églises. Ils en étoient les protecteurs de nom et les oppresseurs de fait, I, 344, 345. Superstitieux dans leur religion, ils y mêloient la galanterie. 346, 347.

CHEVALIERS de reconnoissance. On nommoit ainsi ceux

des chevaliers qui se dévouoient à quelqu'un pour cause de bienfait obtenu ou de service rendu, I, 197, 243. Les mêmes chevaliers pouvoient prendre des engagements chez différents princes et en différentes cours, 264. Autrefois très libertins : différents traits de leur libertinage, 390, 391. Obscénité de leurs mœurs ; on en juge par celle des écrits qui traitent de l'ancienne Chevalerie. *ibid.*

CHIEN. Nouvelle race de chiens découverte par saint Louis, II, 237. Les chiens indiens attaquoient volontiers les lions et les éléphants, et ne s'attachoient guère aux sangliers ni aux daims, 247. Les chiens étoient un objet de commerce chez les Gaulois, 248. Les chiens des Gaules étoient estimés, *ibid.* Nouvelle race de chiens pour la Chasse sous Henri II, 352. Les dits du bon chien Souillard, 343. Chiens appelés *de Lyon.* Henri III les aimoit beaucoup. Cette espèce de chiens étoit très-petite, 362. Chiens singuliers envoyés par le roi de Perse au roi d'Espagne, 401. Chiens de chasse anglois comparés aux chiens françois, 377, 378. RELAIS, chien fameux sous Louis XII, 397 et suiv. Pièce singulière dans laquelle on fait parler cet animal, 398. Chien de Montargis, 409. Plaidoyers en faveur des chiens. 412.

CHILDEBERT II. Il chasse au buffle. II, 225.

CHRESTIEN (Florent), précepteur de Henri IV, traducteur d'Oppien. II, 392.

CLAIRET, boisson ou liqueur que l'on servoit autrefois dans les repas. I, 14, 39.

CLÉMENCE, sauvegarde que les dames accordoient aux chevaliers pour faute involontaire commise de leur part. I, 84, 146.

ANALYTIQUE. 445

Clergé. Son ardeur immodérée pour la Chasse, II, 227, 228; réprimée par les conciles. *ibid.*
Clisson, au secours de la comtesse de Montfort. II, 27, 31.
Clovis dut à la Chasse sa victoire sur Alaric. II, 223.
Combat à la foule, manière particulière de se battre en usage parmi les chevaliers. I, 76, 133.
Combat à Calais. I, 182, 183; extraordinaire au siége de Melun, 179; remarquable du duc de Bourbon avec un simple écuyer. *ibid.*
Commines (Philippe de); ce qu'il rapporte touchant l'amour de Louis XI pour la Chasse. II, 303.
Commerce. Les chiens faisoient un objet de commerce chez les Gaulois. II, 248.
Comparaison entre Hercule et Charles IX. II, 389.
Conciles qui veulent réprimer la passion de la Chasse dans le clergé. II, 227.
Cotte-de-maille, cuirasse, partie de l'armure du chevalier. I, 62.
Couci (Enguerrand de) fait pendre trois gentilshommes qui chassoient dans ses bois, II, 386. Saint Louis veut le faire punir. 387.
Cour des Barons, ce que c'étoit autrefois que cette cour. I, 3, 29.
Cours plénières. Jamais elles ne se tenoient sans qu'il y eût une grande Chasse, II, 231. Il s'y faisoit quelquefois une Chasse au cerf blanc. 240.
Courtoisie. Écoles de courtoisie où l'on apprenoit la politesse à la mode de ces anciens temps. I, 10, 33.
Cretin (Guillaume), II, 347. Il se nommoit aussi Dubois, *id.* Son ouvrage intitulé le Débat entre deux dames, sur le passe-temps des chiens et des oiseaux, *id.*

CRIS d'armes employés par les chevaliers dans les combats. I, 250, 295.
CUISSOT, redevance due à des seigneurs qui accordoient à des bourgeois le droit de Chasse. II, 258.
CULTURE des lettres, plus nécessaire pour former des hommes que les exercices de l'ancienne Chevalerie. I, 369, 427, 428.
CYRUS, roi de Perse, avoit beaucoup de chiens; il les tiroit de l'Inde. II, 246.

D.

DAMES LIBERTINES. Les chevaliers avoient un soin particulier de noter d'infamie les dames qui sacrifioient leur honneur, I, 72, 123, 124. Elles prenoient un intérêt des plus sensibles aux succès de leurs champions, 81. Elles adjugeoient le prix comme souveraines du tournoi, 87, 147. Elles présentoient elles-mêmes le prix au vainqueur du tournoi, 85. Elles invitoient leurs champions à se signaler par quelque entreprise contre les ennemis de l'État. 90, 152.
DAMOISEAUX, varlets ou pages; degrés inférieurs de la Chevalerie convenables à la noblesse, I, 5, 30, 31. Leurs fonctions auprès de la personne de leur maître ou de leur maîtresse, *ibid.* Les premières leçons qu'on leur donnoit dès leur enfance, 5, 32. On les obligeoit dès-lors à faire choix d'une dame, 6. Les leçons qu'on leur donnoit étoient appuyées par l'exemple des dames et des chevaliers, 7. Intimité de ces jeunes gens entre eux, et leur union étroite, 7, 33. Jeux qu'on

leur permettoit, et qui faisoient partie de leur amusement. 8.

Dangers par une fausse bravoure : les anciens chevaliers se faisoient un jeu des dangers. I, 339, 377.

Danses que l'on faisoit autour du nouveau chevalier le jour de sa promotion. I, 64, 110.

Déduits de la Chasse, ouvrage de Gace de la Bigne, commencé en Angleterre, dans l'année 1359, par ordre du roi Jean, pour l'instruction de Philippe de Bourgogne, son quatrième fils, II, 403. Analyse détaillée de ce livre ; c'est une espèce de débat entre Déduit de chiens et Déduit d'oiseaux, qui se disputent la préférence. L'affaire est, suivant la fiction de l'auteur, plaidée solemnellement devant le roi, séant en parlement. 403 et suiv.

Défis que se faisoient les chevaliers de nations différentes. I, 169, 216, 217.

Démenti. Pourquoi un démenti est devenu un des plus sanglants outrages. I, 68.

Demoiselles instruites et élevées dans les cours des princes et châteaux des seigneurs, I, 10. Elles désarmoient les chevaliers au retour des tournois, 10, 34. Elles apprenoient l'art de guérir leurs blessures et de les panser. 11, 35.

Déshonorés. Chevaliers déshonorés : les fautes qu'occasionoient ce déshonneur, et la dégradation des chevaliers qui les commettoient. I, 269.

Détails curieux sur les Chasses de Louis-le-Débonnaire. II, 252.

Devoirs d'un vrai chevalier, exposés fort au long dans un discours prononcé par l'évêque d'Auxerre. I, 69.

Diane, déesse de la Chasse. Sacrifice que le Gaulois faisoient à cette déesse. II, 246.
Difficulté d'obtenir de l'obéissance de la part des anciens chevaliers. I, 340, 341.
Dignités que les seigneurs distribuoient à leurs parents. I, 4, 30.
Dion Chrysostôme. Son Traité de la vie champêtre. II, 246.
Discipline de l'ancienne Chevalerie; elle tombe dans le relâchement. I, 71, 121.
Dit (le) de la Chasse au cerf. Digression sur cet ouvrage. II, 255.
Dorures permises seulement aux femmes de mauvaise vie. I, 17.
Droit de Chasse. Abus qu'on en faisoit. II, 385.
Droits attachés à l'ancienne dignité des chevaliers, I, 255. On ne pouvoit les mettre aux fers lorsqu'ils avoient été faits prisonniers dans les combats. *ibid.*

E.

Ecarlate et couleur rouge. Autrefois on ne la permettoit qu'aux seuls chevaliers. I, 248, 292.
Ecclésiastiques. Cruautés des ecclésiastiques contre leurs vassaux qui osoient chasser sans permission, II, 294. *Voyez* Clergé.
Ecoles de Chevalerie. Il y avoit autrefois des écoles établies dans tous les châteaux pour la jeune noblesse. I, 2.
Écu, pièce de l'armure du chevalier. I, 17.

Écu des chevaliers. Les dames recommandoient l'écu de leur champion à celui qui étoit nommé juge du tournoi. I, 75.

Écuyer, l'un des grades de la Chevalerie, et le plus noble après celui de chevalier, I, 9, 35. Il y avoit autrefois plusieurs grades d'écuyers. 12.

Écuyer de la chambre, ou chambellan, I, 12, 35; du corps ou d'honneur, 12, 36; tranchant, pour couper les viandes à table, 13. Diverses fonctions d'écuyer, *ibid*. Avantages particulièrement attachés à la fonction d'écuyer. 13, 36, 37.

Écuyer, nom honorable; il fut donné autrefois aux fils aînés de nos rois. I, 23, 46.

Écuyers. Ils n'avoient pas la permission d'en venir aux mains avec les chevaliers et de les combattre. I, 246, 280.

Edouard III, roi d'Angleterre, tient la cour plénière; jure sur le héron d'attaquer la France, II, 3 et suiv. Ce prince rend hommage au roi de France pour la Guyenne, 20. Il est créé vicaire de l'Empire par l'empereur, 22; défait les Français dans un combat naval, 24; envoie une flotte au secours du comte de Montfort, 25; passe en Bretagne, et entreprend quatre siéges à la fois, 34. Ses prétentions à la couronne de France, 59. Fait hommage à Philippe de Valois, *ibid*. Robert, comte d'Artois, l'aigrit contre la France. Stratagème dont il se sert pour le piquer d'honneur, 60. Son amour pour la comtesse de Salisbery, 66. Dispute la couronne de France, 77, 78. Manière dont il rendit hommage, comme grand vassal de la couronne, à Philippe de Valois. 73.

ÉDUCATION que l'on donnoit aux jeunes gens pour les préparer à la Chevalerie. I, 2, 28.

ÉDUCATION. L'art de former les chiens et les oiseaux entroit dans l'éducation de la jeunesse. II, 251, 252.

EFFORTS des chevaliers pour se soutenir dans leur décadence. I, 355.

ENGAGEMENTS des chevaliers; on les accompagnoit de beaucoup d'actes et de beaucoup de cérémonies de religion, I, 156, 199. Nature de ces engagements, *ibid*.

ENTREMETS, spectacle en usage sous ce nom, donné à Lille, en présence du duc de Bourgogne; sa description, II, 288. Ces entremets n'étoient autre chose que des divertissements d'un genre très-singulier. I, 160, 208.

ENTRETIENS que les dames tenoient entre elles sur les prouesses de leurs chevaliers. I, 90, 151.

ÉPÉES (les) des chevaliers morts étoient recherchées avec vénération par les chevaliers vivants. I, 274, 335.

ÉPERONS. Manière de les mettre. I, 62, 107.

ÉPERVIER. Éloge de cet oiseau confirmé par une histoire arrivée en Berry, II, 410. Comment cet oiseau doit être gouverné. 419.

ÉPICES. C'étoit l'usage autrefois de servir des épices à la fin des repas. I, 14, 39.

ÉPROUVE, exercice de Chevalerie destiné à éprouver les forces des chevaliers. I, 26, 49.

ÉQUIPAGE de la Chasse du sanglier, II, 241. Les monastères étoient obligés de loger les équipages de Chasse de nos rois. 294.

ERBY (le comte d'). Son serment sur le héron. II, 6, 79.

ERBY (fille du comte d') aimée du comte de Salisbery, II, 3; ferme l'œil de ce seigneur, qui jure sur le héron de ne pas l'ouvrir qu'il ne soit entré sur les terres de France, 4. Serment qu'elle fait elle-même sur le héron. 5.

ESPAGNE (Louis d'). Ses ravages dans les campagnes; il est défait par Mauny. II, 27.

ÉTAT (l') de chevalier étoit autrefois un état extrêmement honorable. I, 258, 259.

ÉTAT de la Chevalerie sous François Ier. I, 359, 412.

EUSTACHE DESCHAMPS. Ce qu'il dit des objets qui doivent occuper la vie des nobles hommes. II, 287.

EXACTITUDE des anciens chevaliers aux pratiques extérieures de la religion. I, 345, 382.

EXERCICES propres à la jeune noblesse. I, 21, 45, 46.

EXPLOITS militaires que l'on faisoit pour mériter la faveur de sa dame. I, 80, 142.

EXTRAIT du livre de Gace de la Bigne, intitulé *Déduit de la Chasse.* II, 403.

F.

FACTION connue autrefois sous le nom de la Jacquerie, I, 170. Les excès affreux que les gens de cette faction commirent à Meaux, 171. Elle est entièrement détruite par une poignée de chevaliers. 172.

FAISAN (Vœu du), pour la croisade contre les Turcs. II, 288.

FANATISME des anciens chevaliers pour leurs maîtresses. I, 349, 387.

FANFARES. C'étoit par des fanfares que l'on annonçoit l'ouverture des tournois. I, 78.

FAVEUR DES DAMES. Joyau ou enseigne; sorte de récompense dont les dames couronnoient la bravoure de leurs chevaliers. I, 78, 79, 138.

FAUCON qui tue un aigle. Le prince ordonne qu'il soit lui-même tué pour avoir osé attaquer le roi des oiseaux. II, 257.

FAUCONNERIE. Querelle entre la fauconnerie et la vénerie, II, 331 ; en vogue sous François Ier, quoique ce prince lui préférât la vénerie, 332. Son débat avec la vénerie, dans le livre de Gace de la Bigne. 403 et suiv.

FAUQUEMONT, intrépide aventurier, II, 8. Son serment sur le héron. 86.

FAY (Godemar du). Note sur ce seigneur. II, 77.

FERMAT (de). Sa traduction des anciens auteurs grecs sur la vénerie. II, 382, 401.

FLAMANDS (les) veulent forcer le jeune Louis, comte de Flandre, d'épouser une fille du roi d'Angleterre. II, 243.

FOIX (le comte de) passoit pour un chasseur très-expérimenté, II, 277. Le jour de sa mort il avoit chassé à l'ours, 278. Son portrait, *ibid*. Extrait d'un ouvrage qu'il nous a laissé. 279.

FORMULE des vœux que les chevaliers faisoient. II, 2 et suiv.

FOUILLOUX (Jacques de), auteur d'un ouvrage sur la Chasse. II, 343, 356.

FOURRURES. Leur différent prix distinguoit les rangs. Les plus précieuses étoient pour les chevaliers. Les écuyers portoient celles d'un moindre prix, et les plus viles étoient pour le peuple. I, 247, 289, 290.

FOURRURES de gris, habillement des chasseurs aux sangliers. II, 282.

François (les) supérieurs aux Anglois en fait de Chasse.
II, 378.

François Ier. Son goût pour la Chasse, II, 328. Détail des officiers de ses Chasses, *ibid*. Les chasseurs lui donnoient le titre de père de la vénerie, *ibid*. Ce monarque accorde des grâces à un gentilhomme qui n'avoit d'autre mérite que son amour pour la Chasse et son talent pour dresser les oiseaux, 332. Il fait bâtir, par une suite de son amour pour la Chasse, les châteaux de Chambord, de Villers-Cotterets, les Meuttes près de Saint-Germain, Folembray, et agrandir les bâtiments de Fontainebleau, 337. Il alloit souvent à Dampierre, à Limours, à Rochefort, à Chantilly, pour y prendre le plaisir de la Chasse, *ibid*. Il donna à Charles-Quint le plaisir de la Chasse lorsque cet empereur passa par la France, 338. Trait de grandeur d'ame de ce prince envers le comte Guillaume, de la maison de Saxe, 339. Ce monarque, près de mourir, ne peut vaincre sa passion pour la Chasse; son ardeur pour ce divertissement lui cause une fièvre dont il meurt à Rambouillet, 340. On donne à ce prince le titre de père des veneurs et de père des arts et des sciences, 346. Ce monarque malade d'un ulcère invétéré, selon M. de Thou, voulut s'étourdir sur son mal en allant à la Chasse, 348. Conclut le concordat avec Léon X. 349.

François II donne à sa cour le spectacle des cerfs en amour, II, 354. Propos indiscrets à ce sujet. 355, 388.

Francs (les) l'emportaient sur les Germains, et comme chasseurs et comme guerriers, II, 221. Manière dont ils chassoient, selon Tacite et César, II, 221. Leur ardeur pour la Chasse. 222.

FRATERNITÉS. Engagements et devoirs mutuels de ces fraternités d'armes. I, 191, 232, 233. Elles étoient détruites entre sujets de nation différente, par la seule déclaration de guerre de leur souverain, 193. Services à toute épreuve que se rendoient réciproquement les frères d'armes, 237. Union intime que produisoient ces sortes de fraternités, 238. Les frères d'armes, employés ensemble, faisoient bourse commune, 195, 239, 240. Exemple particulier de Duguesclin et de Sancerre, frères d'armes, *ibid.*, 241. Utilité et avantages de ces fraternités militaires. *ibid.*

FROISSART. Philippe de Hainaut, reine d'Angleterre, s'aperçoit qu'il est amoureux, II, 20. Ce qu'il dit du vœu du héron, 13. Amène d'Angleterre plusieurs levriers. 277.

FUNÉRAILLES des chevaliers. Pompe de ces funérailles, et les cérémonies qu'on y observoit. I, 272, 333, 334.

G.

GACE ou Gasse de la Bigne. Note sur cet auteur, II, 290. Il étoit premier chapelain du roi, 291. Analyse détaillée de son livre de *Déduits de la Chasse,* 403 et suiv. Noblesse de l'auteur. 408.

GALANTERIE, qualité qui fut toujours le caractère distinctif de la nation françoise, I, 7, 32. Les chevaliers se distinguoient de tous les autres par la galanterie. I, 186, 226.

GALANTERIE de la cour de Londres. II, 19, 20.

GALOIS et GALOISES, espèce de confrérie de pénitents d'amour, I, 388. Leurs extravagances. 388, 389.

GAMACHES (M. de). Charles VI lui ôte la charge de grand veneur, à cause de son peu d'expérience à la Chasse. II, 277.

GARÇONS ou gros varlets. On nommoit ainsi les domestiques inférieurs, pour les distinguer des varlets nobles ou pages. I, 5, 30.

GAULOIS. Ils aimoient la Chasse aux buffles, ou bœufs sauvages, II, 247. Les chiens étoient chez eux un objet de commerce. 248.

GELAIS (Octavien de Saint-). *Pipée*, ou *Chasse du dieu d'Amour*, poëme, II, 312, 313. Eloge de Louis XII, 325. Ce poëte peint l'ambition des gentilshommes pour imiter leur souverain. 326.

GENDARMERIE. Son établissement nuit à la Chevalerie. I, 361, 414.

GÉNÉROSITÉ du roi Édouard III envers un chevalier de son temps. I, 184.

GENTILSHOMMES. Ils répétoient journellement dans leurs châteaux les exercices de la Chevalerie. I, 74, 130.

GERMAINS. Amour de ces peuples pour la Chasse. II, 248.

GIROUETTE. Le droit de placer des girouettes sur le faîte des maisons étoit réservé autrefois aux seuls gentilshommes, I, 261, 307. Les diverses formes de girouette annonçoient le grade que le gentilhomme avoit dans la Chevalerie. *ibid.*

GONTRAN (le roi) étoit très-jaloux de ses droits pour la Chasse. II, 224.

GREFFIERS, espèce de chiens connus sous Louis XI, II, 308. Étymologie de ce nom. 309.

GRENOBLE. Louis XII s'y arrête huit jours pour y prendre le plaisir de la Chasse. II, 324.

GRINGORE (Pierre). Son ouvrage de *la Chasse du cerf des cerfs.* II, 327.

GUILLAUME D'AUSSONNE, évêque de Cambrai, sommé d'une manière singulière de rendre cette ville aux Anglois. II, 61, 62.

GUERRE. Les chevaliers ne faisoient point la guerre sans profit. Elle étoit pour eux une source de richesses, par les prisonniers qu'ils faisoient et les rançons qu'ils exigeoient. I, 263.

GUILLAUME, comte de Hainaut, beau-père d'Édouard III. Note à son sujet, II, 60, 61. Le roi d'Angleterre le consulte avant d'entreprendre la guerre contre la France, 61. Guillaume approuve le dessein d'Édouard, 61. Il meurt et est inhumé à Valenciennes. *ibid.*

GUILLAUME, fils du précédent, dévoué d'abord à Édouard III, II, 61. Il refuse de le suivre sur les terres de France, 62. Il passe dans le camp de Philippe de Valois, 63. Chevaliers du lièvre créés par ce prince. *ibid.*

GUILLAUME DE TOURS. Son livre de *la Forêt de conscience.* II, 349.

GUILLAUME, seigneur de Stavelle, vicomte de Furnes. Il mourut en 1469 ; il avoit épousé Aliénor de Poitiers, qui mourut en 1506 ou 1508. II, 143.

GURCE (l'évêque de), ambassadeur de Marguerite d'Autriche. Sa réception en France, II, 345. Louis XII lui donne le plaisir de la Chasse. *ibid.*

H.

HABILLEMENT (l') vert étoit celui des veneurs à la Chasse du cerf. II, 282.
HABITS particuliers dont étoient revêtus les nouveaux chevaliers. I, 61, 103.
HABITS religieux. Dernière ressource des chevaliers libertins pour expier leurs désordres. I, 346, 384, 385.
HAQUENÉE, nom que l'on donnoit aux juments et autres montures. I, 17.
HARCOURT (messire Geoffroy d') blessé au bras à une partie de Chasse. II, 281.
HAUBERGEON, pièce de l'armure ancienne du chevalier. I, 17.
HAUBERT ou Cotte de mailles, autre pièce de l'armure ancienne du chevalier. I, 62.
HAINAULT (Philippe de) épouse le roi d'Angleterre. II, 19.
HEAUME, autre pièce de l'armure ancienne du chevalier. I, 18.
HECTOR, nom d'un chien levrier que Froissart amena d'Angleterre. II, 277.
HÉLÈNE DE MELUN, comtesse d'Eu; elle étoit fille de Léon de Melun, seigneur d'Antoing, chevalier de la Toison-d'Or. Elle épousa, en 1454, le 23 septembre, Charles d'Artois, comte d'Eu, qui mourut le 25 juillet 1472; elle mourut elle-même le même jour, 25 juillet 1472. II, 147.

HELFORT ou Erfort, lieu de la naissance du poëte Philippe, et de la Vierge dite d'Erfort. II, 290..

HENRI II. Amour de ce prince pour la Chasse, II, 351, 352. Nouvelle race de chiens blancs sous ce règne, 352. Ce prince fixe le prix du gibier, et défend la Chasse aux paysans et aux artisans, *ibid*. Motifs de cette défense, *ibid*. Ouvrages sur la Chasse dédiés à ce prince. 352, 353.

HENRI III. Histoire de la Chasse sous ce prince, II, 361. Ce roi aimoit beaucoup les chiens appelés chiens de Lyon, 362; cette espèce de chien étoit très-petite, *ibid*.; Henri III en portoit ordinairement plusieurs pendus à son col dans un panier, *ibid*.; l'entretien de ces animaux coûtoit beaucoup. *ibid*., 363.

HENRI IV. Histoire de la Chasse sous ce prince, II, 364 et suiv. Ce prince aimoit beaucoup cet exercice, *ibid*. Florent Chrestien lui dédia sa traduction de la Vénerie d'Oppien, *ibid*. Ce prince, prisonnier en 1584, s'amusoit à faire voler des cailles dans sa chambre, 365. Il profite d'une partie de Chasse pour s'évader de la cour, *ibid*., 392, 393. Il se plaisoit à chasser aux ours; accidents terribles arrivés à une pareille Chasse, *ibid*. Devenu roi de France, il se livre à l'exercice de la Chasse avec une nouvelle ardeur, 366. Description d'une Chasse qu'il fit à Fontainebleau, 367. Lorsqu'il écrivoit à ses ministres et à ses maîtresses, il leur rendoit compte des succès qu'il avoit eus à la Chasse, *ibid*. Avant de lancer le cerf il ôtoit son chapeau et faisoit le signe de la croix, 368. Chasse de ce monarque après la bataille d'Ivry, *ibid*. Autre Chasse après la reddition de Paris, 369. Détails curieux sur la manière dont il se conduisoit en revenant de ses Chasses journalières. Distribution qu'il faisoit lui-même à la reine et à ses courtisans du gibier qu'il avoit pris, 370, 393 et suiv. Le roi d'Angleterre s'entretenoit souvent des Chasses de Henri IV avec l'ambassadeur de France, 370. Les médecins de Henri IV lui conseilloient d'user plus modérément du plaisir de la Chasse, 395. Il revenoit de la Chasse lorsqu'il fut assailli, sur le Pont-Neuf, par Jean de Lisle, qui en vouloit à sa vie. 396.

HÉRAUTS D'ARMES, officiers employés dans les tournois. I, 77, 133.

HÉRAUTS ET MÉNESTRIERS, utiles dans les tournois pour exciter les criées ou les acclamations. I, 82.

HERCULE. Comparaison de ce dieu à Charles IX. II, 389.

HÉRODOTE dit que Cyrus avoit tant de chiens que quatre villes étoient exemptes d'impôts à condition qu'elles les nourriroient. II, 246, 247.

HÉRON (le Vœu du), poëme composé en 1334, II, 1 et suiv. Observations sur ce poëme, pour prouver que ce n'est point une fiction, 12 et suiv. Texte de ce poëme, 95. Chasse au héron avec le faucon. 243.

HÉRONNIERE (la). Louis XII y prenoit souvent le plaisir de la Chasse. II, 323.

HIPPOCRAS, boisson ou liqueur que l'on servoit autrefois dans les repas. I, 14, 39.

HISTOIRE d'un roi nommé Louis (peut-être saint Louis) qui fait tuer un faucon qui avoit attaqué un aigle. II, 257.

HISTOIRE d'un chevalier et de sa dame. II, 291 et suiv.

HISTOIRE d'un vœu de Charles VI qui s'étoit égaré à la Chasse. II, 295.

HONNEURS. Ce que c'étoit que faire les honneurs aux

chevaliers et aux étrangers, I, 13, 37. Honneurs de la Chevalerie prodigués à des indignes, 403; donnés aux gens de loix et aux gens de lettres. 364, 417, 418.

HONNEURS DE LA COUR, ouvrage où l'on retrouve l'ancienne étiquette des cours de France et de Bourgogne, et dont les détails sont très-curieux, I, 261. Par qui et en quel temps cet ouvrage a été composé. II, 136.

HOUSSE, couverture dont les chevaliers tenoient leur écu enveloppé dans certaines occasions, et pourquoi. I, 250, 251, 296.

HUMILIATIONS auxquelles on condamnoit un chevalier, et qu'il étoit obligé d'essuyer lorsqu'il avoit commis quelque faute. I, 269 et suiv.

I.

IGNORANCE profonde des chevaliers. I, 356, 407.

IMMUNITÉS. Les chevaliers jouissoient autrefois des immunités attachées à la cléricature. I, 248, 293.

IMPOSITIONS particulières en faveur des chevaliers : on les nommoit aides de Chevalerie. I, 256, 302.

INCONVÉNIENTS de la Chevalerie militaire par rapport à l'autorité des rois. I, 352.

INCONVÉNIENTS des fraternités d'armes. I, 396, 397.

INDISCIPLINE des chevaliers. I, 377.

INSTRUCTIONS d'amour pour les chevaliers. I, 453.

INSTRUCTIONS pour les écuyers, I, 457. Autres instructions. 464.

INTEVILLE (d'), évêque d'Auxerre; sa cruauté contre un de ses gardes de Chasse. II, 294.

INVESTITURE, formalité qui a pris naissance dans les pratiques de la Chevalerie. I, 73, 125.

IOLANDE de Bourgogne, femme de Jean d'Ailly, vidame d'Amiens ; elle étoit fille naturelle de Philippe-le-Bon, duc de Bourgogne, mort en 1407, et épousa Jean d'Ailly, vidame d'Amiens, seigneur de Pequigny, mort en 1492. II, 140.

ISABELLE DE PORTUGAL, duchesse de Bourgogne. Elle étoit fille de Jean Ier, roi de Portugal ; elle naquit en 1397, épousa, le 10 janvier 1429, Philippe-le-Bon, duc de Bourgogne, et mourut le 17 décembre 1472.
II, 166.

ISABELLE DE BOURBON, comtesse de Charolois. Elle étoit fille de Charles de Bourbon, premier du nom; fut marié, en 1454, à Charles de Bourgogne, comte de Charolois et duc de Bourgogne après la mort de son père, et mourut en 1465, le 13 septembre. II, 166.

ISABELLE DE BOURGOGNE, fille du comte d'Étampes; c'est la même qu'Élisabeth de Bourgogne, comtesse de Nevers et d'Eu, fille de Jean de Bourgogne, comte d'Étampes, puis comte de Nevers ; elle épousa, en 1455, Jean, premier du nom, duc de Clèves, et mourut le 21 juin 1483. II, 145.

ISABELLE DE BOURGOGNE, comtesse de Penthièvre. Elle étoit fille de Jean-sans-Peur, duc de Bourgogne ; elle épousa, en 1406, Olivier de Châtillon ou de Blois, dit de Bretagne, lequel mourut en 1433; elle mourut elle-même en 14..... II, 153.

ISABELLE DE LORRAINE, reine de Sicile. C'est Isabelle, duchesse de Lorraine, mariée, en 1420, à René d'Anjou, roi de Naples, de Sicile, etc., mort en 1480; elle mourut le 28 février, 1452. II, 157.

Isabeau de Souza, dame d'Arcy; elle n'est pas connue par l'histoire de la maison de Souza en Portugal. Elle épousa Jean de Poitiers, seigneur d'Arcis-sur-Aube, etc., mort en 1474. II, 143.

Isabelle de Savoie, épouse de Loüis XI. Son arrivée à Senlis. II, 342.

Italiens (les) se servirent les premiers de la vache artificielle pour tromper les oiseaux. II, 282, 283.

Ivry (bataille d'). Henri IV va à la Chasse après cette bataille. II, 368.

J.

Jean (le roi), pendant sa prison, s'amusoit à chasser. Il fait composer un Traité de la Chasse à l'usage de son fils. II, 261.

Jean-sans-Peur, duc de Bourgogne. Il naquit le 28 mai 1371; fut tué sur le pont de Montereau-sur-Yonne, le 10 septembre 1419. Il avoit épousé, en 1385, Marguerite de Bavière, morte en 1423 ou 1425.

Jean, deuxième du nom, duc de Bourbon. Il fut fait chevalier en 1450, et mourut le 1er avril 1488, le lendemain de Pâque. Il avoit épousé 1°, en 1446 ou 47, Jeanne de France, morte le 4 mai 1482; 2°, en 1484, Catherine d'Armagnac, morte en 1486; 3°, en 1487, Jeanne de Bourbon-Vendôme. II, 160.

Jean, duc de Clèves, premier du nom, chevalier de la Toison-d'Or. Il naquit le 16 janvier 1419, et mourut le 5 septembre 1483. Il épousa, vers 1455, Élisabeth de Bourgogne, comtesse de Nevers, morte le 21 juin 1483. II, 146.

ANALYTIQUE. 463

JEAN, duc de Clèves, deuxième du nom, né en 1458 et mort en 1521, épousa Mathilde, fille de Henri Landgrave de Hesse à Marpurg, morte en 1524. II, 159.

JEAN, duc d'Alençon, chevalier de la Toison d'Or. C'est Jean II, duc d'Alençon, né le 2 mars 1409, et mort en 1476. Il épousa 1°, en 1421, Anne d'Orléans, morte en 1432 ; 2°, en 1437, Marie d'Armagnac, morte en 1473. II, 146.

JEAN D'ANJOU, duc de Calabre et de Lorraine, né en 1425, 26 ou 27, et mort le 27 juillet 1471. Il épousa, en 1437, Marie, fille de Charles Ier, duc de Bourbon, morte en 1448. II, 157.

JEAN DE BOURGOGNE, comte d'Étampes, chevalier de la Toison-d'Or. Il naquit le 25 octobre 1415, devint comte de Nevers à la mort de Charles son frère aîné, arrivée en 1464, et mourut le 25 septembre 1491. Il épousa 1°, en 1435, Jaqueline d'Ailly; 2°, en 1471, Paule de la Brosse ; 3°, en 1479, Françoise d'Albret. II, 170.

JEAN et ADOLPHE, enfants de Clèves. Il y a apparence que c'est Jean Ier qui fut duc de Clèves, et mourut en 1481, et Adolphe son frère, seigneur de Ravestein, mort en 1492. Ils étoient fils d'Adolphe, duc de Clèves, mort en 1448, et de Marie de Bourgogne, sa seconde femme. II, 170.

JEAN, bâtard de Bourgogne, évêque de Cambrai. Il étoit fils naturel de Jean, duc de Bourgogne, tué à Montereau, en 1419; fut fait évêque de Cambrai en 1440, et mourut en 1479. II, 183.

JEAN DE CHALONS, prince d'Orange, deuxième du nom, fils de Guillaume, aussi prince d'Orange, mort en 1475. Il mourut en 1502, le 9 avril, ayant épousé

1°, Jeanne de Bourgogne; 2°, Philiberte de Luxembourg-Charnys. II, 150.

JEAN DE CRÉQUY, chevalier de la Toison-d'Or. C'est Jean V qui succéda à son frère aîné, tué à Azincourt, en 1415, dans les terres de Créquy de Fressin, etc. Il mourut fort âgé en 1474. II, 155.

JEAN DE POITIERS, seigneur d'Arcy. Il étoit fils de Philippe de Poitiers, seigneur d'Arcis-sur-Aube, tué à Azincourt, en 1415. Il mourut en 1474; il avoit épousé Isabelle de Souza. II, 143.

JEANNE DE FRANCE, duchesse d'Orléans; c'est la première femme de Louis XII étant duc d'Orléans; elle étoit née en 1464, fut mariée en 1476; son mariage fut annulé en 1498, et mourut le 4 février 1504. Elle étoit fille de Louis XI. II, 161.

JEANNE DE FRANCE, duchesse de Bourbon. Elle étoit fille de Charles VII, fut mariée, en 1447, à Jean II, duc de Bourbon, et mourut en 1482. II, 160.

JEANNE DE BOURBON, princesse d'Orange. Elle étoit fille de Charles, premier du nom, duc de Bourbon; elle fut mariée, en 1463, à Jean de Châlons, deuxième du nom, prince d'Orange, et mourut avant l'an 1502. II, 150.

JEANNE DE HARCOURT, seconde femme de Guillaume, comte de Namur. Elle étoit fille de Jean VI, comte de Harcourt, et de Catherine de Bourbon, sœur de Jeanne, femme du roi Charles V. II, 153.

JEANNE DE LALAING, comtesse de Penthièvre. Elle étoit fille de Simon de Lalaing, quatrième du nom, baron de Kievrain; elle épousa Olivier de Blois, dit de Bretagne, comte de Penthièvre, qui mourut en 1433. Elle mourut elle-même le 10 août 1467. II, 151.

JEANNE DE LA TREMOUILLE, femme de Jacques, seigneur de Crèvecœur, chevalier de la Toison-d'Or. Elle étoit fille de Jean de la Tremouille, baron des Dours. Elle fut mariée à Jacques, seigneur de Crèvecœur, mort en 1441. Elle mourut le 3 mars 1474. Elle est aussi nommée Marguerite. II, 157.

JEUNESSE (la) gauloise s'exerçoit à la Chasse des buffles. II, 247.

JEUX RIDICULES auxquels s'amusoient les anciens chevaliers. I, 352.

JODELLE, poëte. Son odé sur la Chasse, II, 352. Il compare indécemment la mélodie des chiens de chasse à celle des chantres de la chapelle du roi, 353.

JOINVILLE fait le récit d'une Chasse au lion. II, 254.

JONGLEURS. Ce que c'étoit. I, 429.

JOUTES (les). Ces jeux étoient une image de la guerre. II, 35.

JOUTES ou Éprouves, exercice appartenant à la Chevalerie. I, 26, 49, 76, 131.

JUGES DES TOURNOIS, officiers préposés pour juger de la conduite des chevaliers, et de leur supériorité dans ces exercices. I, 77.

JUMENT (la) étoit autrefois une monture dérogeante dont les chevaliers n'auroient osé se servir. I, 17, 42.

JUSTICE. L'administration de la justice appartenoit aux chevaliers. I, 353, 398.

L.

LANCES DES DAMES, dernières joutes que l'on faisoit en l'honneur des dames. I, 84, 146.

LARGESSES, libéralités ou présents qui étoient en usage dans l'ancienne Chevalerie. I, 82, 143.

LECTEUR DU ROI. Le comte de Tancarville étoit celui de Charles V. II, 295.

LÉON III, pape. Ses malheurs prévus dans un songe de Charlemagne. II, 249.

LÉOPARD. Louis XII en avoit dans ses équipages de Chasse. II, 323.

LEVRIER. Ordre de Chevalerie sous le titre de l'ordre du Levrier, établi par le comte de Sancerre. II, 286.

LEVRIERS. Ces chiens servóient à la Chasse aux oiseaux. II, 272.

LIÈVRE. Chasse du lièvre. II, 415 et suiv.

LICES ou barrières que l'on dressoit dans le lieu où devoit se faire le tournoi, I, 76, 131. Manière dont on décoroit l'enceinte entière de ces lices. 76,

LIEUTENANT-GÉNÉRAL DU ROI, grade militaire autrefois très-distingué, et supérieur à celui de maréchal de France. I, 268.

LION. Chasse au lion; manière dont elle se faisoit en Asie, II, 237. Des chevaliers qui en avoient été témoins voulurent l'imiter, et en donnèrent une semblable, *ibid.* Description d'une Chasse au lion rapportée par Joinville. 254.

L'ISLE (le comte de). II, 37.

LISLE (Jean de) veut assassiner Henri IV. II, 396.

LOIX DE LA CHEVALERIE. Elles étoient très-belles, et elles auroient pu être adoptées par les législateurs les plus sages, I, 65. Ces loix étoient très-favorables à la vertu des dames. 71, 72.

LOUIS IV, dit d'Outremer, meurt d'une chute de cheval qu'il fit à la Chasse. II, 252.

ANALYTIQUE. 467

Louis IX (saint). Histoire de la Chasse sous ce prince,
II, 236. Il se délassoit des fatigues du trône par le
plaisir de la Chasse, *ibid.* Ce monarque aimoit qu'on
l'entretînt de récits historiques, *ibid.* Il découvrit une
nouvelle race de chiens, et l'introduisit dans sa meute,
237, 238. Il veut punir Enguerrand de Couci qui
avoit fait pendre trois gentilshommes pour avoir chassé
dans ses bois. 386, 387.

Louis, dauphin, puis roi de France, onzième du nom,
né le 3 juillet 1433, et mort en 1483, épousa 1°, en
1436, Marguerite d'Écosse ; 2°, en 1457, Charlotte
de Savoie. II, 165.
Ce prince aimoit beaucoup la Chasse, mais elle ne lui
faisoit pas négliger les affaires de l'État, II, 303. Sa
profusion dans ses dépenses pour la Chasse, 306. Il
envoyoit chercher des chiens de chasse et des bêtes
sauvages dans tous les pays, et les payoit très-cher,
307. Le roi d'Angleterre lui envoie des ustensiles
de Chasse, 308. Nouvelle espèce de chiens qui prennent faveur sous son règne, *ibid.* Son amour pour
la Chasse fut funeste à plusieurs de ses sujets, 310 et
suiv. Il fait brûler, dans toute l'étendue de l'Ile-de-
France, tous les rets, filets et engins pour la Chasse,
ibid. Ses prodigalités envers ceux qui le servoient à la
Chasse, 342. Discours qu'on tint après la mort de ce
prince sur son amour extrême de la Chasse. 344.

Louis XII. Son voyage en Italie, II, 321. Il avoit des
léopards pour la Chasse, 323. Il donne à l'évêque de
Gurce le divertissement de la Chasse, 323. Passion
de ce prince pour la Chasse, *ibid.* Ce prince chassoit
souvent dans les environs de Blois, la Héronnière, le
Plessis-les-Tours et Pont-le-Roi, *ibid.* Il séjourne ex-

près huit jours à Grenoble pour y prendre le divertissement de la Chasse, 324. Il accorde ce divertissement à ses nouveaux sujets d'Italie, *ibid.*; est blessé à la Chasse, *ibid.*; permet la Chasse aux gentilshommes, *ibid.* Son amour pour ses peuples; il les décharge de l'obligation de loger ses équipages de Chasse, 325. Éloge de ce prince, par Saint-Gelais, 325, 326. Ce prince prenoit plaisir à inspirer son goût pour la Chasse au duc d'Angoulême, 328. Il lui donne ce plaisir à Chinon, *ibid.*

Louis XIII passe trois jours à la Chasse à Montfort, II, 374. Il étoit savant dans l'art de la vénerie, *ibid.*, 375. Il s'attache surtout à faire la guerre aux loups, 380. Il perfectionne la Chasse aux renards, *ibid.*

Louis XIV. Grand chasseur; il surpasse dans ses Chasses tous ses prédécesseurs, II, 381. Il court un cerf au clair de la lune, *ibid.* Fait plusieurs chutes à la Chasse, *ibid.* Il conserve le goût le plus vif pour la Chasse, même dans un âge très-avancé, *ibid.*

Louis de Bavière, empereur, nomme Édouard III, roi d'Angleterre, vicaire de l'Empire.   II, 22.

Louis, comte de Flandre. Ses sujets veulent le forcer d'épouser la fille du roi d'Angleterre; il se sauve à la faveur d'une Chasse.   II, 243.

Louis, duc d'Orléans, puis roi, douzième du nom, né en 1462, et mort le 1er janvier 1514.   II, 161.

Louis de Luxembourg, comte de Saint-Pol, connétable de France. Il naquit vers l'an 1418, et fut décapité pour crime de lèse-majesté, en 1475. Il avoit épousé 1°, en 1435, Jeanne de Bar, morte en 1462; 2°, Marie de Savoie, morte en 1475.   II, 171.

Louise de la Tour de Boulogne, femme de Claude de

Montaigu, chevalier de la Toison-d'Or. Elle étoit troisième fille de Bertrand IV, seigneur de la Tour, et de Marie, comtesse d'Auvergne et de Boulogne. Elle épousa, en 1432 ou 1433, Claude de Montaigu, seigneur de Conches, qui fût fait chevalier de la Toison-d'Or, en 1468, et fut tué au combat de Bussy, en 1470. Elle mourut en 1472. II, 157.

Loups. Chasse aux loups par Louis XIII, II, 380. Détails concernant cette espèce de Chasse. 415.

Loutre. Chasse de la loutre. II, 417.

Luynes (MM. de) excelloient dans l'art de dresser des oiseaux; ils durent leur faveur en partie à ce talent.
II, 399, 400.

M.

Magistrature. Il y avoit autrefois des magistratures qui ne pouvoient être exercées que par des chevaliers.
I, 257, 258.

Maréchal de Bourgogne (le). Il n'y avoit qu'un maréchal en Bourgogne dans le même temps; en voici quelques-uns : Gui de Pontarlier, en 1364; Guillaume de la Tremouille, en 1392; Jean de Vergy, en 1400 et 1418; Jean de Cothebrune, en 1418; Jean de Toulongeon, en 1422; Antoine de Toulongeon, en 1427; Jean de Fribourg, seigneur de Neufchâtel, en 1423; Antoine de Luxembourg, comte de Roucy et de Charny, en 1474.

Maréchal de France. Exemple d'un maréchal de France fait à l'âge de vingt-cinq ans. I, 268.

MARGUERITE D'AUTRICHE, reine de France. C'est apparemment Marguerite d'Autriche, fille de l'empereur Maximilien et de Marie, duchesse de Bourgogne, laquelle fut fiancée à Charles VIII, en 1483, mais renvoyée en 1491. Elle épousa depuis Philibert II, duc de Savoie, et mourut en 1530. II, 172.

MARGUERITE D'ÉCOSSE, dauphine de France. Elle étoit fille de Jacques Stuart, premier du nom, roi d'Ecosse. Elle épousa, en 1436, Louis, dauphin, depuis roi, sous le nom de Louis XI, et mourut le 16 août 1444. II, 156.

MARGUERITE DE BOURBON. II, 150.

MARGUERITE DE LORRAINE, dame de Croy. Elle étoit fille d'Antoine de Lorraine, comte de Vaudemont, et de Marie, comtesse d'Harcourt et d'Aumale. Celle-ci, fille de Marie d'Alençon, et petite-fille de Catherine de Bourbon, sœur de Jeanne, femme du roi Charles V. Elle épousa, par contrat du 5 octobre 1432, Antoine, sire de Croy, comte de Porcean, et grand-maître de France, mort en 1475. II, 151.

MARGUERITE, femme de saint Louis. Atrocité d'un serment qu'elle exigea d'un chevalier, étant sur le point d'accoucher à Damiette. II, 15.

MARGUERITE DE FLANDRE, veuve du duc de Bourgogne, est recherchée par le roi d'Angleterre, en 1369, pour son fils, II, 16. Son aïeule, fille de Philippe-le-Long, s'y oppose; menace atroce qu'elle fait à ce sujet. *ibid.*

MARIE DE BOURGOGNE meurt d'une chute de cheval à la Chasse. II, 346.

MARIE DE MÉDICIS. Son goût pour la Chasse, II, 373. Vers sur la Chasse qui lui sont adressés sous le titre de Muse chasseresse, *ibid.* Elle fait plusieurs grandes

Chasses à cheval, accompagnée de toutes ses dames, à Fontainebleau. 373, 374.

MARIE D'ANJOU, reine de France ; c'est la femme du roi Charles VII. Elle fut mariée en 1422, et mourut en 1463, âgée de cinquante-neuf ans. II, 155.

MARIE DE BOURGOGNE, duchesse d'Autriche. Cette princesse naquit le 13 février 1457, épousa, le 20 août 1477, Maximilien, archiduc d'Autriche, qui fut élu empereur en 1486, et mourut le 16 mars 1482. C'est elle qui a porté les Pays-Bas dans la maison d'Autriche. II, 188.

MARIE DE BOURGOGNE, duchesse de Clèves. Elle étoit fille de Jean-sans-Peur, duc de Bourgogne, fut mariée, en 1406, à Adolphe, quatrième du nom, duc de Clèves, et mourut en 1463. II, 149.

MARIE DE CLÈVES, duchesse d'Orléans. Elle étoit fille d'Adolphe IV, duc de Clèves, et de Marie de Bourgogne ; fut mariée, en 1440, à Charles, duc d'Orléans, qui mourut le 4 janvier 1465. Elle mourut en 1487.
II, 161.

MARIE DE BOURBON, duchesse de Calabre. Elle étoit fille de Charles Ier, duc de Bourbon ; épousa, par traité du 2 avril 1438, Jean d'Anjou, premier du nom, duc de Calabre et de Lorraine, et mourut en 1448. II, 157.

MARIE D'ALBRET, comtesse de Nevers. Elle étoit fille de Charles II, sire d'Albret ; elle fut mariée, en 1456, le 11 juin, à Charles de Bourgogne, comte de Nevers, mort en 1464. Elle testa le 4 janvier 1485. II, 148.

MARIE DE HARCOURT, comtesse de Vaudemont. Elle étoit fille aînée et héritière de Jean VII, comte de Harcourt et d'Aumale, mort en 1452, nièce et non sœur de Jeanne d'Harcourt, comtesse de Namur. Elle épousa, en 1417, Antoine de Lorraine, comte de Vaudemont, et mourut le 19 avril 1476, âgée de 78 ans; et lui mourut dès 1447. II, 153.

MARQUES honorables que l'on plaçoit sur les catafalques, et que l'on laissoit sur les mausolées des chevaliers. I, 274.

MAULAIN (Gérard de). II, 28.

MAUNY (Gautier de). Son vœu sur le héron; il promet à la Sainte-Vierge de réduire en cendres Tournay, dont Godemar du Fay étoit le gardien, II, 5. Sa Vie. 17 et suiv.

MAUSOLÉES, ou tombeaux où étoit la représentation des chevaliers. I, 274.

MAXIMILIEN (l'archiduc) aimoit beaucoup la Chasse. II, 346.

MAXIMILIEN, archiduc d'Autriche, empereur, premier du nom, naquit le 23 mars 1459; épousa, en 1477, Marie de Bourgogne, héritière des Pays-Bas, et fut élu empereur en 1486. Il mourut en 1519, le 12 janvier. II, 188.

MÉDICIS (Catherine de). *Voyez* Catherine.

MÉNESTRIERS DES TOURNOIS, joueurs d'instruments qui jouoient les fanfares d'ouverture, et les airs propres à exciter les criées. I, 78.

MEUTE (la) de nos rois n'étoit composée que de chiens noirs et blancs, II, 237, 238. Il falloit nourrir douze chiens pour qu'on pût dire avoir une meute. 270.

MICHEL (Guillaume), dit de Tours. Son livre de la *Forêt de conscience*. II, 349.

MICHELLE DE FRANCE, duchesse de Bourgogne. Elle étoit fille de Charles VI, roi de France, et fut première femme de Philippe-le-Bon, duc de Bourgogne, qu'elle épousa en 1409. Elle mourut, âgée de 28 ans, le 8 juillet 1422. II, 159.

MIRACLES. Chasse qui se faisoit à l'occasion de quelques miracles. II, 226.

MIROIR. On s'en servoit pour la Chasse aux tigres. II, 242.

MODESTIE. Les chevaliers pratiquoient cette vertu à un degré très-haut. I, 159.

MOINES. Leurs amusements sous François Ier. II, 349.

MONASTÈRES (les) étoient obligés de loger les veneurs de nos rois et leurs équipages. II, 294.

MONTFORT (le comte de) dispute le duché de Bretagne à la comtesse de Blois, II, 24, 25. Le roi d'Angleterre lui envoie des secours, 26. Courage de la comtesse de Montfort, *ibid.*

MONTMORENCY (de) excelloit dans l'art de sonner du cor. II, 283.

MONSÉGUR assiégé, rendu par le châtelain d'Aiguillon. II, 39.

MORALE. Celle de la Chevalerie étoit d'une pureté digne des plus grands éloges. I, 68, 118, 119.

MOUSKE (Philippe). Description d'une Chasse où il dit que Charlemagne découvrit les eaux d'Aix-la-Chapelle. II, 249.

N.

NAVARRE (Thibaut, roi de), dans une partie de Chasse, se fait enlever par les François. II, 295.

NOBLESSE (la), sous la première race, étoit beaucoup adonnée au plaisir de la Chasse, II, 227. La noblesse françoise se ruinoit pour la Chasse. 270.

NORMANDIE (le duc de) assiége Monségur. II, 40.
NOVICE CHEVALIER. Il étoit revêtu par les dames et par les demoiselles. I, 62, 103, 104.

O.

OCCASIONS dans lesquelles se faisoient les chevaliers. I, 72, 73, 125.
OFFICES. Il y avoit dans les châteaux et dans les monastères des offices semblables à ceux de la cour d'un souverain. I, 4, 29.
OFFICIERS (les) de la bouche devoient faire plumer et rôtir les bêtes que l'on prenoit à la Chasse. II, 2.
OFFICIERS de Chasse sous Charlemagne et ses successeurs, II, 229. Quels étoient les officiers de Chasse, 276. Officiers des Chasses du duc de Bourgogne. 286.
OISEAUX (Chasse aux). Idée de cette Chasse, II, 234. *Voyez* l'extrait du livre intitulé les *Déduits de Chasse*, par Gasse de la Bigne. 403-427.
OLIVIER DE BRETAGNE, comte de Penthièvre. Il étoit fils de Jean de Blois, dit de Bretagne, comte de Penthièvre. Il prit le parti du duc d'Orléans en 1411, et mourut le 28 septembre 1433, sans enfants de ses deux femmes, dont la première fut Isabelle, fille de Jean-sans-Peur, duc de Bourgogne, mariée en 1406, et la seconde Jeanne de Lalaing, qui mourut le 10 août 1467. II, 151.
OPPIEN, auteur d'un traité grec sur la Chasse, Florent Chrestien l'a traduit, II, 364, 392. M. de Fermat, conseiller au parlement de Toulouse, a traduit le troisième et quatrième livre d'Oppien sur la Chasse. 401.

ORDONNANCE de Charles V pour réformer ses équipages de Chasse, II, 294; de Charles VI, sur le fait des Chasses, 296; de Charles VII, sur le fait de la Chasse. 301.

ORIGINE des dixmes inféodées. I, 345.

ORLÉANS (le duc d'), frère de Charles VI, excelloit dans l'art de sonner du cor. II, 285.

ORME à la porte des églises. Cet usage vient sans doute de l'amour que les François avoient pour la Chasse. II, 223.

ORNEMENTS particuliers dont les tombeaux des chevaliers étoient chargés. I, 272, 334.

OURS. Il y avoit de ces animaux dans les équipages de Chasse sous Charlemagne, sous Charles VI et Louis XII. II, 251.

P.

PAGES, varlets ou damoiseaux. État de la jeune noblesse avant de passer aux grades supérieurs de la Chevalerie. I, 5, 30, 31.

PALEFROI, nom distingué que les chevaliers donnoient à leurs chevaux de bataille. I, 17, 41.

PAON (Vœu du). II, 407.

PARALLÈLE de l'ordre de Chevalerie avec l'ordre monastique et sacerdotal, où l'on voit de grands rapports entre ces ordres disparates. I, 60, 98.

PARRAINS. On avoit coutume de donner des parrains à ceux qui devoient être reçus chevaliers, comme on en nomme au baptême. I, 61.

PARTIE de la parure de sa dame dont le chevalier ornoit

le haut de son heaume ou le bout de sa lance, pour en être reconnu et animé. I, 79.

PAS D'ARMES, espèce de combat, I, 76, 132. C'étoit une image de la guerre. II, 35.

PASSION. La passion de la Chasse étoit extrême chez les gentilshommes. II, 239.

PEAUX DE CERFS. Voyez leur usage au mot *Cerf.* II, 253.

PEINES ET RÉCOMPENSES. Sagesse des loix de la Chevalerie dans la distribution des peines et des récompenses. I, 253.

PERDRIEURS. On nommoit ainsi ceux qui chassoient aux perdrix ; ils se servoient pour cette chasse d'une vache artificielle. II, 282, 283.

PERDRIX. Manière dont on chassoit aux perdrix, *ibid.*

PERRETTE DE LA RIVIÈRE, femme de Guy, seigneur de la ROCHE-GUYON. Elle étoit fille de Jean, dit Bureau, seigneur de la Rivière, premier chambellan des rois Charles V et Charles VI. Elle épousa Guy VI, sire de la Roche-Guyon, mort à Azincourt en 1415; elle étoit morte en 1475. Sa sœur cadette avoit été mariée vers l'an 1392. II, 158.

PERSE. Le roi de Perse envoie des présents et des chiens singuliers au roi d'Espagne. II, 402.

PHILIPPE, archiduc d'Autriche, né le 23 juin 1478, épousa, en 1496, Jeanne d'Espagne, héritière de Castille, d'Aragon, etc., et mourut en 1506. II, 188.

PHILIPPE-LE-BON, duc de Bourgogne, né le 23 juin 1396, et mort le 15 juin 1467, épousa 1°, en 1409, Michelle de France, fille de Charles VI, morte en 1422; 2°, en 1424, Bonne d'Artois, morte en 1425; 3°, en 1429, Isabelle de Portugal, morte en 1472. II, 159.

PHILIPPE DE BOURBON, seigneur de Beaujeu, fils de

Charles Ier, duc de Bourbon, et d'Agnès de Bourgogne, qu'il avoit épousée en 1425. Il étoit à la cour de Philippe le-Bon, duc de Bourgogne, en 1437. Il mourut jeune. II, 179.

PHILIPPE, bâtard de Jean, duc de Bourgogne, femme d'Antoine de Rochebaron, seigneur de Berzé-le-Chastel. Ce mariage se fit en 1429. Elle mourut en 1461, et lui en 1463. II, 186.

PHILIPPE VI parvient au trône du consentement des pairs. II, 72.

PHILIPPE II, roi d'Espagne, près de mourir, s'occupe de la réparation des dommages que ses Chasses avoient causés, II, 386. Fait lâcher les prisonniers détenus pour fait de Chasse, 402. Chiens et cors de chasse qu'il reçoit en présent du roi de Perse, *ibid.*

PHILIPPE, duc de Bourgogne, étoit très-habile chasseur. II, 285.

PHILIPPE, fille de Guillaume-le-Bon, comte de Hainaut, reine d'Angleterre. Vœu atroce qu'elle fait sur le héron, II, 11, 92. Elle accouche, à Anvers, d'un fils qui fut surnommé *Lion d'Anvers*. II, 12.

PHILIPPE, auteur du poëme de Pomone, naquit à Erfort. II, 290.

PHOEBUS, surnom donné au comte de Foix, II, 278, 299. *Voyez* Foix.

PIMENT, sorte d'épice que l'on servoit autrefois à la fin des repas. I, 14.

PIPÉE, ou Chasse du dieu d'Amour, ouvrage qui parut sous Charles VIII. II, 312.

PLAIDOYER entre la Chasse aux oiseaux et la Chasse aux chiens. II, 407.

PLESSIS-LES-TOURS. *Voyez* Louis XI.

PLOMMÉES ou Plombées, armes particulières à l'usage des chevaliers. I, 20.

POLITIQUE. Elle étoit intéressée à multiplier les chevaliers, et à perpétuer l'esprit de la Chevalerie. I, 245.

PONT-LE-ROI. *Voyez* Louis XII.

POUVOIR de commander restreint per les loix féodales et les loix de la Chevalerie. I, 339, 340.

POURSUIVANTS D'AMOUR, qualité que l'on donnoit à certains chevaliers. I, 186, 229.

PRÉÉMINENCES particulières dont jouissoient les chevaliers, et qui faisoient leur distinction. I, 246.

PRÉPARATION DU TOURNOI. Exercice de Chevalerie qui précédoit les tournois. I, 75.

PRÊTRES. La Chasse aux oiseaux leur est-elle défendue ? II, 408 et suiv.

PREUX. Les neuf preux célèbres dans l'ancienne Chevalerie. I, 359, 412.

PRISONNIERS. Les chevaliers confioient à leurs écuyers les prisonniers qu'ils avoient faits dans une entreprise de guerre. I, 20, 45.

PRIVILÉGE. Les princes du sang avoient dans l'ordre de la Chevalerie des priviléges qui leur étoient particuliers. I, 27, 52.

PRIX DU TOURNOI. Il y avoit des prix différents pour les genres divers d'adresse et de force, et leur valeur répondoit au mérite du genre. I, 84.

PRIX DE LA VALEUR. Ce prix étoit en usage partout où la Chevalerie avoit été admise. I, 181, 225.

PRIX. Autres prix distribués ; quelle en étoit la nature, l'occasion et l'objet. I, 188, 231.

PROMOTION DES CHEVALIERS. Elle précédoit ou suivoit presque toujours les événements importants de la

guerre, I, 166, 209. Cette promotion occasionoit ordinairement des faits de guerre très-éclatants. *Ibid.*
Pucelle d'Orléans. La Chevalerie lui a de vraies obligations. I, 275.
Pucelle. Celui qui étoit vainqueur à la Chasse du cerf blanc pouvoit donner un baiser à la pucelle qui lui paroissoit la plus belle. II, 240.
Punition du chevalier qui se présente au tournoi malgré les ordonnances. I, 76, 131.
Punition qui étoit en usage pour les fautes légères des chevaliers. I, 271.

Q.

Quitterots, chevaux anglois ainsi nommés. II, 372.
Quitterotes, nom donné à des espèces de jetons, et pourquoi, II, 372, 396.

R.

Race de chiens découverte par saint Louis. II, 237, 238.
Rançon des prisonniers, lucrative pour les chevaliers; en quoi elle consistoit. I, 263, 310, 311.
Rapports des cérémonies de la Chevalerie avec celles qu'on emploie dans l'administration des sacrements. I, 60, 98.
Rapports faits par les officiers des armes devant les juges du tournoi chargés d'apprécier les prouesses des chevaliers. I, 85.

RÉGLEMENTS des tournois, très-propres à maintenir l'ordre, et à prévenir les inconvénients. I, 74, 144.

REGISTRES publics des officiers d'armes, où l'on inscrivoit les exploits des chevaliers dans les tournois. I, 89, 150.

RELAIS, nom d'un chien de chasse fameux sous Louis XII, II, 397. Ce prince en avoit fait lui-même l'histoire, *ibid.*

RENARD. Chasse aux renards ; les Anglois y excelloient, II, 379. Louis XIII aimoit cette Chasse. 380.

RENONCULES. Découvertes par des chevaliers qui accompagnèrent saint Louis aux croisades, II, 236 ; apportées par saint Louis en France. 253, 254.

REPRÉSENTATION que la noblesse fait à Charles VIII sur les dommages que causent les bêtes sauvages dans les campagnes ; suite de la défense que Louis XI lui avoit faite de chasser. II, 311.

RITUELS. La Chevalerie avoit ses rituels, ou livres qui contenoient les détails de toutes ses cérémonies. I, 64, 110.

ROBERT D'ARTOIS, banni de France, se réfugie en Angleterre, II, 1 et suiv. *Voyez* Artois.

ROBES ou LIVRÉES. On nommoit ainsi les habits que les chevaliers distribuoient les jours de fêtes, ou qu'ils recevoient eux-mêmes d'autres chevaliers. I, 59, 98.

ROIS. Ils ne vouloient point être couronnés qu'ils n'eussent été reçus et faits chevaliers, I, 259. Les rois de la première race chassoient aux animaux les plus redoutables, II, 226. Les rois étoient si jaloux du plaisir de la Chasse qu'ils en interdisoient l'exercice à leurs enfants. 262.

Rolland. Nom d'un chien levrier que Froissart amena d'Angleterre. II, 277.
Romains (les) aimoient beaucoup la Chasse. II, 247.
Romans (les) anciens méritent l'attention des lecteurs, I, 431. Estimés des savants, *ibid.*; utiles aux historiens, généalogistes, géographes et antiquaires, 438; ils sont la plupart purement historiques, *ibid.* Ceux qui sont les plus remplis de fables renferment des traits d'histoire curieux, *ibid.* Ils ont été composés par les hérauts d'armes et les trouvères, 441; ils sont les images des anciennes coutumes, 443; ils enseignent les devoirs réciproques des seigneurs et des vassaux, 445; ils donnent connoissance des mœurs, du génie et du goût du siècle, 447, 448; il seroit à désirer qu'on les donnât par extrait, 449; plan que l'on pourroit suivre pour cela. 450, 451.
Rosni (de), ambassadeur en Angleterre, corrige l'art de la vénerie. II, 370, 371.

S.

Sable (Guillaume du), gentilhomme de la vénerie du roi, dédie à Marie de Médicis des vers sous le titre de *Muse chasseresse*, II, 373. Ce poëme ne se trouve plus, 397.
Sacrifice que les Gaulois faisoient à Diane, déesse de la Chasse. II, 248.
Salisbéry (le comte de). Son amour pour la fille du comte d'Erby, II, 3. Singularité d'un vœu qu'il fait; ses exploits, 4. Note sur ce seigneur. 76.

Salisbéry (la comtesse de). Amour d'Édouard pour cette dame. II, 66.

Salnove. Histoire des chiens amenés d'outre-mer par saint Louis, II, 309. Il a composé un Traité des Chasses, 374. Plaintes de cet auteur contre les jeunes veneurs sans expérience, 375. Éloge de la vénerie françoise, 376. Note sur cet auteur, 399.

Sancerre (le comte de) institue l'ordre du Levrier. II, 286.

Sanglier. Chasse du sanglier, II, 241. Plus on couroit de dangers à cette Chasse et plus elle avoit d'attraits, *ibid.* Cette Chasse se faisoit ordinairement en hiver, 282. Chasse aux sangliers. 414.

Savoie (Isabelle de), épouse de Louis XI, arrive à Senlis. II, 342.

Serment. Quand les chevaliers faisoient un serment, rien ne pouvoit le détruire, II, 4. Singularité d'un serment de Marguerite, femme de saint Louis. 15.

Sceau. Usage du sceau; c'étoit un droit des chevaliers. I, 253, 254, 299, 300.

Servants d'armes. Ce que c'étoit. I, 137, 138.

Signaux. Il y en avoit de particuliers dans les châteaux pour y attirer les chevaliers. I, 264.

Simon de Lalaing, seigneur de Lieuvrain ou Liverain. Simon de Lalaing, quatrième du nom, baron de Kiévrain, épousa Jeanne de Barbançon, et en eut Jeanne de Lalaing, qui fut la seconde femme d'Olivier de Blois, dit de Bretagne, comte de Penthièvre, et mourut en 1467. II, 151.

Sommation singulière faite à l'évêque de Cambrai, de livrer sa ville au roi d'Angleterre. II, 61, 62.

Songe de Charlemagne; ce prince y prévoit les malheurs qui doivent arriver au pape Léon. II, 249.

Souillard, nom donné au premier chien baux, offert en présent à Louis XI, II, 308. Histoire de ce chien, *ibid*. Chien fameux sous Louis XI. 343.

Source des diverses pièces du blason. I, 251, 298.

Soie. L'usage des habits de soie étoit interdit aux bourgeois et gens du commun. Règles pour les habits de soie qui mettent une différence entre les chevaliers et les écuyers. I, 247, 248, 290, 291.

Spectacle en usage sous le nom d'entremets. II, 288. Sa description, *ibid*.

Suffort (le comte de), ou Suffolk. Son serment sur le héron, II, 6, 7. Note sur ce seigneur. 82, 83.

Suger (l'abbé) fait revivre les droits de Chasse qui avoient été usurpés sur son monastère. II, 231.

T.

Tableau de la cour du comte de Foix. I, 15.

Tancarville (le comte de), lecteur du roi. Ce seigneur est soupçonné d'être le même que Gace de la Bigne. II, 295.

Thibaut de Neufchastel, chevalier de la Toison-d'Or, fut maréchal de Bourgogne dès 1443, et mourut en 1469. Il avoit épousé, par contrat du.... janvier 1437, Bonne de Châteauvillain. II, 166.

Thibaut, roi de Navarre, se fait enlever par les François. II, 295.

Tigre. La Chasse au tigre peu connue en France; cette Chasse se faisoit au miroir. II, 242.

TITRES D'HONNEUR. Il y en avoit de très-distingués que l'on donnoit communément aux chevaliers et aux écuyers. I, 247, 285.

TITRE de dame et de demoiselle. A qui on le donnoit, et ce qu'il signifioit. I, 286.

TOURNOI, exercice de Chevalerie qui étoit une vraie image de la guerre. I, 21. Le spectacle des tournois étoit accompagné de beaucoup de pompe, 73, 127. On les nommoit écoles de prouesse, 83. Les tournois exerçoient la noblesse, et lui donnoient de grandes facilités pour les exploits militaires, 178, 223. Il y en a eu de dangereux et de mortels : c'est ce qui les a fait supprimer, 155, 198. Ils étoient des écoles de guerre très-utiles, 155. Quelle a été la véritable origine des tournois, 156. Ils ont été défendus par les papes et les rois, 353, 399, 400. Ils étoient ruineux pour les chevaliers, 400. Les tournois étoient une image de la guerre, II, 35. Ils dégradent la Chevalerie, I, 400. Dès qu'ils ont cessé la Chevalerie est tombée. 367, 425.

TRIOMPHE. On célébroit avec beaucoup d'éclat le triomphe du vainqueur dans les tournois, I, 85, 86. Ce triomphe, agréable pour le vainqueur, n'humilioit point les vaincus. 86.

TRISTAN. Chien levrier que Froissart amena d'Angleterre. II, 277.

TROUBADOURS, poëtes anciens qui se décoroient avec des plumes de paon. I, 158, 206.

U.

UDINE (Jean de). Il enseigne aux Italiens l'usage de la vache artificielle. II, 282, 283.

Usage des chevaliers de mettre l'épée à la main à l'évangile de la messe. I, 65, 110.

Usage des chevaliers, bien plus extraordinaire, de se raser le devant de la tête. I, 249, 294.

Usage de trancher la nappe devant les chevaliers qui avoient commis quelque faute. I, 271, 330.

Utilité de l'ancienne Chevalerie. Elle a été de grande ressource dans les temps malheureux de notre monarchie. I, 169.

Utilité d'employer de bonne heure les hommes nés avec le génie et les talents de la guerre. I, 268.

V.

Vache artificielle, simulacre dont on se servoit pour tromper les oiseaux. Gaston Phœbus dit qu'on en faisoit usage pour approcher toutes sortes de bêtes, II, 282, 283. Les Italiens furent les premiers qui s'en servirent, *ibid.*

Vaincus dans les tournois. Il y avoit des consolations que l'on donnoit aux vaincus. I, 88.

Vainqueur. Le vainqueur du tournoi étoit désarmé par les dames, I, 87. Honneurs extraordinaires qu'on lui rendoit, *ibid.*

Vénerie. Le premier ouvrage sur la vénerie parut sous saint Louis; il est intitulé *le Dit de la Chasse du cerf*, II, 238. L'art de la vénerie porté à un degré de perfection qui étonne, 239. Le trésor de la vénerie composé par Hardouin, 284. Extrait de cet ouvrage, *ibid.* Vénerie, *voyez* Fauconnerie, en vogue sous François Ier, qui lui donne la préférence sur la fauconnerie, 332. Défaut de la vénerie relevé par M. de Rosni, ambassadeur en Angleterre, 371. Dispute de la vénerie avec la fauconnerie, dans le livre de Gace de la Bigne. 403 et suiv.

VENEURS (les) du roi logeoient dans les monastères. Abus que Charles V réforme. II, 294.

VÊPRES, ou Veille du tournoi, exercice de Chevalerie qui précédoit le jour du tournoi. I, 25, 26, 48, 49.

VÉRAN (Antoine) imprima le poëme de Gace de la Bigne, sous le nom de Gaston Phœbus. II, 290.

VERT, couleur de l'habillement des veneurs à la Chasse du cerf. II, 282.

VERTUS qu'exigeoit l'ancienne Chevalerie. I, 471 et suiv.

VIDECOQS, ou bécasses. La Chasse de ces oiseaux se faisoit avec un miroir. II, 242.

VIE CHAMPÊTRE (Traité de la) traduit par M. de Bréquigny. II, 246.

VILLES exemptes d'impôts, à condition qu'elles nourriroient les chiens de Cyrus. II, 246, 247.

VIN CUIT, vin du coucher que l'on buvoit avant de se mettre au lit. I, 14, 15, 39.

VINCENNES (le parc de). Charles V y chasse. II, 295.

VISCONTI (Galéas). Magnificence de ce prince dans ses Chasses. II, 321, 322.

VISIÈRE, ou ventaille du casque, pièce de l'armure du Chevalier. I, 18, 43.

VIVONNE (André de), sénéchal de Poitou, chambellan du roi et gouverneur du dauphin. Ses reproches à François 1er sur sa prodigalité envers des personnes qui n'avoient d'autre talent que celui de bien chasser. II, 332, 333.

VOEU du Faisan, *voyez* Faisan. Chevaliers qui avoient

fait vœu d'avoir un œil couvert de drap jusqu'à ce qu'ils eussent fait aucunes prouesses au royaume de France, II, 14. Vœu de Charles VI, qui s'étoit égaré en chassant dans la forêt de Bauconne. On en voit encore des traces sur une fenêtre du cloître des Carmes de Toulouse. 295, 296.

Voeu du Paon ou du Faisan, idée très-singulière et fort à la mode dans les temps de l'ancienne Chevalerie, I, 157, 205. Détail de la cérémonie du Vœu du Paon, faite à la cour de Philippe-le-Bon, duc de Bourgogne. 159, 207.

Voeux des chevaliers : en quoi ils consistoient. I, 157, 203, 204.

Voeux. Les vœux du héron, *voyez* Héron ; les vœux du Paon, *voyez* ce mot.

X.

Xénophon a écrit sur la Chasse. II, 246.

FIN DE LA TABLE DES MATIÈRES.

www.ingramcontent.com/pod-product-compliance
Lightning Source LLC
Chambersburg PA
CBHW060225230426
43664CB00011B/1556